KB091507

애자일 컨버세이션

애자일 컨버세이션

조직과 문화를 바꾸는 다섯 가지 대화

더글라스 스퀴렐 · 제프리 프레드릭 지음

김모세 옮김

에이콘

린과 리사에게

우리가 갖고 있었는지조차 깨닫지 못했던 강력하고 효과적인 애자일 도구인 대화에 관한 잃어버린 매뉴얼 같은 책이다. 애자일하게 성공하고 싶다면 매우 실용적이고 즉시 적용할 수 있는 이 멋진 매뉴얼을 읽어라.

– **알베르토 사보이아**(Alberto Savoia) /
구글의 첫 번째 엔지니어링 디렉터, 『아이디어 불패의 법칙』(인플루엔셜, 2020) 저자

이 책은 강력하고 탄력적인 업무 관계의 근간을 형성하는 핵심적인 논의를 다루는 방법에 관한 훌륭한 안내서다. 동시에 대화가 이상한 방향으로 흐를 때 이를 해결할 수 있는 기법들로 가득 찬 도구함이다. 실제 사례를 다양하게 만날 수 있는 실용서이기도 하다. 업무 중에 발생하는 상호 작용 과정에서 두려워하거나 당황해 본 사람이라면 반드시 읽어야 할 책이다.

– **엘리자베스 헨드릭슨**(Elisabeth Hendrickson) /
기술 임원, 『탐험적 테스팅』(인사이트, 2014) 저자

기업의 프로세스와 제품 개선을 다룬 책은 많다. 이 책은 사람을 다뤘다는 점에서 매우 반갑다. 어려운 질문을 던지는 방법, 편견을 버리는 방법을 학습하고 이 책에서 제공하는 가이드를 사용해 대화를 개선하라. 어렵게 느껴진다면 더욱 자주 시도하라!

– **패트릭 드부아**(Patrick Debios) /
데브옵스데이(DevOpsDays) 창시자, 『데브옵스 핸드북』(에이콘, 2018) 공동 저자

이 책은 대화를 모니터링하고 트러블슈팅하고 디버깅하는 엔지니어적 접근 방식을 제공한다. 질문 분수와 같은 휴리스틱은 매우 놀랍다. 간단하고 기억하기 쉬우며 뛰어난 통찰을 제공한다. 이 책을 읽고 대화 기술을 강력하게 만들어라.

– **고즈코 아직**(Gojko Adžić) /
작가, 네우리 컨설팅(Neuri Consulting) 파트너

리더의 역할을 하고 있거나 일반적인 일터의 문화를 개선하는 데 관심 있는 독자라면 꼭 읽어야 할 책이다.

– **앤디 스키퍼**(Andy Skipper) /
CTO 크래프트(CTO Craft) 수석 코치

단절된 팀 대화나 기능 장애의 문화를 개선하는 데 도움 될 실용적 프레임워크 또는 기법을 찾는다면 이 책을 읽어라. 단순한 진단을 넘어 부서진 문화를 건강하고 고성과를 내는 문화로 바꾸는 데 필요한 다섯 가지 대화로 안내한다.

– **폴 조이스**(Paul Joyce) /
게코보드(Geckoboard) 창업자 및 CEO

스퀴렐과 제프리의 날카로운 글과 실전에서 테스트한 기법들로 채워진 책이다. 복잡성의 폭풍 속에서 살아남고자 하는 현대 엔지니어링 리더라면 꼭 읽어야 한다.

– **크리스 클리어필드**(Chris Clearfield) /
『멜트다운』(아르테, 2019) 공동 저자

매우 현명하며 읽을 가치가 있는 책이다. 저자들은 이론을 조직적 개선으로 전환하는 방법에 집중하면서 정곡을 짚어낸다.

– **리치 코펠**(Rich Koppel) /
TIM 그룹(TIM Group) 공동 창업자 및 CEO

대부분의 '기술적' 문제가 사실 사람의 문제라는 점은 이 업계의 공공연한 비밀이다. 제프리와 스퀴렐은 더 나은 대화를 통해 이런 문제를 해결할 수 있다고 주장한다. 두 사람은 동료 기술자들이 안심하고 구조화하고 분류할 수 있는 조언을 제시한다.

– **존 토퍼**(Jon Topper) /
더 스케일 팩토리(The Scale Factory) 창업자 및 CEO

이 책은 기업 문화를 바꿀 수 있는 신념과 스킬을 제공한다. 용기를 북돋울 뿐만 아니라 성공 과정에서 위험을 회피하는 로드맵을 제공한다! 협업 조직을 구축하고자 하는 모든 CEO를 위한 역작이다!

– **브렌트 델레히**(Brent Delehey) /
턴어라운드 전문가, CEO

독자 스스로 자신의 대화를 읽는 방법과 다른 사람에게 그들의 두려움을 드러내도록 하는 방법에 관한 매우 유용하고 실용적인 안내서다.

– **레베카 윌리엄스**(Rebecca Williams) /
QA 셰프(QA Chef) 소프트웨어 엔지니어

더글라스 스퀴렐 Douglas Squirrel

40년간 코딩을 하고 20년간 소프트웨어 팀들을 이끌었다. 대화의 힘을 이용해 다양한 규모의 기술 조직에서 생산성을 극적으로 향상시켰다. 핀테크에서 전자 상거래까지 스타트업의 CTO로서 성장하는 소프트웨어 팀을 이끌었다. 또한 영국, 미국 및 유럽에서 60개 이상의 조직에 제품 개선을 위한 컨설팅을 수행했다. 다양한 리더를 대상으로 대화를 개선하고 비즈니스 목표를 정렬하며 생산적 충돌을 만드는 것에 관한 컨설팅을 했다. 현재 영국 프로골트Frogolt, England에서 1450년에 지어진 오두막집에서 살고 있다.

제프리 프레드릭 Jeffery Fredrik

국제적으로 알려진 소프트웨어 개발 전문가다. 비즈니스와 기술 부문에서 25년 이상의 경력을 보유하고 있다. 익스트림 프로그래밍과 애자일 프랙티스의 초기 도입자이며 미국, 유럽, 인도 및 일본에서 콘퍼런스 연사로 참여했다. 선구적인 크루즈컨트롤CruiseControl 오픈 소스 프로젝트, 지속적인 통합 및 테스팅 콘퍼런스Continuous Integration and Testing Conference, CITCON의 공동 기획자로 소프트웨어 개발의 세계적인 영향을 줬다. 실리콘 밸리Silicon Valley의 여러 기업에서 제품 관리 부사장, 엔지니어링 부사장, 수석 에반젤리스트 등으로 일했다. 기업 전략, 제품 관리, 마케팅, 인터랙션 디자인에 관한 독립 컨설턴트로도 활동하고 있다. 런던에 기반을 두고 있으며 현재 어큐리스 그룹Acuris Group 내 팀 그룹TIM Group의 매니징 디렉터로 일하고 있다. 또한 런던 조직 학습 밋업 London Organisational Learning Meetup을 주최하고 CTO 크래프트CTO Craft에서 멘토로도 활동하고 있다.

| 감사의 말 |

이 책은 수많은 형태의 대화를 기반으로 쓰였다. 즐거웠던 대화는 물론 고통스러웠던 대화 모두 학습의 원천이 됐다. 지금까지 학습하고 우리를 성장하게 한 대화를 나눴던 분들에게 감사의 말을 전한다.

벤저민 미첼Benjamin Mitchell은 우리에게 크리스 아기리스의 작업을 소개했고 대화 분석 및 다른 것을 학습할 때 많은 도움을 줬다. 와심 타즈Waseem Taj, 앤디 파커Andy Parker, 제이미 밀Jamie Mill, 리사 밀러Lisa Miller는 우리와 함께 대화 분석 방법과 어려운 상호 관계에서 두려움을 제거하는 방법을 학습했다. TIM 그룹TIM Group 창업자인 리치 코펠Rich Koppel과 콜린 베르토드Colin Berthoud, 우리(특히 제프리)와 함께한 그룹의 직원들을 통해 투명함과 호기심에 근거한 학습 조직의 성장을 실험했다. TIM 그룹의 스티브 프리맨Steve Freeman은 우리가 그룹의 변화에 관한 이야기를 할 수 있도록 우리를 독려했다(이 책에서는 언급하지 않았지만 변화의 기반이 된 대화를 공유하고 있다).

CTO 모니터링 서클CTO Monitoring Circles과 런던 조직 학습 밋업London Organizational Learning Meetup 참가자들은 이 책에서 소개한 여러 개념의 시험대 역할로 우리를 도왔다.

크리스 아기리스Chris Argyris와 도널드 쇤Donald Schön의 이론은 이 책의 많은 부분을 지지한다. 행동 설계Action Design를 개발한 필립 맥아서Philip McArthur, 로버트 퍼트넘Robert Putnam, 다이애나 맥클레인 스미스Diana McLain Smith 그리고 여덟 가지 행동Eight Behaviors의 로저 슈워츠Roger Schwarz 또한 초기 대화에 많은 도움을 줬다.

패트릭 렌치오니Patrick Lencioni의 계층적 기능 장애 모델은 우리의 다섯 가지 대화 순서에 힌트를 줬다. 에이미 에드먼슨Amy Edmondson의 '심리적 안전감psychological safety'은 중요한 어휘가 됐다. 사이먼 시넥Simon Sinek은 이유의 가치를 설명해 줬다. 스티븐 분가이Stephen Bungay는 브리핑과 백 브리핑의 가치를 보여줬다. 브레네 브라운Brené Brown은 우리의 이야기를 글로 옮기도록 도와줬다. 데이비드 번스Dr. David Burns는 우리가 대화의 분절fractal을 이해함으로써 대인 관계의 현실을 만들도록 도와줬다.

우리가 소프트웨어 공장에 여전히 갇혀 있었을 때 관계의 중요성에 관한 급진적 아이디어를 제창했던 초기 애자일 소프트웨어 개발 커뮤니티의 알리스테어 코크번Alistair Cockburn, 켄트 벡Kent Beck을 비롯한 모든 참여자에게 감사한다. 메리 포펜딕Mary Poppendieck, 톰 포펜딕Tom Poppendieck, 에릭 리스Eric Ries 및 다른 사람들은 린 사고Lean thinking를 소프트웨어 세계에 도입했다. 패트릭 드부와Patrick Debois, 존 올스포John Allspaw, 폴 해먼드Paul Hammond는 마지막 남아있던 사일로를 없애는 데 도움을 줬으며, 데브옵스는 단지 도구가 아니라 문화임을 알렸다.

게코보드Geckoboard(폴 조이스Paul Joyce와 레오 카사라니Leo Cassarani 포함), 언메이드Unmade Ltd., 아라크니스Arachnys는 우리가 그들과 협업한 세세한 내용을 공유하도록 허락했다.

안나 시프먼Anna Shipman의 통찰력 있는 블로그 포스트는 케이스 스터디 중 하나가 됐다.

소파 사운즈Sofar Sounds는 그들에 관한 이야기를 흔쾌히 공유하게 허락했다.

세르기즈 블레자Sergiusz Bleja는 그와 함께 만든 케이스 스터디를 포함하게 해줬다.

벨기에 연방 연금 서비스The Belgian Federal Pensions Service의 티에리 드 포Thierry de Pauw와 톰 얀스Tom Jans는 그들의 프로젝트를 케이스 스터디로 사용하도록 허락해줬다.

엘리자베스 헨드릭슨Elisabeth Hendrickson은 우리를 IT 레볼루션IT Revolution 출판사에 소개했으며 우리의 분석 레퍼토리에 '트위치twitch'를 추가할 수 있는 아이디어를 줬다.

마크 콜먼Mark Coleman은 중요한 순간에 귀한 조언을 해줬으며 '어려운 감정적 업무difficult emotional work'의 개념을 알려줬다.

에릭 미닉Eric Minick은 우리가 얼마나 왔는지에 관한 유용한 관점을 제공했다.

크리스 맷Chris Matts과 시릴로 워텔Cirilo Wortel이 공유한 스토리와 아이디어는 이 책의 형태를 잡는 데 도움이 됐다.

이안 오스왈드Ian Ozsvald는 집필 초기 매우 귀중한 조언과 연락처를 제공했다.

고즈코 아직Gojko Adžić은 출판 및 컨설팅 경험에 관한 정보와 조언을 공유했다. 또한 테스팅과 제품 관리에 관한 고즈코만의 유쾌한 접근 방식을 즐겁게 관찰할 수 있었다.

폴 줄리우스Paul Julius는 스퀴렐과 제프리 만나기(그리고 그보다 많은) 콘퍼런스 개최를 제안했다. 그리고 그 콘퍼런스, 즉 지속적인 통합과 테스팅 콘퍼런스Continuous Integration and Testing Conference, CITCON에 참여한 사람들은 이 책을 오랫동안 기다렸다.

앨런 바이스Alan Weiss와 제럴드 와인버그Gerald Weinberg의 출판과 판촉에 관한 글은 우리에게 커다란 영감을 줬다.

로렐 루마Laurel Ruma와 멜리사 듀필드Melissa Duffield는 우리의 느슨했던 초기 아이디어를 단단히 조여줬다.

안나 노악Anna Noak은 이 책의 제안과 집필 단계에서 성실한 피드백을 줬으며, 덕분에 이 책을 마무리할 수 있었다. 또한 IT 레볼루션 출판사의 많은 이들이 여러 방면에서 이 책의 출간을 도왔다.

우리의 팟캐스트 〈트러블슈팅 애자일Troubleshooting Agile〉은 많은 아이디어를 위한 스토리, 조언, 피드백을 제공했다. 미셸 최Michelle Choi와 로라 스택Laura Stack은 팟캐스트 엔진이 멈추지 않고 동작하도록 해줬다.

수많은 사람과 팀들이 지난 20년간 우리가 그들을 코칭하고 그들로부터 많은 것을 배울 수 있게 했다.

제리 슈르만Jerry Shurman과 조 불러Joe Buhler는 스퀴렐에게 지적 노력의 즐거움을 가르쳐줬다.

팻 야네즈Pat Yanez, 론 프레드릭Ron Fredrick, 매릴린 프레드릭Marilyn Fredrick은 제프리에게 어려움을 시도하는 배경을 선사했다.

로버트 쉐슬러Robert Schuessler의 날카로운 안목과 빠른 방향 전환에 감사한다.

마지막으로 우리 가족인 안드레아스Andreas, 안톤Anton, 에멜린Emeline, 린Leanne, 리사Lisa, 스타Star! 변치 않고 우리를 믿어 준 끝없는 인내심, 값을 매길 수 없는 지원에 정말 감사한다.

김모세(reatinov.kim@gmail.com)

대학 졸업 후 소프트웨어 엔지니어, 소프트웨어 품질 엔지니어, 애자일 코치 등 다양한 부문에서 소프트웨어 개발에 참여했다. 스스로를 끊임없이 변화시키고 새로운 지식을 전달하기 위해 번역을 시작했다.

2020년 3월, 코로나바이러스가 전 세계를 강타했습니다. 머지않아 상황이 호전될 것이라는 기대와 달리, 기세는 전혀 수그러들지 않고 오히려 시간이 지날수록 세상을 두려움 속으로 이끌고 가는 것 같습니다. 그리고 코로나바이러스 팬데믹은 우리가 일하는 방식을 완전히 바꿨습니다.

가장 많이 달라진 것 중 하나로 대화를 꼽을 수 있을 것입니다. 많은 기업에서 부분적으로 혹은 전면적으로 원격 근무를 시행하게 됐고, 삼삼오오 함께 모여 커피 한잔 마시며 얼굴을 마주하고 나누던 대화가 화상 회의 서비스를 통한 단편적이고 분산된 형태로 바뀌었습니다. 음성과 표정만으로 이뤄지는 대화는 이해의 정도가 확연히 낮아졌고, 심지어 정확한 내용을 전달해야 하는 대화의 소극적인 목적을 이루는 것조차 어려워졌습니다.

이 책은 팀과 조직이 함께 공동의 목표를 위해 움직이고 올바른 관계를 형성하도록 대화를 개선하는 방법에 관해 이야기합니다. 대화에 담긴 다양한 의미와 기반 사고, 대화의 특성을 살펴보고 건강한 관계를 형성하고 공동의 목표를 달성하는 데 도움을 주는 신뢰, 두려움, 이유, 헌신, 책임에 기반한 대화에 관해 학습합니다. 업무 현장에서 누구나 한 번쯤 나눠봤을 법한 대화 예시, 이를 한층 개선한 대화 예시를 통해 여러분의 일상과 조직에서의 대화를 반추해 보고, 좀 더 발전적인 대화를 나눌 수 있는 계기를 만들어 줄 수 있을 것으로 생각합니다. 사람이 가진 가장 특별하고 강력한 도구인 대화를 잘 활용해 개인과 조직이 함께 성장하는 데 이 책이 도움이 될 것입니다.

책을 번역하는 과정에 많은 분의 도움을 받았습니다. 먼저 에이콘 출판사 권성준 대표님께 감사드립니다. 편집을 담당해주신 편집팀에도 감사드리며 일일이 언급하지는 못하지만 책이 나오기까지 수고해주신 모든 분께 깊이 감사드립니다. 마지막으로 책을 번역하는 동안 전폭적인 응원과 지지를 보내준 아내와 세 아이에게 감사와 사랑을 전합니다.

2021년 10월

경기도에서 김모세

 에이콘출판의 기틀을 마련하신 故 정완재 선생님 (1935-2004)

| 차례 |

1부

2부

| 들어가며 |

여러분은 기업의 리더로서 전력을 다해 트랜스포메이션을 지원했고 조직은 이를 받아들였다. 컨설턴트를 영입해 팀을 훈련시켰고 프로세스는 자리를 잡았다. 하지만 약속했던 결과는 얻지 못했다. 상황이 나아지지 않는 이유는 무엇인가?

여러분은 조력자(엔지니어나 프로덕트 오너, 스크럼 마스터, 시스템 관리자, 기술 리드, 테스트 혹은 그 어떤 '실무자')로서 훈련을 받고 티켓을 만들고 여러 미팅에 참석했다. 계획에 참여했고 개선된 결과를 볼 준비가 돼 있다. 하지만 약속했던 결과는 얻지 못했다. 상황이 나아지지 않는 이유는 무엇인가?

수년에 걸친 연구와 수많은 실수를 통해 우린 무엇이 성공의 핵심인지 이해할 수 있었다. 단지 프랙티스를 도입하는 것이 아니라 **도입한 프랙티스들이 잘 동작하는 데 필요한 올바른 환경을 조성하는 어려운 대화를 하는 것**이 핵심이었다. 여러분과 여러분의 관리자들, 여러분의 팀들은 올바른 대화를 통해 만들어질 수 있는 올바른 관계를 점점 잃고 있다. 그러나 좋은 소식이 있다. 여러분이 대화의 트랜스포메이션을 시작할 수 있다는 것이다. 이는 여러분이 만들고자 하는 모든 개선의 기반을 만들어 줄 것이며, 대화를 변화시키고 관계를 개선함으로써 원하는 결과를 얻게 해줄 것이다.

이와 같은 일들이 일어나는 것을 계속 봐왔다. 우리는 여러 방면에서 다양한 수준에 있는 백여 개 조직을 컨설팅했다. 놀랍게도 CEO나 주니어 개발자, 다국적 은행의 매니징 디렉터, 온라인 소매상의 운영 엔지니어, 프로덕트 오너, 프로젝트 매니저, 디자이너, 개발자 등은 그들의 직책과 관계없이 하나같이 이렇게 말했다. "왜 **그는** 더 잘하지 못할까요? 왜 **그녀는** 바뀌지 않을까요? 저는 그들을 바꿀 수 없습니다. 힘이 없으니까요."

뭔가를 바꾸지 못하는 무능함에 대한 직원들의 두려움과 절망은 조직 내 어디에나 존재한다. 같은 상황에 갇혀 있는 우리 역시 이에 공감한다.

그렇기에 즐거이 대안을 제시한다. 투명성과 호기심에 근거한 대화가 지닌 엄청난 힘을 이야기하는 것이다.

우리는 개인과 팀, 조직 전체가 대화가 지닌 강력함을 열었을 때 궁지에서 빠져나와 그들이 생각했던 것보다 훨씬 빠르게 개선을 얻어 냈음을 주기적으로 목격하고 신뢰하게 됐다. 한 어린이 서적 출판사에서는 아티스트와 마케터가 함께 이야기를 나누면서 창의적인 영감을 다듬어 성공적인 매출을 올렸다. 모든 사람을 전략 수립에 참여시킨 AI 스타트업에서는 만족감이 크게 향상했다. 한 재무 서비스 기업에서는 실패에 관한 과격한 토론으로 시스템을 안정화했다.

대화가 단순한 수다 이상의 기능을 하고 숙련된 활동이라는 것을 이해하면 위대한 결과가 뒤따른다. 대화에는 보고 듣는 것을 넘어 더 커다란 뭔가가 있다. 큰 소리를 내어 한 말과 입 밖으로 내지 않은 말 사이에 생각과 감정이 존재한다.

대화에 필요한 기술을 익힐수록 우리는 **무엇을** 생각하고 느끼는지와 **왜** 그렇게 생각하고 느꼈는지를 이해하게 된다. 그래서 정보를 다른 사람들과 더 잘 공유하게 된다. 또한 우리에게 텔레파시가 없다는 것(즉, 어떤 정보가 대화 상대에게 실제로 있는지 없는지를 우리가 모른다는 것)을 더 잘 알게 돼 질문하고 답하는 능력이 향상된다. 이런 기술은 너무나 기본적이어서 오히려 간과하기 쉽다. 그렇기에 이 기술을 잘 다루게 되면 대화는 급격히 생산적으로 바뀌고 문화 또한 훨씬 협력적으로 변화한다.

문화적 문제를 **진단**하는 방법에 관한 책들은 수없이 많다. 상세한 케이스 스터디와 이야기, 진단 테스트, 시도해볼 수 있는 수많은 프랙티스, 협업을 위한 권고 사항이나 도구를 제시한다. 하지만 문제를 실질적으로 해결할 수 있는 의미 있는 방법(여러분이 갇혔을 때 어떻게 변화를 만들고 무엇을 해야 하는지)을 알려주는 책은 거의 없다.

예를 들어 패트릭 렌치오니Patrick Lencioni가 저술한 『탁월한 조직이 빠지기 쉬운 5가지 함정』(위즈덤하우스, 2002)은 디시전테크DecisionTech라는 가상 기업의 흥망에 관해 상세히 설명한다. 렌치오니는 이 우화를 통해 기능 장애 계층Dysfunctional Hierarchy 이론을 수립한다. 결과에 대한 무관심Inattention to Results은 책임 회피Avoidance of Accountability에서 발생하며 헌신의 부족Lack of Commitment과 갈등의 공포Fear of Conflict를 거쳐 신뢰의 부재Absence of Trust로 이어진다. 렌치오니가 개발한 기능 장애 모델은 매우 유용하며 사실 이 모델은 우리가 이야기할 다섯 가지 대화Five Conversation 중 네 가지 대화에 영감을 미쳤다.[1] 다섯 가지 대화에 관해서는 여러분도 곧 알게 될 것이다. 하지만 렌치오니는 장애를 발견했을 때 이를 제거하는 데 필요한 실질적 조언은 거의 하지 않았다.

렌치오니는 신뢰 구축을 위해 다음 다섯 가지 중 하나를 해야 한다고 말했다. 개인적인 역사를 공유하거나, 팀 구성원들의 가장 중요한 강점과 약점을 논의하거나, 피드백을 제공하거나, 성격 타입을 분석하거나, 로프 코스ropes course에 갈 수 있다.[2] 이런 활동이 팀의 친밀도를 높이는 데 도움이 되는 것은 분명하다. 그러나 렌치오니는 각각의 활동이 실제로 신뢰를 형성하는지에 관한 명확한 증거나 논거는 물론, 모든 활동이 실패했을 때 신뢰를 구축하기 위한 대안을 제공하지도 못했다.

독자에게 공허함을 준 것은 렌치오니 뿐만이 아니다. 많은 비즈니스 우화, 디지털 트랜스포메이션 가이드, 애자일 가이드는 여러분의 문화에서 잘못된 부분을 잘 짚어내지만 개선하는 방법은 말해주지 않는다. 그 결과 기업들이 올바른 프랙티스를 구현하면서도 긍정적 결과는 얻지 못하는 것을 봐왔다. 다른 프랙티스들이 잘 동작하게 하려면 문화적 고착을 깨야 했으나 그러지 못했기 때문이다.

이 책과 우리의 대화 방법을 활용해 여러분과 여러분의 팀은 문화적 문제를 진단하고 해결하는 방법을 학습할 것이다. 우린 투명성과 호기심의 태도로 어려운 대화를 계속하는 것이 팀의 신뢰를 지속적으로 구축하고 공포를 줄이며 다른 핵심적 개선이 이뤄지는 것을 경험했다. 이런 방법이 어떻게 그리고 왜 동작하는지를 설명하기는 어렵지 않으며, 이는 우리가 이 책을 통해 하고자 하는 바이기도 하다.

이런 것들에 흥미가 있다면 팀이 성장할 수 있는 환경을 만드는 기술, 즉 **고통스럽긴 하지만 솔직한 대화**를 할 수 있게 돕는 기술들을 개발할 수 있다. 물론 기술을 습득하는 게 쉬운 일은 아니다. 마크 콜맨Mark Coleman은 모든 단계에서 여러분에게 '어렵고 감정적인 일'[3]을 요구할 것이라고 말한다. 여러분은 각자의 고통스러운 주제에 직면해야 하며 적어도 한 번 이상 여러분이 직접 어려운 대화를 하는 것보다 컨설턴트를 고용하거나 번다운 차트를 다듬거나 다른 모니터링을 추가하기를 바랄 것이다. 그러나 우리가 보증하건대 다섯 가지 대화를 모두 정복한 전문성을 달성하기 위한 끝없는 모험이 취미이자 즐거움인 구성원들이 있는 조직에서 일하는 것보다 값진 보상은 없다.

여러분이 우리와 함께 대화의 기술을 학습하고 개발하고 구현하길 기대해 마지않는다.

끊임없이 말하길 바라며

제프리와 스퀴렐

이 책의 구성

이 책은 2부로 구성됐다. 1부에서는 2부에서 설명할 대화 도구의 기반이 되는 아이디어와 이론에 관해 설명한다.

1장은 간략한 소프트웨어 역사를 담았다. 다양한 기법을 곧바로 학습하고 싶다면 1장을 생략해도 좋다. 하지만 애자일^{Agile}, 린^{Lean}, 데브옵스^{DevOps}의 기원이 궁금하다면 읽어 보길 바란다. 1장에서는 지난 25년 동안 소프트웨어 업계를 뒤집은 극적 변화를 살펴본다. 진보와 실수를 포함해 우리가 살아온 순간들을 되짚어본다.

1990년대 대량 제조 생산 패러다임은 '소프트웨어 공장^{software factory}'이라는 지적 모델을 제시했다. 공장 노동자들이 언제든 교체 가능한 유닛처럼 제조 라인을 따라 이동했듯 소프트웨어 전문가들 역시 교체 가능한 유닛으로 여겨졌고 문서 중심의 소프트웨어 개발 접근 방법이 그들을 지배했다. 이 모델은 실제로 재앙에 가까운 오류가 있는 것으로 증명됐다. 그 결과 사람 중심의 방법론들이 일어났고 애자일, 린, 데브옵스와 같은 트랜스포메이션의 파도가 소프트웨어 조직들을 휩쓸었다.

아이러니하게도 이러한 트랜스포메이션이 널리 진행될수록 사람이 중심이라는 핵심이 잊혀졌다. 그리고 프로세스와 프랙티스에 대한 관료주의적 의식에만 집착하면서 문화는 사라지고 말았다. 한 걸음 더 나아가기 위해 조직은 사람만의 능력인 대화를 활용해야 하며 어렵지만 생산적인 대화를 하는 방법을 학습함으로써 인지 편향을 극복해야 한다.

2장은 우리가 설명하는 방법론의 핵심 기법들을 설명한다. 4R은 대화로부터 학습할 수 있도록 단계적인 도움을 주며, 책 전체에서 사용하는 2열 대화 분석^{Conversational Analysis}을 사용해 대화와 학습을 위한 방법을 기록할 수 있다. 진행에 앞서 2장에서 최소한 2개 기법에 관한 절과 '대화 분석' 절을 읽어 보기 바란다.

2장은 여러분이 이미 알고 있는 목적지를 제시하면서 시작한다. 우리는 저명한 사회 과학자인 크리스 아기리스^{Chris Argyris}를 따라 여러분이 '지지하는 이론^{espoused theory}'이 최고의 결정을 하기 위해서는 모든 관련자의 협업, 투명성, 호기심이 필요하다는 것을 말하고 있음을 보여줄 것이다. 불행히도 여러분이 '실제 사용하는 이론', 다시 말해 실제 대화에서 행동하는 방법은 매우 다르다. 우리는 '4R'이라 불리는 방법을 소개할 것이다. 4R 기법을 사용하면 누구든, 어떤 팀이든 그들의 대화에서 어려운 주제에 접근하는 기술을 향상할 수 있으며 이를 통해 대화로부터 학습하고 다음에 올 것을 준비할 수 있게 된다.

2부인 3장부터 7장에서는 우리의 경험과 학습, 실수를 다섯 가지 대화를 위한 '지침 매뉴얼'로 만들었다. 이 다섯 가지 대화는 **모든** 고성과 팀(소프트웨어 팀뿐만 아니라 모든 팀)들이 공유하는 다섯 가지 핵심 특성에 관한 중요한 논의다.

다섯 가지 대화는 다음과 같다.

1. **신뢰의 대화**^{The Trust Conversation}: 우리는 팀 내·외부에서 일하는 사람들이 우리의 목적과 가치를 공유한다고 믿는다.
2. **두려움의 대화**^{The Fear Conversation}: 우리는 팀 내 문제와 문제를 둘러싼 환경에 관해 개방적으로 논의하고 장애물을 용감하게 공격한다.
3. **이유의 대화**^{The Why Conversation}: 우리는 영감을 주는 공통의 명확한 목적을 공유한다.
4. **헌신의 대화**^{The Commitment Conversation}: 우리는 무엇을 언제 할 것인지 신뢰할 수 있도록 정기적으로 알린다.

5. **책임의 대화**The Accountability Conversation: 우리는 모든 이해당사자
   에게 의도를 방출하고 우리가 만들어 낸 결과가 헌신과 얼
   마나 일치하는지 공개적으로 설명한다.[*]

다섯 가지 대화는 팀이 현대적인 사람 중심의 프랙티스를 최대한
활용하는 데 필요한 모든 것을 제공하는 속성을 다룬다. 이 속성들을
갖춘다면 최고 수준의 딜리버리 속도를 달성하면서 두려움 없이 즉석
에서 조정하고 실제 고객에게 문제를 해결하는 소프트웨어를 보여주
기로 약속할 수 있다. 이는 우리가 흔히 보는 팀에 부족한 속성이다.
스탠드업 미팅은 진척의 공유가 아닌 숨김의 장이며, 추정은 허무함
속의 고달픈 훈련이다. 팀의 목적은 티켓의 바다에서 길을 잃고 두려
움은 기업의 한쪽 끝에서 다른 쪽 끝까지 널리 공유돼 있다.

우리는 신뢰의 대화를 시작으로 두려움, 이유, 헌신, 책임을 다루는
대화로 진행하면서 여러분의 팀에서 다섯 가지 핵심 속성을 개선하는
방법을 단계적으로 보여줄 것이다. 이 방법은 여러분이 주니어 개발
자이든 시니어 경영진이든 상관없이 사용할 수 있다. 개선 사항이 애
자일과 린, 데브옵스 프랙티스의 개선된 결과로 어떻게 이어지는지도
설명할 것이다. 이런 방법들이 실제로 어떻게 작동하는지는 각 주제
에 대한 실질적 대화의 예시를 들어 설명했다.

3장부터 7장은 유사한 절로 구분된다.

- '**동기부여**' 절에서는 해당 장에서 다루는 대화가 중요한 이유
  를 설명한다.
- '**이야기**' 절에서는 해당 장에서 설명하는 대화의 문제를 겪었

---

[*] 다섯 가지 대화 중 네 가지 대화는 패트릭 렌치오니가 식별한 다섯 가지 기능 장애에서 영감을 얻었고,[4]
'이유의 대화'는 사이먼 시넥(Simon Sinek)의 『스타트 위드 와이(Start With Why)』(세계사, 2021)에서
영감을 얻었다.[5] 각각에 우리의 경험과 접근 방식을 추가했으며 영감을 준 두 저자에게 감사한다.

던 주인공을 소개한다.

- '하나 이상의 **준비**' 절에서는 해당 장에서 설명하는 대화의 준비 방법을 소개한다.
- '**설명**' 절('대화')에서는 해당 장에서 설명하는 대화의 수행 방법 중 하나를 설명한다.
- '**계속되는 이야기**' 절에서는 우리의 주인공이 문제가 있는 대화로부터 학습하고 더 나은 결과를 만든다.
- '그 밖의 다른 **예시 대화**' 절에서는 해당 장에서 설명하는 대화의 다른 형태를 소개한다.
- '**케이스 스터디**' 절에서는 해당 장에서 설명하는 대화가 조직 개선에 어떻게 도움이 됐는지에 관한 긴 이야기를 들려준다.

책을 끝까지 읽는 것은 시작에 불과하다. 각 핵심 대화에 접근하는 방법을 학습했다면 직접 연습해야 한다. 꾸준한 연습 뒤에는 커다란 보상이 있을 것이다. 대화가 바뀌고 나야 비로소 문화가 바뀔 수 있다.

이 책을 읽는 몇 가지 방법

펄^Perl^ 언어 개발자는 기억하기 쉬운 두문자를 사용한다. 'TIMTOWTDI' 혹은 'There Is More Than One Way To Do It^하나 이상의 방법으로 그것을 할 수 있다^'이라 불린다. 이는 우리의 철학이기도 하며 이 책을 통해 여러분도 알게 될 것이다. 그렇기에 여러분이 다섯 가지 대화를 어떤 방식으로든 사용하기만 한다면 우린 여러분이 어떤 프랙티스를 사용할지 미리 규정하지 않는다. 이터레이션^iteration^을 얼마나 오랫동안 해야 하는가? 스탠드업 미팅이 필요한가? 혹은 어떤 색상의 플래닝 포커 카드를 이용해야 하는가? 이러한 질문에 관한 대답 자체보다는 대답을 얻는 과정이 더 중요하다고 생각한다. 이와 마찬가지로 여러분의 학습 스타일, 필요, 기분에 따라 다양한 방법으로 사용할 수 있도록 이 책을 쓰고자 노력했다.

이쯤에서 이 책을 읽는 몇 가지 방법을 제안한다. TIMTOWTDI를 기억하라. 각자 원하는 방법이 있다면 그대로 해도 좋다!

선형적Linear. 처음 만나는 모든 개념을 이해하고 싶다면 이 방법을 선택하자. 첫 페이지에서 시작해 마지막 페이지까지 순서대로 읽는다. 우리는 새로운 아이디어와 기법을 사용하기 전에 이들을 먼저 정의하고 설명하고자 노력했으며 참조할 내용이 뒤쪽으로 가지 않도록 구성했다. 신뢰의 대화에서 사람들을 위한 테스트 주도 개발을 습득했다면 이유의 대화에서 다시 그 내용이 등장할 때 어려움을 겪지 않을 것이다. 그리고 각 장에서 여러분이 좋아하는 일종의 논리적 표현을 찾을 수 있다. 맨 먼저 해당 장에서 설명하는 대화를 해야 하는 이유를 서술한 다음 대화를 사용하는 기법을 설명했고, 다음으로 대화 자체가 등장하며 마지막으로 실질적인 예제를 실었다. 각 장의 맨 마지막에 수록한 대화 예시와 여러분 각자의 예시를 통해 4R을 사용함으로써 학습을 강화하라. 가능하다면 학습 단계마다 한 명 이상의 친구들과 함께하라.

기술적Technical. "이야기로 혼동을 주지 마세요. 뭘 사용할 수 있는지만 알려 줘요." 이렇게 생각한다면 각 장의 '준비' 절부터 읽으면 된다. 준비 절에서는 대화의 개선으로 팀 성과를 높이기 위해 즉시 사용할 수 있는 기법을 설명한다. 여러 기법을 모아 전달하는 중심 대화의 설명을 읽은 뒤 대화 예제를 소개하는 부분까지 읽는다. 예제 소개 부분에서는 실제로 일어나는 대화를 묘사하므로 표현이나 접근 방식을 활용하는 데 도움을 얻을 수 있다. 이 방식을 선택했다면 일주일에 한 장씩만 진행하는 것을 추천한다. 매주 일상의 대화에서 각 방법을 의도적으로 연습하라. 매일 하루를 마치는 시점에 각 방법을 얼마나 많이 사용했는지 세어보고 그중 하나의 대화를 선택해 4R을 사용해 분석하라. 겉으로 보기에는 느리지만 성찰하기 연습을 충실히 수행한다면 기술을 빠르게 강화해줄 것이다.

사회적Social. 결론에서 언급했지만 이런 기술을 학습하는 데 관심 있는 사람들은 우리 학습에 엄청난 도움이 될 수 있다. 대화를 어렵게 만드는 인지 편향은 스스로의 실수를 발견하기 어렵게 만들기도 한다. 다른 사람들에겐 그런 어려움이 없다! 운 좋게도 여러분이 이러한 학습 그룹을 만들 수 있다면 그룹과 함께 앞에서 설명한 기술적 접근 방식과 비슷한 방식을 선택하기를 추천한다. 일주일에 한 장 이상은 다루지 말라. 해당 장의 방법들을 얼마나 사용했는지 계속 세어보고 공유하라. 그리고 그룹 세션에서 여러분의 대화 중 하나를 논의하고 분석하라. 다른 사람들과 함께 역할극 및 역할 바꾸기를 함으로써 여러분의 수행에 자신감을 얻게 될 것이다. 다른 사람에게 피드백을 주는 연습을 통해 스스로의 대화를 개선하는 기회를 발견하는 데 도움을 얻을 수도 있다.

어떤 방식을 사용하든 책을 읽고 이해하는 것만으로는 충분하지 않다는 것을 다시 한번 강조한다. 기술을 익히는 유일한 길은 연습이다. 다른 길은 없다.

1부

소프트웨어 공장 탈출하기

마이클 게일Michael Gale은 그의 책 『The Digital Helix』(Greenleaf, 2017)에서 디지털 트랜스포메이션 중 84%가 실패한다고 말했다.[1] 나머지 16%가 성공하는 이유를 이해하는 과정에서 마이클은 '성공하려면 사람들이 상호 작용하는 방식, 즉 협력하고 협업하는 방식의 근본적 변화'가 필요하고 '사람들의 행동과 문화, 결정 방식을 바꾸는 데 시간을 투자하지 않는 한 모든 것은 실패한다'라는 사실을 찾아냈다.[2]

이런 근본적 전환을 이룬 방식들은 인간이라면 누구나 지닌 능력, 즉 대화로 자연스럽게 귀결됐다. 강력하고 유연한 언어는 인류에게만 있다. 언어의 효용을 극대화하려면 대화의 기술을 습득하고 천성적인 편견(협업과 연결을 방해하는)을 극복하는 방법을 학습해야 한다. 대화의 방식을 바꾸면 문화가 바뀐다.

우리에게 필요한 변화를 이해하려면 우리가 속한 문화를 먼저 이해해야 한다. 1장에서 설명하겠지만 우리는 여전히 소프트웨어 공장을 지지했던 대량 제조 패러다임 단계에 있다. 문서에만 기반하는 이 모델은 대화가 없는 의사 전달의 시도일 뿐이다. 소프트웨어 공장 모델이 실패하면서 애자일Agile이나 린lean, 데브옵스DevOps와 같은 새로운 사상이 탄생할 자리를 마련했다. 그러나 선한 의도에서 비롯된 새로운 모델의 도입 과정 역시 프로세스나 방법론에만 집중하면서 실패하고 말았다. 또한 작은 규모의 소프트웨어 공장에서 발생했던 동일한 실패를 만들어 냈다. 존 커틀러John Cutler는 이 실패를 가리켜 '피처 공장feature factory'이라 불렀다.[3]

소프트웨어 공장에서 일하기

우린 둘 다 1990년대에 중간 규모의 소프트웨어 기업에서 경력을 쌓기 시작했다.* 책상에 고정된 거대한 PC에서 C 언어로 코드를 작성했고 줄지어 앉은 수천 명의 동료가 정확하게 같은 일을 했다. 우리는 거대한 시스템에 내장된 작은 부품들이었다. 우리가 한구석을 차지했던 시스템들이 테일러리즘Taylorism이라 불리는 20세기 철학의 한 형태라는 것은 전혀 놀랍지 않다.

기계학자이자 기계 엔지니어였던 프레데릭 윈슬로우 테일러Frederic Winslow Taylor는 낭비와 비효율성에 대항하는 전문가 집단을 이끌었고 초창기 프로세스 관리 컨설턴트 중 한 사람이 됐다. 테일러는 노동자에서 노동자로 업무를 전달하는 방식의 편차가 낭비의 중심이라고 여겼다. 테일러는 모든 노동자가 올바른 방식을 동일하게 학습함으로써 업무 전달 방식의 편차를 없애는 것이 가장 효율적인 방식이라 생각했다. 그렇다면 소위 '올바른 방식'은 누가 결정하는가? 테일러와 같은 전문 관리자 또는 컨설턴트가 결정을 내렸다.

---

* 제프리는 볼랜드(Borland), 스퀴렐은 텐폴드(Tenfold)에서 일했다. 이후 둘은 점점 더 큰 물고기에게 삼켜졌다.

테일러가 주창했던 철학인 '과학적 관리Scientific Management'에서는 관리자들의 역할을 최선의 업무 수행 방법으로 고안하고 이해해서 강력한 표준화를 하는 것으로 정의했다. 1911년 테일러가 출간한 영향력 있는 저서인 『프레드릭 테일러 과학적 관리법』(21세기북스, 2010)에서 그는 철저한 관리 감독 아래서 수준이 낮은 종업원들이 동일한 업무를 반복적으로 수행하는 조립 라인에 기반한 대량 생산에 관한 지적 통찰을 제안한다.[4]

테일러가 주장한 세계관은 매우 이산적이고 비인간적인 업무 현장 문화를 낳았다. 공장은 하나의 거대한 기계로 간주된다. 기계 엔지니어인 관리자들은 기계의 각 부품이 어떻게 동작해야 하는지 설계하고 올바르게 동작하는지 확인한다. 종업원들은 대체 가능한 부속품일 뿐이었다. 정해진 내구성 안에서 동작하며 결함이 발견되면 곧바로 대체된다. 커뮤니케이션은 하향식으로 이뤄지며 그마저도 명령이나 정정에 국한된다. 대화는 필요 없다. 협업도 필요 없다. 지시받은 일 이외의 뭔가를 하려는 생각 따위는 쓰레기통에 버려야 한다.

큐비클 속의 테일러리즘

1990년대 우리가 몸담았던 소프트웨어 산업은 테일러리즘을 공장에서 큐비클 안으로 옮겨 심었다. 컨설턴트와 영업 사원들은 자신이 팔고 있는 새로운 도구, 새로운 프로세스, 새로운 방법론을 사용하면 관리자들이 손쉽게 높은 효율을 달성할 것이라 약속했다. "소프트웨어 개발에 문제가 있습니까? 버그와 지연 때문에 정신이 없습니까? 두려워하지 마십시오! 우리에겐 최고의 프랙티스가 있으며 정확하게 문서로 정리해 뒀습니다." 경영진들은 어디선가 잘 만들어진 시스템을 마련해 개발자에게 이를 따르라고 명령했다. 업무는 정해진 체크포인트와 프로세스 게이트를 따라 흐르며, 여러분은 주어진 예산 내에서 제시간에 업무를 진행한다고 확신했다. 적어도 그들의 약속은 그랬다.

기계적인 조립 라인이 줄었고 소프트웨어 산업은 종이에 기반한 산출물을 만들었다. 관리자들은 논리 모델(업무를 올바르게 수행하는 단일한 방식)을 도입하거나 개발했고, 단계적인 가이드와 플로차트를 사용해 이를 문서화했다. 모든 오류 가능성을 차단하기 위해 문서 주도 개발documentation-driven development이 설계됐다. 최종 프로그램에서 각 부분이 어떻게 동작해야 하는지 그리고 그렇게 동작하게 하려면 각 소프트웨어 업무 담당자가 무엇을 해야 하는지를 일일이 밝혀 적었다. 마케팅 요구 문서marketing requirement documentation, 구현 상세 문서implementation specification, 테스트 계획test plans과 같은 문서가 존재했다. 사람의 활동은 어디에서도 찾아볼 수 없었다. 모든 데이터 구조의 속성, 사용할 언어 구조, 심지어 주석의 형태까지 두꺼운 매뉴얼 안에 철저하게 사전 기술됐다. 모든 데이터베이스 칼럼과 검증 방법이 정의되고 픽셀 하나 단위까지 세세하게 묘사된 각 스크린을 포함한 그야말로 변태적인 소프트웨어 설계 문서가 디자이너의 책상 위에 올려졌다.

물론 여기에도 나름의 논리가 있다. 소프트웨어를 고객에게 전달한 뒤 결함을 수정하면 훨씬 높은 비용이 든다는 것은 모두가 알고 있다. 실제로도 결함을 조기에 발견할수록 수정 비용은 낮다. 코드를 수정하는 것보다 디자이너의 플로차트 수정이 쉽고, 플로차트 수정보다 명세서specification document 수정에 드는 비용이 더 적다. 반론을 제기할 수 없는 이 논리는 올바른 계획을 위해 먼저 시간을 쓴 다음 기계적으로 구현하는 것이 결과적으로 시간과 비용을 아낄 것이라고 우리를 설득했다. 매우 합리적이고 이성적이다.

하지만 불행히도 실상은 달랐다.

소프트웨어 위기

스탠디시 그룹Standish Group이 1994년 발간한 악명 높은 「혼돈 보고서 CHAOS Report」에서는 충격적인 소프트웨어 프로젝트 실패 수준을 들며 앞서 이 시스템이 얼마나 형편없이 동작했는지 말한다. 교량, 항공, 핵 발전소의 실패와 달리, 보고서의 저자들은 "컴퓨터 산업에서…실패는 보완, 무시, 합리화된다"라고 말했다. 그래서 이들은 '프로젝트 실패 범위', '소프트웨어 프로젝트를 실패로 이끄는 주요인' 및 '프로젝트 실패를 줄일 수 있는 핵심 요소'를 식별하기로 했다. 보고서는 미국 내 소프트웨어 프로젝트 중 31%가 취소됐고 미국 소프트웨어 기업들은 이를 위해 810억 달러에 육박하는 비용을 들였다고 했다. 기한과 비용을 준수하며 완료된 프로젝트는 단지 16%에 지나지 않았다.[5] 보고서는 테일러 주의자들의 방법론이 완전히 실패했음과 이들이 소프트웨어 위기를 야기했음을 신랄하게 지적했다.

이와 같은 위기가 알려지면서 수많은 사람이 해답 찾기에 몰두했다. 이 과정에서 카네기 멜런 대학Carnegie Mellon University 소프트웨어 공학부에서는 역량 성숙도 모델Capability Maturity Model을 만들었다. 이는 미국방성의 소프트웨어 공급 계약자 평가를 지원하기 위해 만들어진 것으로 문서화와 프로세스의 중요성을 더욱 강조했다. 이런 접근 방식에 집착함에 따라 예측성을 확보하기 위해 더 많은 관리, 더 많은 확인, 더 많은 명세를 요구하게 됐다. 그들은 "통계적 통제 아래 소프트웨어 개발 프로세스는…기대되는 예산과 일정, 품질 내에서 적절한 결과를 만든다"라고 주장했다.[6]

현업에 있는 소프트웨어 실천가들 및 그들과 함께 일하는 사람들을 포함한 소프트웨어 산업의 다른 사람들은 다른 곳에서 영감과 아이디어를 찾았다. 이들은 이상적인 기계적 접근 방법들, 매우 합리적으로 들리던 그 방법들이 프로젝트 최전선에서 소프트웨어 프로젝트의 성공과 실패 원인을 설명하지 못하는 상처를 갖고 있었다. 첫 번째 원칙을 고수하며 일하는 대신 실제로 어떤 것들이 효과를 내는지 관찰했다. 자신들의 경험을 이해하고자 시도하는 과정에서 문서에 담을 수 없는 대답을 찾아냈다. 그것은 돈으로 살 수 있는 도구가 아니었으며 프로세스를 기계적으로 적용하는 것도 아니었다. 바로 **사람**이었다!

알리스테어 코크번 박사Dr. Alistair Cockburn는 자신의 논문인 「사람, 소프트웨어 개발에서의 비선형적, 최우선 요소Characterizing People as Non-Liner, First-Order Components in Software Development」에 정제되지 않은 소프트웨어 프랙티스를 날카롭게 관찰해서 얻은 통찰을 담았다. 논문 제목이 모든 것을 말해준다. 역량 성숙도 모델과 달리 코크번 박사는 "이제 프로세스는 부수적인 요소로 고려해야 한다"라고 말한다.[7] 프로젝트의 성패를 좌우하는 것은 대부분 사람이며, 사람의 고유한 속성을 담아내는 데 개선의 노력을 집중하라고 제안한다.[8] 예를 들면 다음과 같은 것들이 있다.

> 1. 사람은 대화하는 존재다. 서로의 얼굴을 보면서 실시간으로 질문과 대답을 주고받는 것이 가장 좋다.
> 2. 사람들은 오랫동안 일관적으로 행동하는 데 어려움을 겪어 왔다.
> 3. 사람들은 변동이 매우 심하며, 시간과 장소에 따라 완전히 다르다.
> 4. 사람들은 좋은 사람이 되길 원한다. 프로젝트를 진행하기 위해 주위를 살피고 솔선수범하며 '필요하다면 무슨 일이든지' 한다.[9]

코크번 박사의 관점은 사람을 기계적이고 대체 가능한 부속품으로 여기던 테일러 주의자의 관점과 완전히 대치된다. 사람들이 기계 부속처럼 행동할 것이라 기대하는 것은 인간의 본성을 무시하는 것이며 필연적으로 실패하게 된다. 사람들이 어떤 방식으로 관계를 맺고 어떤 방식으로 프로젝트에 대해 의사소통하는지에 관한 문화가 매우 중요하다는 것은 경험적 발견이다. 실천가들은 프로세스가 아닌 사람을 중심에 두고 접근 방식과 프로젝트를 설계해야 한다고 본다. 성공의 기회를 개선하고 싶다면 올바른 대화를 통해 올바른 문화를 구축해야 한다.

기계를 때려 부숴라, 어쩌면?

소프트웨어 방법론의 중심에 사람이 있다는 아이디어는 세기가 바뀐 이후 소프트웨어 구현의 형태를 바꾸는 강력한 트랜스포메이션에 불꽃을 붙였다. 린 제조Lean manufacturing는 이전 시대를 지배하던 테일러식 대량 생산 패러다임을 뒤집어엎고 공장 기반 문화를 변화시켜 생산성과 품질에서 괄목할 만한 향상을 이뤘다. 린 제조에서는 종업원을 교체 가능한 부속품으로 여기는 것이 아니라 '기술력이 높고 동기부여가 뛰어난 인력'에 의존했다. 뛰어난 인력은 문제를 예측하고 해결책을 고안한다.[10]

애자일 소프트웨어 개발Agile software development, 린 소프트웨어Lean software 그리고 데브옵스DevOps는 소프트웨어 공장을 이와 유사하게 바꿔 놓았다. 각각의 방법이 대상으로 하는 공장 요소는 다르지만 이들 모두 비인간화된 대량 제조 접근 방식을 부수는 것에서 시작했다. 이들은 노동력의 분산을 깨부수고 엄격한 프로세스로 둘러싸인 장소에 협업을 소개함으로써 문화를 바꿨다.

다음 절에서 설명하는 바와 같이 각 운동의 초기 지지자들은 공통적인 두 가지 근본 가치를 지지했다. 바로 **투명성**transparency과 **호기심**curiosity이다. 이 두 가지 가치로 각 운동은 성공적인 소프트웨어 팀이 갖는 다섯 가지 핵심 속성(높은 신뢰high trust, 낮은 두려움low fear, 이유 이해하기understanding why, 헌신하기making commitments, 책임지기being accountable)의 일부 혹은 전부를 개발했다. 이런 가치와 태도는 모두 인간관계와 정보 흐름, 장벽 제거, 협업에 관한 것이다. 공장에는 존재하지 않는 것들 말이다.

일련의 운동을 통해 거둔 초기 승리는 놀라웠다. 초기 도입자들은 적시 출시, 결함률 저하, 팀 도덕성 향상의 극적인 개선을 봤다. 예를 들어 린 스타트업Lean Startup 추종자들은 '불가능한 일(프로덕션 출시)을 하루에 50회나 한다'라고 자랑했다.[11] 우리 두 사람을 포함해 많은 사람이 시류에 편승해 같은 결과를 얻을 수 있을지 확인하고자 새로운 방법론을 시도해봤음은 당연했다.

문제는 (그리고 이 책을 쓴 이유는) 애자일 개발 그리고 이후 린 소프트웨어와 데브옵스를 탐험하는 과정에서 후발 도입자들은 인간 상호 작용의 중요성을 간과했다는 것이다. 리더들은 과거에 늘 해왔던 것과 똑같이 행동(공장 마인드셋을 유지)하면서 다른 사람들에게 변화하라고 명령하는 것만으로 충분하리라 생각했다. 그 결과 리더들은 관찰하기 훨씬 쉬운 피상적인 프로세스 변화(스탠드업standups, 진행 중 업무work-in-progress 제한, 도구 도입 등)에만 집중했다.

인간이라는 요소와 올바른 대화가 없다면 이런 변화는 아무런 효과가 없다. 무수한 조직에서 실망한 경영진들과 공포에 사로잡힌 팀들이 애자일 개발(혹은 린 소프트웨어나 데브옵스)은 **효과가 없다고 말하는 것**을 계속해서 봐왔다.

요약하자면 이들은 관계의 중요성이 누락되거나 무시된 인간 중심의 트랜스포메이션 그리고 이와 조합된 기계 주의적 시각을 가진 상태에서 어째서 아무도 협업을 하지 않고 아무런 일도 일어나지 않는지 의아해할 뿐이다.

대조적으로 이 책은 여러분이 성공하는 데 필요한 기본적인 인간 상호 작용으로 회귀함에 대한 것이다. 각 운동의 역사를 먼저 간략하게 살펴본다. 이를 통해 사람들을 여러분의 프로세스, 즉 대화로 돌아오려면 여러분이 정복해야 할 간단한 기법들을 이해하기 시작할 수 있다.

애자일: 사람 주도 개발

1990년대 말 소프트웨어 공장에 대한 반항으로 소프트웨어에 대한 대안적 접근 방식의 대폭발이 일어났다. 새로운 운동은 '문서 중심의 무거운 소프트웨어 개발 프로세스들'[12]이라는 지배적인 패러다임에 반기를 들고 저스트 인 타임just-in-time 설계, 동작하는 소프트웨어의 잦은 배포, 소프트웨어 생산 과정의 실제 고객 참여와 같은 프랙티스들을 소개했다. 그중에서도 계획 활동planning activities을 극단적으로 줄여 실제 업무를 하는 개인 사이의 협업 상호 관계를 증진하는 것이 가장 극적인 문화적 변화였다. 소프트웨어 공장의 지배적인 프랙티스들을 사용하던 사람들에게 이들은 혼란을 일으키지 못해 안달하는 미치광이처럼 보였다. 그럼에도 불구하고 팀에서 달성한 놀라운 결과(모럴 고취, 빠른 배포, 높은 품질)에 관한 이야기들은 새로운 방법론들을 시도할 수 있는 충분한 용기를 줬다.

2001년 2월, '가벼운 소프트웨어' 운동에 관여한 17명의 선구자가 유타주 스노버드Snowbird, Utah의 한 스키 리조트에 모였다. 제임스 하이스미스James Highsmith가 기록한 것처럼 익스트림 프로그래밍XP, Extreme Programming, 스크럼SCRUM, 동적 시스템 개발 방법DSDM, Dynamic Systems Development Method, 적응 소프트웨어 개발ASD, Adaptive Software Development, 크리스털Crystal, 피처 주도 개발FDD, Feature-Driven Development, 실용주의 프로그래밍Pragmatic Programming의 창시자와 지지자가 다양한 분야에서 한데 모였다.[13] 문제는 그들이 공통점을 찾을 수 있는가였다.

하지만 결국 해냈다. 마틴 파울러Martin Fowler가 '군대 소집' 혹은 '슬로건'이라 부른 애자일 선언Agile Manifesto은 20년이 지난 지금까지도 널리 쓰이고 있다.

애자일 소프트웨어 개발 선언

우리는 소프트웨어를 개발하고 다른 사람의 개발을 도와주면서 더 나은 소프트웨어 개발 방법을 찾는다. 이 작업을 통해 우리는 다음을 가치 있게 여기게 됐다.

- 공정과 도구보다 **개인과 상호작용을**
- 포괄적인 문서보다 **작동하는 소프트웨어를**
- 계약 협상보다 **고객과의 협력을**
- 계획을 따르기보다 **변화에 대응하기를**

왼쪽에 있는 것도 가치가 있지만 우리는 오른쪽에 있는 것들에 더 높은 가치를 둔다는 것이다.[15]*

이들은 열두 가지 원칙(종종 간과되는)에 기반해 이 선언을 따랐다. 일련의 원칙은 기민함^{agility}을 지향하는 조직에게 유용한 접점으로 남아있다.

애자일 소프트웨어 개발 원칙

우리의 최우선 순위는 가치 있는 소프트웨어를 일찍 그리고 지속적으로 전달해 고객을 만족시키는 것이다.

비록 개발의 후반부일지라도 요구 사항 변경을 환영하라. 애자일 프로세스는 변화를 활용해 고객의 경쟁력에 도움이 되게 한다.

작동하는 소프트웨어를 자주 전달하라. 두어 주에서 두어 달의 간격으로 하되 더 짧은 기간을 선호하라.

비즈니스 쪽의 사람들과 개발자들은 프로젝트 전체에 걸쳐 날마다 함께 일해야 한다.

---

* 애자일 소프트웨어 개발 선언 한국어판은 https://agilemanifesto.org/iso/ko/manifesto.html에서 확인할 수 있다. – 옮긴이

동기가 부여된 개인들 중심으로 프로젝트를 구성하라. 그들이 필요로 하는 환경과 지원을 제공하고 그들이 일을 끝내리라고 신뢰하라.

개발팀으로, 그리고 개발팀 내부에서 정보를 전달하는 가장 효율적이고 효과적인 방법은 면대면 대화다.

작동하는 소프트웨어가 진척의 주된 척도다.

애자일 프로세스는 지속 가능한 개발을 장려한다. 스폰서, 개발자, 사용자는 일정한 속도를 계속 유지할 수 있어야 한다.

기술적 탁월성과 좋은 설계에 대한 지속적 관심이 기민함을 높인다.

단순성(안 하는 일의 양을 최대화하는 기술)이 필수적이다.

최고의 아키텍처, 요구 사항, 설계는 자기 조직적인 팀에서 창발한다.

팀은 정기적으로 어떻게 하면 더 효과적일 수 있는지 숙고하고 이에 따라 팀의 행동을 조율하고 조정한다.[16]*

선언문과 함께 이 원칙들은 새로운 방법론에 담긴 인간 중심적 특성을 반영한다. 몇 가지 원칙을 보면 공통적인 프랙티스가 애자일 팀에 투명성과 호기심을 위한 프레임워크를 제공한다는 것을 알 수 있다.

- **비즈니스 쪽의 사람들과 개발자들은 프로젝트 전체에 걸쳐 날마다 함께 일해야 한다.** 일반적으로 짧은 일일 회의(참가자의 실제 자세와 관계없이 스탠드업이라고 불렸다)로 나타나며, 이는 개발자에게 진척과 장애물을 투명하게 공유하고 팀이 필요한 지원을 다른 사람에게 요청할 기회다.
- **최고의 아키텍처, 요구 사항, 설계는 자기 조직적인 팀에서 창발한다.** 애자일 팀은 공개적인 협업을 할 것으로 기대된다. 여러 대

---

* 애자일 개발 원칙의 한국어판은 https://agilemanifesto.org/iso/ko/principles.html에서 확인할 수 있다. - 옮긴이

안을 놓고 트레이드 오프를 논의하며 각 구성원은 개인적 판단을 투명하게 공유하고 다른 사람의 판단에 호기심을 갖는다. 이는 플래닝 게임Planning Game과 같은 프랙티스에서 목격된다. 추정은 공개적으로 공유되며(투명성) 그 차이로 대화가 촉발되고(호기심) 이를 통해 각 옵션이 미치는 영향을 발견한다.

- **정기적으로 어떻게 더 효과적일 수 있는지 숙고하고 이에 따라 팀의 행동을 조율하고 조정한다.** 회고Retrospective는 대표적인 애자일 프랙티스 중 하나로 팀 구성원들이 서로의 경험을 개인 및 팀으로 논의할 기회다. 『애자일 회고』(인사이트, 2008)에서는 매우 다양한 회고 프랙티스를 소개하고 있다. 모든 회고 액티비티는 팀 구성원들이 자신의 경험을 투명하게 공유하는 역량과 의지, 그리고 다른 사람의 경험을 통해 학습하고자 하는 팀의 호기심에 기반한다.

애자일 개발로 촉발된 가장 극적인 변화는 팀원들이 서로 관계를 맺는 방법이 아니라 애자일 실천가들이 고객과의 협업을 받아들인 방식일 것이다. 처음 두 원칙인 '우리의 최우선 순위는 가치 있는 소프트웨어를 일찍 그리고 지속적으로 전달해 고객을 만족시키는 것이다'와 '비록 개발의 후반부일지라도 요구 사항 변경을 환영하라. 애자일 프로세스는 변화를 활용해 고객의 경쟁력에 도움이 되게 한다'가 말하듯 말이다. 이 두 원칙은 투명성과 호기심을 팀과 고객 사이의 애자일 개발의 핵심 프로토콜로 삼는다. 애자일 팀은 소프트웨어를 자주 배포함으로써 고객에게 개발 진행 상황을 투명하게 제공하며 고객이 다음 단계에 무엇에 가치를 둘지 궁금해한다. 설령 그 호기심이 계획을 뒤집게 되더라도 말이다.

애자일 개발은 단일 프랙티스 혹은 프랙티스들의 고정된 단일 집합이었던 적이 없다. 모든 상황에 적합한 최고의 방법 한 가지가 존재한다는 테일러 주의자의 비전과는 더더욱 다르다. 애자일 개발은 일련의 가치와 이정표를 제공하며 이를 통해 우리가 살아가는 변덕스러운 세계에 적응하는 탄력적 조직을 만들도록 한다.* 애자일 접근 방식은 근본적으로 협업과 학습을 지원할 수 있는 문화를 요구한다. 이 문화는 과거의 소프트웨어 공장에서는 서로 대화할 필요가 전혀 없었던 사람들 사이에서 대화를 만들어 냈다. 애자일의 성공은 소프트웨어 팀이 더욱 급진적인 사고를 할 수 있는 문을 열었다.

그렇다면 애자일이 필요하다고 외치면서도 계속해서 90년대 소프트웨어 공장과 똑같은 정신에 따라 운용되는 '피처 공장'들을 보는 이유는 무엇인가? 눈에 보이는 산출물과 프로세스만 바뀌었을 뿐 마인드셋과 대화, 다시 말해 문화는 소프트웨어 공장 시대와 전혀 달라지지 않았기 때문이다. 팀들은 산더미 같은 문서와 2년짜리 프로젝트 계획 대신 고객의 요구나 비즈니스 영향과 아무런 관련이 없는 꾸준한 피처 흐름의 구현을 강요받고 있다. 소프트웨어 조립 라인이 사탕 가게로 바뀌었을 뿐 종업원에게는 조각난 업무만 할당된다. 물론 표현은 달라졌다. 스토리story 혹은 인수 조건acceptance criteria은 단일 문서로 만들어진 요구 사항을 대신했고 번다운 차트burndown chart는 간트 차트Gannt chart를 대체했다. 하지만 결과는 똑같았다. 분절된 개발과 협업 장애, 끊임없는 업무 전달과 고통스러운 느린 업무 진행 그리고 이런 문제들로 인한 완전히 잘못된 소프트웨어가 만들어졌다.

---

* 알리스테어 코크번과 동료들은 '애자일 정수(Heart of Agile)'라고 불리는 간단한 지침을 정확하게 제공하는 방법론 불가지론적 접근 방식을 도입하도록 기업들을 코칭하기 시작했다.

린 소프트웨어: 팀에 위임하라

도요타의 아이디어

스노버드에서 애자일 소프트웨어 선언을 하며 소프트웨어 개발 운동을 발족한 지 2년이 지난 2003년, 많은 경험이 있는 프로그래머이자 소프트웨어 팀의 리더였던 톰Tom과 메리 포펜딕Mary Poppendieck 부부는 『린 소프트웨어 개발』(인사이트, 2007)이라는 책을 통해 린 제조의 아이디어를 애자일 생태계에 도입했다. 두 사람은 도요타 생산 시스템 Toyota Production System의 저스트 인 타임just-in-time에 매료됐다. 낭비를 줄이는 제조 방식에서 통찰을 얻었고 이를 소프트웨어 세계에 도입했다.

포펜딕 부부가 주장한 린 소프트웨어의 핵심은 도전적 원칙들로 구성된다.[17]

1. 낭비를 제거하라Eliminate Waste
2. 학습을 최대화하라Amplify Learning
3. 가능한 한 늦게 결정하라Decide As Late As Possible
4. 가능한 한 빨리 전달하라Deliver As Fast As Possible
5. 팀에 권한을 부여하라Empower the Team
6. 무결성을 구축하라Build Integrity In
7. 전체를 보라See the Whole

포펜딕 부부는 모든 것의 최적화, 잦은 전달을 통한 신속한 학습, 시스템 조정 및 시스템 사고와 같은 주제를 강조했다. 이 주제들은 소프트웨어 공장과는 전혀 호환되지 않았으며 포펜딕 부부가 책을 쓴 2003년에는 이미 많은 애자일 원칙이 현상 유지status quo로 치부되고 있었다.

곧 린 사고와 린 프랙티스들이 퍼져 나가기 시작했다. 린 소프트웨어 팀은 다음과 같은 특성이 있다.

- **가치 스트림 맵**Value-stream map**을 그린다.** 제조업의 동료들이 그랬던 것과 마찬가지로 이를 통해 비효율(일본어로 '낭비'를 의미하는 무다muda)을 제거한다.
- **프로세스에서 병목을 찾고 제거한다.** 이는 최초 피처 개발부터 고객에게 전달되고 도입되는 모든 과정에서 이뤄진다.
- **진행 중 업무를 제한한다.** 예를 들어 품질 보증QA팀은 10개의 새로운 피처만 테스트 대상으로 받아들인다. 처리할 수 없는 거대한 업무 백로그를 만들지 않는다.
- 프로세스의 단계 사이에서 피처를 '밀어내는pushing' 것이 아니라 **'당김 시스템pulling'을 강조한다.** 따라서 프로그래머는 자신의 코드를 리뷰할 사람이 없다면 코딩을 멈춘다. 리뷰되지 않거나 출시할 수 없는 코드 '재고inventory'를 만들지 않는다.

많은 기업이 린 소프트웨어 원칙을 받아들임에 따라 병목을 관리하는 제약 이론Theory of Constraints, 칸반Kanban 방법론 등 다양한 린 제조 아이디어들이 효과를 드러냈다. 이 아이디어들은 이미 경량의 타임박싱 기법이었던 '스프린트sprint'를 뛰어넘어 직접적으로 당기는 방식을 적용해 업무 흐름을 원활하게 했다. '전체를 보라'라는 원칙을 항상 강조하며 린 소프트웨어는 스타트업부터(에릭 리스Eric Ries의 『린 스타트업』(인사이트, 2012)) 다국적기업에 이르기까지(『Lean Enterprise』(Mediterranea, 2021)) 모든 규모의 조직으로 뻗어나갔다.

권한 위임이 핵심이다

언뜻 보기에는 포펜딕 부부의 원칙이나 린 프랙티스는 애자일 소프트웨어 선언과 달리 엉망이고 불편한 사람들 그리고 그들과의 대화에서 그들이 겪는 어려움에 많은 신경을 써야 한다고 명확히 설명하지 않는 듯하다. 두 번째 원칙(학습을 강화하라)과 다섯 번째 원칙(팀에 권한을 부여하라)을 제외한 다른 원칙은 모두 프로세스와 효율에 관한 것이다. 우리에게 필요한 것은 가치 스트림 맵에 관한 기술적 분석과 냉정하게 계산된 낭비 제거이며 린 방법론을 도입한 수많은 사람이 이를 실천하고 있다.

그러나 메리와 톰은 『린 소프트웨어 개발』에서 "인간에 대한 존경의 기반은 역량 있는 노동자들이 각자의 영역에서 능동적으로 업무를 실행하고 개선하며 자신의 역량을 완전히 사용할 수 있는 환경을 제공하는 것이다"라고 말한다.[18] 이는 코크번 박사가 언급한 '비선형적, 일차적 컴포넌트'와 크게 다르지 않은 맥락으로 사람을 강조하고 있다! 조금 더 깊이 들여다보면 더욱 근본적인, 즉 투명성과 호기심이라는 사람 지향적 가치와의 연결성을 더 많이 보게 될 것이다.

- 낭비를 제거하고 무결성을 구축하며 전체 시스템과 업무를 하려면 스스로 비효율을 만들었다는 점과 이 시스템이 전체 관점에서 동작하는 방식(그리고 동작하지 않는 방식!)에 투명해야 한다.
- 학습을 강화하고 빠르게 전달하려면 목적 달성을 위해 어떤 선택을 할 수 있는지와 다양한 선택을 동시에 할 수 있는 경험이 있는지(빠른 학습을 위한 고전적 린 전략)에 관한 호기심이 있어야 한다.

- 팀에 권한을 위임하려면 달성하려는 것이 무엇이고 팀이 기여할 수 있는 부분은 어디인지 투명해야 하며 팀이 고객과 비즈니스의 모든 측면에 호기심을 갖도록 독려해야 한다.

실제로 우리가 봐왔던 성공적인 린 소프트웨어 팀들은 격렬하고 솔직하며 지속적인 대화에 의존했다. 이 대화는 직접적인 고객 피드백, 정보 방열기information radiator(빌드 상태 지표와 크고 시각적인 비즈니스 연관 차트 등), 심지어 도요타식 안돈Andon* 신호등(팀 구성원이 사용하는 개인 신호등(빨강·초록·주황)을 사용해 곤란한 상황이거나 업무가 중단됐음을 공개적으로 알린다)과 함께 사용했다. 이와 같은 도구와 프랙티스는 투명성과 호기심에 기반하며 지속적인 개선에 관한 생산적 대화를 독려할 때 사용됐다.

애자일 개발의 문제는 너무 많은 기업이 이런 프랙티스의 기반에 있는 정신을 이해하지 못한 채 그저 도입에만 급급했다는 것이다. 우리는 린 식스 시그마 그린 벨트Lean Six-Sigma Green Belt를 취득한 조직이 큐비클 속에 처박혀 협업과 지속적인 개선의 문화가 고갈된 것을 봐왔다. 우리의 경험상 이는 트랜스포메이션을 돈으로 살 수 있는 대상이라고 생각한 경영진에 의한 증상이었으며, 가치 스트림 맵과 당김 시스템이 무시되고 사용되지 않은 이유가 궁금했다.

---

* 현장 감독자 혹은 작업자가 설비 이상 현황을 직접 알 수 있도록 하는 신호 표시다. 일본어의 '불을 켜다(行灯)'의 발음이 안돈이다. − 옮긴이

데브옵스: 오퍼레이터 역시 사람이다

시스템 관리자의 스탠드업

2009년에는 인간적 소프트웨어 운동이 확대되고 있었으며 패트릭 드부아Patrick Debois는 이에 관해 누구보다 잘 알고 있었다. 패트릭은 벨기에의 컨설턴트이자 프로젝트 매니저로 연이은 프로젝트에 질린 상태였다. 개발자와 시스템 관리자의 책임을 잘게 쪼개는 관습이 프로젝트 진행의 발목을 잡는다는 것을 뼈저리게 느끼며 절망에 빠져 있었다. 하지만 많은 개발팀이 여전히 소프트웨어 고장의 부정적인 관습을 답습했으며, 자신들이 만든 코드를 배포하고 운영하는 운영자들과 통합하는 데 구식 기법(최소한의 대화, 낮은 신뢰, 어려운 대화의 회피) 등을 사용했다. 이런 구식 기법은 개발팀 안에서 그랬듯이 진행을 늦추고 모든 사람이 올바르게 동작하는 소프트웨어 딜리버리를 방해했다. 애자일 개발이 더 아래 단계로 움직일 필요가 있었다. "운영팀이 기민해져야 하고 프로젝트에 통합돼야 한다."[19]

패트릭은 그가 소위 '애자일 시스템 관리Agile System Administration'라고 부르는 것에 관심이 있는 다른 사람들을 찾기 시작했다. 처음엔 아무도 찾지 못했다. 한 콘퍼런스에서 두 명만 관심을 보일 뿐이었다.[20] 하지만 다른 사람들도 같은 생각을 하고 있었다. 특히 플리커Flicker의 운영 및 엔지니어링 책임자인 존 올스포John Allspaw와 폴 해먼드Paul Hammond가 그랬다. 그들의 프레젠테이션 '10+ Deploys Per Day: Dev and Ops Cooperation at Flickr(하루 10회 이상의 배포: 플리커에서의 개발·운영 부문의 협업)'는 개발자와 운영자 사이의 열정적인 협업과 신뢰를 부르짖었으며 이는 애자일 생태계에서 빠르게 퍼졌다.[21] 패트릭은 점점 흥분하며 그들의 발표를 실시간 스트림으로 지켜봤고 겐트Ghent에서 첫 번째 '데브옵스데이DevOpsDays' 콘퍼런스를 개최했다.

강력한 가치와 기술적 도구로 무장한 데브옵스 운동의 탄생이었다.

존중, 신뢰, 무비난

데브옵스에는 황제도, 스노버드와 같은 성지도, 원칙 목록도 없다. 그러나 대단히 중요한 플리커의 프레젠테이션은 데브옵스의 목표를 명확하게 표현한 것 중 하나로 알고 있다. 이는 소위 데브옵스라고 주장하는 팀들이 정말로 어떻게 행동하고 있는지에 대한 리트머스 테스트로 매우 유용하다. 프레젠테이션 후반부에서 설명한 원칙들은 다음과 같다(목록으로 만들기 위해 편집을 좀 했다).

 데브옵스 원칙

1. 존중하라.

    a. 고정 관념을 버려라.

    b. 다른 사람의 전문성과 의견, 책임을 존중하라.

    c. 그냥 '아니오'라고 하지 말라.

    d. 숨기지 말라.

2. 신뢰하라.

    a. 모든 사람이 비즈니스를 위해 최선을 다한다고 신뢰하라.

    b. 실행 계획과 단계적 확대 계획을 공유하라.

    c. 손잡이와 레버를 제공하라.

3. 실패에 대해 건강한 태도를 취하라.

    a. 실패는 일어난다.

    b. 실패에 대응할 수 있는 역량을 길러라.

    c. 소방 훈련을 실시하라.

4. 비난을 피하라.

    a. 지적하지 말라.

b. 개발자라면 부서진 코드가 사람들을 깨운다는 것을 기억하라.

c. 운영자라면 고통스러운 영역에 건설적인 피드백을 제공하라.[22]

올스포와 해먼드가 핵심 요소인 신뢰, 존중, 협업을 얼마나 명확하게 다뤘는지 주목하라. 이는 명확히 기계를 위한 운동이 아니라 사람을 위한 운동이다.

그렇다고 해서 데브옵스의 핵심 기술이나 팀 프랙티스가 없다는 말은 아니다. 다음과 같은 사항을 포함한다.

- **교차 기능팀**Cross-functional team: 개발자와 운영자는 완성된 코드를 한쪽에서 다른 쪽으로 전달하는 핸드오프를 일으키는 분리된 팀이 아닌 한 팀에서 일한다.
- **애완동물이 아닌 가축**Cattle, not pets: 데브옵스에 집중한 팀에게 서버server는 개별성과 맞춤 속성을 지닌 특별한 눈송이가 아니라 언제든 순식간에 교체될 수 있는 동일한 대체 가능 제품이다.
- **인프라스트럭처 애즈 코드**Infrastructure as Code, IaC: 시스템 관리자들은 수동으로 환경을 설정하는 서버 대신 코드를 작성(퍼핏 Puppet, 셰프Chef, 쿠버네티스Kubernetes와 같은 도구가 제공하는 특수 목적 언어 사용)해서 머신을 설치하고 테스트한다.
- **자동화된 배포**Automated deployment: 일단 서버가 기동하면 시스템 관리자와 개발자는 더 많은 코드를 함께 작성해서 한 번의 클릭으로 해당 서버에 배포할 수 있다. 이런 배포는 지속적인 통합continuous integration 도구를 통해 촉발될 수 있으며 이는 개발자들과 그들의 일 사이의 연계성을 더욱 강화한다.
- **지표 공유**Sharing metrics: 데브옵스 마인드셋을 운영하는 팀에서는 엔지니어와 시스템 관리자가 함께 시스템 운영 시간system

uptime, 에러율error rate, 사용자 로그인user logins 및 운영 상태와 관련된 더 많은 지표를 확인하며 확인된 문제들을 함께 해결한다.

BOFH는 이제 그만

1980년대에 사이먼 트라바글리아Simon Travaglia는 온라인 출판사 더 레지스터The Register에서 궁극적인 시스템 관리자의 캐리커처를 개발했다.[23] '지옥에서 온 불량 운영자The Bastard Operator from Hell, BOFH'는 개발자와 사용자를 경멸했고 자신들의 비참함을 무한히 늘리는 것을 목표로 삼았다. 트라바글리아는 만화적 효과를 극대화한 것이었지만, 팀 사이의 괴리를 해소할 수 없는 전통 조직의 개발자와 시스템 운영자 사이에 존재하는 깊은 의심과 불신을 건드렸다.

이런 이유로 위에서 설명한 데브옵스 원칙과 프랙티스가 협업을 명확하게 요구한다는 점이 그리 놀랍지 않다. 실행 계획을 공유하라, 지표를 보여라, 실패를 논의하라(투명성). 지적을 피하고 자신의 행동이 어떤 영향을 미치는지 알아냄으로써(호기심) 다른 '면side'을 존중하라. 데브옵스는 조립 라인 사고방식에서 벗어나 공유된 관심사에 초점을 맞추고 개발자와 시스템 관리자가 함께 대화하도록 함으로써 적어도 처음 수상했던 것처럼 사람 중심의 가치와 속성으로 데브옵스 운동을 뒷받침했다.

공유된 관심사에 초점을 맞추고 개발자와 시스템 관리자가 함께 대화하도록 함으로써 데브옵스는 조립 라인 사고방식에서 벗어나, 적어도 처음 구상했던 것처럼 사람 중심의 가치와 속성으로 데브옵스 운동을 뒷받침하고 있었다.

일부 기업에서는 황당하게도 개발 및 운영과 별도로 특수한 팀을 운용하는 추세가 나타나고 있다. 바로 '데브옵스' 팀이다. 데브옵스의 핵심은 서로 다른 전문가의 통합과 협업을 만드는 것이다. 더 많은 사일로silo를 야기하는 것이 아니다. 심지어 '데브옵스 엔지니어'를 위한 구인 광고도 볼 수 있다. 데브옵스 엔지니어는 일반 개발자는 물론 시스템 관리자와도 다른 특수한 존재임이 분명하다. 대체 무슨 일이 일어난 건가? 경영에서 유행어를 사용하는 접근 방식 때문에 일어난 것으로 보인다. '개인과 상호 작용'을 배양하기보다 운영 방식에 대한 재고를 피하고 소프트웨어 공장을 다시 만들어 살아남고자 하는 조직이 있다. 그리고 놀랍게도 많은 기업이 이 의심스러운 목표를 달성했다.

피처 공장으로의 회귀

애자일 개발, 린 소프트웨어 그리고 데브옵스가 소프트웨어의 지평을 크게 바꾸는 데 성공했다는 사실은 부인할 수 없다. 극단적으로 보였던 아이디어들이 이제는 지극히 정상으로 보인다. 심지어 대기업에서도 하루에 피처 하나, 혹은 한 주에 에픽epic 하나를 완료하는 것이 더는 경이롭게 느껴지지 않는다. 다음은 아이비엠IBM의 프로그램 디렉터인 에릭 미닉Erik Minick의 말이다.

> 과거를 돌아보면 딜리버리가 실제로 좋아졌다는 것이 가장 인상적이다. 릴리스 양으로 보라. 팀은 연간 릴리스 사이클에 만족했다. 애자일이 기업들을 때렸을 때 그들은 분기에 한 번 릴리스하는 것을 자랑스러워했다. 지금 여러분이 분기에 한 번 릴리스한다면 평균보다 느린 속도다. 매달 릴리스하는 것이 더 정상적이다. 대기업 대부분은 매일 혹은 그보다 빠르게 릴리스하는 클라우드 기반 팀을 운영한다. 오늘날의 릴리스 양은 15~20년 전보다 두 배는 늘어났다. 나쁘지 않다.[24]

프로젝트 일정과 범위의 커다란 변화에도 데자뷔를 느낄 때가 있다. 대규모 조직에서는 종종 몇 가지 애자일, 린 혹은 데브옵스 프랙티스가 기존 방법과 이상하게 조합된 형태로 불편하게 공존하는 경우가 많다. 이는 '워터 스크럼 폴Water-Scrum-fall' 키메라다.[25] 또한 많은 소규모 조직과 스타트업에서는 린, 애자일, 데브옵스 프랙티스가 화면상에만 존재하고, 디자이너와 개발자, 운영자들은 스스로를 '피처 공장'에서 일한다고 설명한다. 이전과 같이 마이크로 매니지먼트와 자율성을 파괴하는 프랙티스가 산재한다. 마치 거대 공장이 서로 다른 이름을 가진 작은 조각들로 다시 조립된 것 같다. 물론 실질적 이득은 있었지만 『나는 즐거움 주식회사에 다닌다』(처음북스, 2014)라는 급진적 제목의 책을 쓴 리처드 셰리든Richard Sheridan에게 영감을 줬던 '열정, 밀접한 협업적 팀워크, 강력한 고객 연결, 의식적인 디자인 씽킹'과는 거리가 멀었다.[26] 어떻게 된 일일까?

닐스 플래징Niels Pflaeging에게서 한 가지 답을 얻을 수 있다. 그는 '왜 우리는 도요타나 셈코에서 빌어먹을 것을 배울 수 없는가?Why We Cannot Lean a Dame Thing from Toyota, or Semco'라는 기사에서 이 질문을 다뤘다. 플래징은 선구적인 기업에서 효과를 발휘했던 수많은 사례가 아무런 변화를 일으키지 못하는 이유를 생각한다. 그리고 트랜스포메이션을 방해하는 것은 '마법의 요소, 즉 인간 본성에 대한 이미지, 주위 사람들에 관한 사고방식, 그 사고를 이끄는 원동력'이 부족하기 때문이라는 통찰을 얻는다.[27]*

조직들은 애자일 트랜스포메이션이 만들어 낸 프로세스와 도구들을 품었지만 내부에는 여전히 테일러 주의자들의 공장 마인드셋이 남아있다. 작성해야 하는 문서는 물론 읽어야할 스펙은 줄었고 의무적인 사인오프signoff도 없지만 이런 프랙티스들은 끝없는 계획 회의와

---

* 이 핵심 요소에 관한 내용은 7장, '준비하기: 이론 X와 이론 Y'를 참조하라

프로젝트 관리 도구의 수많은 티켓으로 대체됐을 뿐이다. 이 프랙티스들은 경영진에게 그들이 요구한 통찰력과 통제를 제공하겠다는 테일러 주의자들의 약속을 제공한다. 관리자의 역할은 여전히 올바른 일이 실행되고 있음을 보증하는 것이기 때문이다.

실제로 일을 하는 사람들은 어떤가? 소프트웨어 개발의 비선형적인 첫 번째 컴포넌트가 무엇인지 기억하라. 그들은 여전히 첫 번째 순서이며 비선형적으로 남아있다. 신시아 커츠Cynthia Kurtz와 데이비드 스노든David Snowden이 발명한 커네빈 프레임워크Cynefin framework(쉬어 가기 참조)는 이에 대해 논의할 수 있는 언어를 제공한다.[28] 피처 공장은 사람들을 오른쪽 아래 '분명한Obvious' 사분면에 두려고 한다. "사람들이 계획 회의와 스탠드업 그리고 회고에 참석하면 협업할 것이다." 협업에 관한 이와 같은 화물 문화적 접근 방식은 사람에게는 통하지 않는다. 사람은 왼쪽 위 '복잡한complex' 사분면의 존재이기 때문이다. 의도적으로 효과적인 조직 역동을 배양하려면 몇몇 사람을 모아 팀이라고 부르는 것보다 많은 작업과 기술을 갖춰야 한다.

조직 내 개인과 팀이 복잡계complex system에 있으며 그 존재 자체의 복잡성을 이해한 다음에는 무엇을 해야 하는가? 커네빈 프레임워크에 따르면 정답을 보장할 수 없는 복잡한 시나리오를 탐험하는 적절한 방법은 '자극 감지 반응probe-sense-respond'이다.[29] 그렇다면 사람에게 자극 감지 반응을 어떻게 적용하는가? 그것이 바로 대화이며 공장에서 빠져나올 수 있는 길이다.

쉬어 가기: 커네빈 프레임워크

커네빈(Cynefin)* 프레임워크는 공유된 이해를 통해 의사 결정을 창발하고 개선하는 데 도움을 주는 감각적인 프레임워크다(그림 1.1 참조).

그림 1.1 커네빈 프레임워크

커네빈 커뮤니티에서는 풍부한 활동과 적용을 찾아볼 수 있다. 하지만 이 프레임워크에서 얻을 수 있는 첫 번째 교훈은 여러분이 속한 위치에 따라 적절한 행동이 결정된다는 것이다.

- 상황이 분명할 때(원인과 결과가 잘 알려진 경우)는 플로차트와 같은 도구가 효과적이다. 가능성의 수가 제한돼 있으며 현재 상태가 올바른 다음 상태를 결정하기 때문이다.
- 상황이 난해할 때(원인과 결과가 특수한 전문가에게만 알려진 경우), 예를 들어 정교한 기계에서 예상하지 못했던 행동이 유발될 때는 직접 분석하거나 전문가를 초빙해서 관련 지식을 개발해야 한다.

---

* 커네빈은 웨일즈어로 '서식지'를 의미한다. – 옮긴이

- 상황이 복잡할 때(상황이 해결된 이후에만 원인과 결과를 이해할 수 있는 경우), 예를 들어 프로젝트 진행 과정에서 팀 역동이 진화하는 것과 같은 예측할 수 없는 부분이 있을 때는 다른 컨텍스트(다른 팀)에서의 과거 경험이 다음에 무엇을 해야 하는지에 대한 충분한 가이드를 제공하지 못한다. 여러분은 다양한 관점을 실험하고 개발함으로써 어떤 패턴이 존재하는지 이해한 뒤 대응 방법을 결정해야 한다.
- 상황이 혼돈한 때(원인과 결과 사이에 연관성이 전혀 없는 경우), 예를 들어 분산 시스템에 장애가 있을 때는 우선, 상황을 원인과 결과 사이의 관계가 정상적인 상태로 되돌리는 시도를 하는 것이 적절하다.

커네빈 프레임워크는 이론 그 자체로도 소프트웨어 및 사람과 관련이 깊다. 우리가 만드는 소프트웨어 시스템은 최소한 난해한 영역의 행동 혹은 자주 복잡한(계획하지 않은) 창발적 행동을 보인다. 해당 소프트웨어 시스템을 만드는 팀 또한 복잡계에 있다. 그리고 커네빈 프레임워크에서는 사람을 복잡계에 있는 대상으로 보고 존재 자체를 복잡계라고 여기며 간단한 규칙으로 규정할 수 없다고 본다. 이 프레임워크는 소프트웨어에 대해 쉽게 교체 가능한 노동자들이 수행하는 단순한 업무라는 대량 제조 접근 방식이 그러한 재앙과 같은 결과를 낳은 이유를 설명할 수 있는 훌륭한 언어를 제공한다.

2장

대화 개선하기

2장은 피처 공장에서 탈출하는 데 필요한 관계 구축 대화의 핵심을 살펴본다. 여기에는 신뢰의 대화Trust Conversation, 두려움의 대화Fear Conversation, 이유의 대화Why Conversation, 헌신의 대화Commitment Conversation 그리고 책임의 대화Accountability Conversation가 있다. 구체적인 대화를 다루기 전에 일반적으로 대화 분석 방법을 학습하는 것이 중요하다. 대화가 인류의 비밀 병기인 이유를 밝히고 학습과 연습을 통해 대화의 힘을 효과적으로 기르는 방법을 배운다.

2장은 또한 대화를 개선하는 과정에서 겪는 핵심적 어려움, 즉 행동이 신념과 일치하지 않는다는 점 그리고 그 차이를 깨닫지 못한다는 점을 설명한다. 이런 문제를 해결하기 위한 프로세스인 4R, 즉 대화를 기록Record하는 방법, 기록을 성찰Reflect함으로써 문제를 찾는 방법, 수정Revise을 통해 더 나은 대안을 마련하는 방법, 역할극Role play을 통해 유창함을 얻는 방법을 제시한다. 마지막으로 실제 이 프로세스가 어떻게 동작하는지 보여줄 수 있는 예시를 소개한다.

4R의 기본을 이해했다면 2부를 읽을 수 있을 것이다. 2부에서는 각각의 대화를 터득하는 방법을 학습한다.

대화: 인류의 비밀 병기

인류의 특별한 능력

유발 노아 하라리[Yuval Noah Harari]가 저술한 『사피엔스』(김영사, 2015)에서는 인류가 지구를 지배하는 종[species]이 된 이유를 탐험한다. 하라리는 사람이 동물 중 유일하게 특별한 형태의 대화를 한다는 점에서 그 이유를 찾는다.[1]

동물은 대부분 "사자가 온다! 달아나라!"와 같은 아이디어를 울부짖음이나 몸짓으로 전달한다. 인간과 동물의 대화는 같은 종들 사이에서 정보를 공유(수다 떨기와 같은)하기 위해 발전한 것으로 보인다. 수다는 사회적 동물인 사람이 서로를 이해하고 평판을 쌓도록 한다. 이는 우리가 더 큰 규모의 그룹에서 협업하도록 하며 결과적으로 더욱 발전된 협업을 개발하게 한다. 실제로 다른 사람을 이해하는 것, 즉 '마음 이론[theory of mind]'을 개발하는 것이 매우 중요하다고 철학자 대니얼 데닛[Daniel Dennett]은 그의 책 『From Bacteria to Bach and Back (박테리아에서 바흐까지)』(Penguin Books, 2017)에서 말했다. 대니얼에 따르면 우리의 의식은 다른 사람의 마음을 이해하는 데서 오는 부산물이다.[2]

하라리는 수다를 떠는 사람의 능력은 다른 종들의 능력을 뛰어넘지만 인간이 사용하는 언어의 정말 고유한 점은 존재하지 않는 대상을 논할 수 있는 능력이라고 주장한다.[3] 우리는 이 특별한 능력으로 공유된 허상[shared fiction]을 만들고 믿는다. 공유된 허상은 우리가 생전 만나보지 못한 사람들과 거대한 규모의 협업을 할 수 있도록 한다. 하라리의 다른 저서인 『호모데우스』(김영사, 2017)에서 설명하듯 이런 방식으로 만들어 낸 악어 머리 신에 관한 공동체의 신념은 나일[Nile]강의 홍수를 통제하기에 이른다.[4] 지속적인 개선에 관한 공통된 믿음은 권력이나 규칙 중심의 문화가 아닌 학습할 수 있는 환경과 성과 중심의 문화를 만들게 한다. 이는 니콜 포스그렌Nicole Forsgren, 제즈 험블Jez Humble, 진 킴Gene Kim이 공동 저술한 『디지털 트랜스포메이션 엔진』(에이콘, 2020)에서 확인할 수 있다.[5]

우리의 능력이 잘못된 이유

대화는 협력을 피하지 않고 가능하게 한다. 우리가 사는 세계에는 수용acceptance, 평화peace, 이해understanding가 충분하지 않다. 성실하며 선의로 가득 찬 사람이라면 이를 부인할 수 있고, 심지어 '다른' 사람과 같이 타인을 적으로 여길 것이다. 우리에겐 대화의 놀라운 능력과 함께 소위 인지 편향cognitive biases이라 불리는 내재된 오류가 있다(표 2.1에는 우리의 편향을 몇 가지 표시했다. 대니얼 카너먼Daniel Kahneman은 그의 저서 『생각에 관한 생각』(김영사, 2012)에서 더 많은 편향을 제시한다). 이 편향들은 우리의 뇌에서 생성돼 동작하며 우리가 사용하는 언어가 만들어 낼 수 있는 협업을 방해한다.

표 2.1 인지 편향 예시

이름	왜곡
자기 중심 편향(Egocentric bias)	긍정적 결과물에 대해 지나치게 자신을 칭찬한다.
합의성 착각 효과(False consensus effect)	개인의 관점이 공동체의 관점이라고 믿는다.
도박사의 오류(Gambler's fallacy)	현재 일어난 무작위 이벤트가 과거 이벤트의 결과라고 생각한다.
통제의 착각(Illusion of control)	외부 이벤트에 관한 통제를 과대평가한다.
손실 회피(Loss aversion)	더 커다란 가치를 얻는 것보다 현재 소유하는 것에 가치를 둔다.
순진한 실제론(Naïve realism)	개인의 관점이 편향 없이 정확하다고 믿는다.

이름	왜곡
부정적 편향(Negativity bias)	긍정적 이벤트보다 부정적 이벤트를 더 쉽게 떠올린다.
평범 편향(Normalcy bias)	새로운 재앙의 계획을 거부한다.
결과 편향(Outcome bias)	의사 결정 프로세스의 품질이 아닌 결과로만 의사 결정을 판단한다.

인지 편향은 협업, 관계 그리고 팀 생산성에 심각한 피해를 주기 때문에 애자일, 린, 데브옵스 방법론의 도입을 위협한다.

앞선 절에서 투명성과 호기심이 사람 중심의 프랙티스를 어떻게 엮어내는지 설명했지만 인지 편향은 이를 방해한다. 합의성 착각 효과False-consensus effect, 즉 우리의 관점을 공동체가 이해할 것이라는 편향이 그 예다. 이 편향은 사고의 이유를 덜 공유하거나 다른 사람의 사고 이유를 묻지 않도록 한다. 순진한 실제론Naïve realism, 즉 개인이 편향에 치우치지 않고 현실을 있는 그대로 본다는 편향은 팀의 역동을 해친다. 이런 편향은 비동의를 다른 사람들이 멍청하고 비합리적이며 게으르고 편향에 사로잡혀 있거나 그 모든 것을 가진 것으로 인식하게 한다! 이런 다양한 인지 편향의 영향으로 인해 애자일, 린, 데브옵스 프랙티스는 그들이 약속한 이익을 달성하지 못하고 실패하게 된다.

대화로부터 학습하기

조사 도구로서의 대화

사회 과학자인 크리스 아기리스는 예일Yale 대학 및 하버드Harvard 대학 비즈니스 스쿨에서 오랜 기간 경력을 쌓는 동안 특별히 비즈니스 업계의 조직 행동organizational behavior에 관해 연구했다. 연구 분야에는 개인과 조직의 학습, '규범norms과 가치values 레벨의 학습을 증진하는'[6] 개입도 포함돼 있었다. 아기리스가 사용한 겸손한 대화는 그룹 효과를 조사하고 조직 성과를 개선하는 핵심 도구였다. 아기리스는 대화 (그리고 대화에 참여하는 사람에 대해 표현되지 않은 사고)가 그가 연구한 사람들과 조직의 '행동 이론theories of action'에 관해 알고자 하는 모든 것을 밝혀냈다는 사실을 발견했다.

아기리스와 함께 연구에 참여한 도널드 쇤은 '행동 이론'이라는 용어로 사람의 행동을 통제하는 소위 마스터 프로그램master program이라는 로직을 설명했다.[7] 아기리스와 쇤의 설명에 따르면 우리는 달성하고자 하는 결과물을 갖고 있으며, 행동 이론을 사용해 어떤 단계를 밟아야 하는지 선택한다. 내 행동 이론이 학습을 중시한다면 내가 알고 있는 모든 지식, 다시 말해 상황에 접목하고 다른 사람이 무엇을 알고 있는지 질문하는 것에 관한 정보를 만드는 행동을 선택하게 된다. 내 행동 이론이 자신만의 길을 추구하는 것을 중시한다면 내 입장을 대변하는 정보만 공유할 것이며 답을 알지 못하는 것에 대해서는 질문하지 않게 된다.

일반적으로 우리는 자신의 행동 이론에 관해 명시적으로 생각하지 않는다. 그러나 앞서 언급한 두 가지 예시와 같이 우리가 어떤 행동을 선택했는지 확인함으로써 우리의 행동 이론이 무엇인지 이해할 수 있다. 아기리스와 쇤은 특정한 상황에서 지지하는 이론espoused theory과 실제 사용하는 이론theory-in-use이 다르다는 것, 즉 할 것이라고 생각한 행동과 실제 행동이 다르다는 것을 발견했다.[8]

방어적 사고 vs 생산적 사고:
우리가 하는 것과 우리가 하고 있다고 말하는 것

다음 내용을 읽기 전에 질문을 던져 보자. 그룹으로서 중요한 한 가지 결정을 해야 한다면 여러분은 어떤 방법으로 결정하도록 추천하겠는가?

질문을 받은 청중의 대답은 놀랍게도 한결같았다. "각자 가진 정보를 모든 사람과 공유하고 아이디어와 그렇게 생각한 이유를 설명하도록 한 뒤 가장 좋은 방법에 동의할 수 있는지 보겠습니다."

여러분의 대답도 이와 비슷한가? 축하한다! 여러분은 아기리스와 그의 동료가 모델Ⅱ 행동 이론[9] 혹은 '생산적 사고'[10]라고 부른 것을 지지한 것이다. 이는 투명성, 즉 사고의 이유와 정보를 공유하는 것에 가치를 둔다고 주장하는 것이다. 또한 모든 사람의 생각을 듣고 그들의 사고의 이유와 여러분이 갖지 못했던 그들의 정보를 학습하는 것에 가치를 둔다고 주장하는 것이다. 마지막으로 협업과 함께 일을 진행하는 방법을 설계하는 것에 가치를 둔다고 주장하는 것이기도 하다. 여러분이 사용한 용어가 다르더라도 이것들은 일반적으로 학습을 증진하고 더 나은 결정을 내리는 프랙티스로 이해되고 받아들여지는 것들이다. 사실 여러분은 위협적이지 않은 환경, 다시 말해 여러분의 이익에 아무런 영향도 없는 환경에서 이런 방식으로 행동한다. 불행하게도 여러분이 아기리스가 모든 나이와 문화에 걸쳐서 만났던[11] (그리고 우리가 만났던) 10,000명 이상의 사람과 같다면 중요한 사안(예를 들어 기업 전략을 설명하거나 문화적 트랜스포메이션을 이끄는 등)과 마주쳤을 때 취하는 **행동은 말과 일치하지 않을** 것이다.

아기리스와 동료들은 많은 사람이 자신은 생산적 사유에 대한 접근 방식과 행동의 도입을 지지한다고 말하면서도 실제 상황이 잠재적으로 위협적이거나 당황스러워지면 완전히 바뀐다는 것을 발견했다.

그런 경우 사람들이 **실제로** 취하는 행동은 전혀 다른 실제 이론, 즉 아기리스가 모델 I 행동 이론 혹은 '방어적 사고'[12]라고 부른 것과 거의 일치한다.

표 2.2에서 상반된 두 가지 행동 이론을 비교했다. 방어적 사고 마인드셋을 가진 사람은 위협이나 잠재적 곤란을 제거하려고 행동한다. 이를 위해 사람들은 일방적으로 행동하며 생각을 공유하지 않는다. 또한 사람들은 승패의 관점에서 생각하며 부정적 감정 표현을 숨기고 합리적으로 행동하는 것처럼 보이려 한다.

표 2.2 행동 이론 모델 I, 모델 II 비교

	모델 I	모델 II
지배적 가치	목표 정의 및 달성하기 패배하지 않고 승리하기 부정적인 감정 억제하기 합리적으로 존재하기	유효한 정보 자유롭고 형식적이지 않은 선택 내적 헌신
전략	일방적으로 행동하기 태스크 소유하기 자신을 보호하기 일방적으로 타인을 보호하기	통제를 공유하기 태스크를 함께 설계하기 가설을 공개적으로 테스트하기
유용한 경우	데이터 관찰이 쉬운 경우 상황이 잘 이해된 경우	데이터가 복잡하거나 숨겨진 경우 상황이 복잡한 경우

아기리스, 퍼트넘, 맥클라인 스미스의 이론에 기반해 작성[13]

지지하는 이론과 실제 사용하는 이론의 차이가 팀 생산성 역설의 핵심이다. 우리는 이론적으로 다양성이 힘이 된다는 것을 이해하기 때문에 다양한 팀에 가치를 둔다. 다양한 경험과 다양한 지식, 심지어 다양한 사고 모델까지 이론적으로는 이들 모두 팀을 강하게 만든다. 새로운 요소는 팀에 더 많은 정보와 아이디어를 제공해 선택의 폭을 넓히면서 더 좋은 선택을 하도록 돕는다.

우리는 다양성 속에서 생산적 갈등productive conflict을 찾아야 한다. 생산적 갈등은 다름을 포용하고 새로운 아이디어와 더 나은 선택지를 창출한다. 하지만 실제 상황에서는 의견 차이를 위협이나 잠재적 곤란으로 받아들이기에 방어적으로 반응한다. 방어적 사고는 우리가 가치 있다고 주장하는 다양성을 억누르게 하며 우리가 추구해야 한다고 주장하는 생산적 아이디어의 교환을 방해한다.

실제로 방어적 사고는 현실에서 어떻게 나타나는가? 이 책은 다양한 예시를 통해 방어적 사고가 표현되는 모습을 설명할 것이다. 톨스토이Tolstoy의 안나 카레니나Anna Karenina가 말했듯 방어적 대화는 생산적 대화와 마찬가지로 그 자체로 방어적이다. 방어적 대화에는 공통 요소들이 존재한다. 대화에서의 방어적 사고는 감춰진 동기, 논의할 수 없는 이슈, 관계를 형성하기보다는 반응하기, 그리고 무엇이라 부르든 학습을 저해하고 깨뜨리는 모든 특성을 지닌다.

대화 바꾸기

그렇다면 왜 사람들은 비생산적인, 다시 말해 모두가 더 나은 결과를 만들어 내리라고 동의한 행동이 아닌 방어적 행동을 선택하는가? 의식적인 선택을 하지 않기 때문이다. 일상 활동에서 우리가 지지하는 이론과 실제 사용하는 이론의 차이를 볼 수 없다. 우리는 수년에 걸친 습관을 통해 아무런 노력도 없이 방어적 행동을 만들어 낸다. 실제로 우리는 우리가 무엇을 하고 있는지, 그 선택이 얼마나 비생산적인지, 혹은 그 선택이 우리가 지지하는 생산적 사고 이론과 얼마나 모순되는지 알지 못한다. 그렇기 때문에 누군가가 방어적인 행동을 한다는 말로 주의를 끌고자 해도 자신은 방어적 행동을 하지 않는다고 부정한다.

다행히도 아기리스는 대화 성찰을 통해 참가자들이 자신의 행동을 깨닫고 변화시킬 수 있음을 발견했다.[14] 규칙적 노력과 프랙티스를 통해 투명성과 호기심의 행동을 학습함으로써 공동 설계와 학습을 증진하게 될 것이다. 즉, 경계를 넘어서 지식은 물론 어려웠던(과거에는 금기시됐던) 이슈를 공유하고 해결하게 된다. 그러나 이를 위해서는 꾸준한 노력이 필요하며 무엇보다도 어려운 감정적 업무가 필요하다.

여러분의 행동이 문제의 도화선이 된다는 것을 인식하면서 어려움은 시작된다. 생산적이지 않은 회의와 방어적 관계의 원인이 다름 아닌 여러분이다. 인정할 수 있겠는가? 누구라도 대가를 치르기 싫어하는 일이다. 마지막으로 여러분이 겸손하게 노력할 의지가 있다 하더라도 새로운 기술을 습득하기에는 시간이 필요하다. 아기리스와 동료들은 일상적인 습관을 극복하는 과정을 '익숙지 않은 테니스 게임'에 비유했다.[15] 비유가 와 닿지 않는다면 조직의 실질적 문제를 해결하려고 매일 연습했던 것을 떠올려라. 개선하고자 하는 동기가 있다면 우리가 연습할 수 있는 스킬들을 소개할 것이다.

2장 후반부에는 여러분이 오늘 나눴던 대화들로 생산적 사고를 실천하는 방법을 알아본다. 대화를 통해 학습하는 핵심 기술(4R)을 소개하고 직접 분석을 연습할 수 있는 예제도 제공할 것이다. 이 책 전체에서 동일한 4R 접근 방식을 사용하면서 신뢰, 공포, 이유, 헌신, 책임의 대화에 관해 구체적으로 학습할 것이다. 이 다섯 가지 대화를 통해 우리가 지지하는 생산적 사고의 사용을 방해하는 공통적 단점을 확인할 수 있다.

1. **신뢰**가 부족하면 투명성과 호기심을 가질 수 없다.
2. 말할 수 없는 **두려움**이 있을 때 우리는 의식적이든 아니든 방어적으로 행동한다.
3. 공동의 **이유**가 없다면 생산적인 충돌을 만들 수 없다.

4. 상황이 위협적이거나 난처하다고 느끼는 한 완전한 **헌신**을 회피할 것이다.
5. 우리가 **책임**지려고 하지 않는다면 경험으로부터 학습하는 데 실패할 것이다.

위에서 말한 어려움을 뛰어넘어야만 고성과 조직에 필요한 생산적 학습 대화를 할 수 있게 된다.

쉬어 가기: 대화 유형

이 책은 처음부터 끝까지 대화에 관해 다룬다. 그러므로 시간을 들여 이 책이 적용될 수 있는 대화의 유형을 알아볼 만하다.

'대화(conversation)'라고 말할 때 가장 먼저 떠오르는 것은 두 사람 이상이 같은 공간에서 대면하는 상황일 것이다. 하지만 우리 대부분은 많은 형태의 대화 채널을 정기적으로 사용한다. 이메일은 전 세계 어디서나 사용한다. 슬랙(Slack), 마이크로소프트 팀즈(Microsoft Teams), IRC(Internet Relay Chat)와 같은 채팅 시스템도 급격하게 도입됐다. 음성만 사용하던 콘퍼런스 콜에서 한층 발전한 화상 채팅도 일상이 됐다.

이 책의 내용은 이런 대화에 유용하다. 물론 다양한 대화 유형의 본질적 차이에 따른 트레이드 오프는 고려해야 한다. 그림 2.1은 알리스테어 코크번의 모델[16]에 기반한 트레이드 오프를 시각적으로 표시한 것이다.

코크번은 "가장 효과적인 대화는 두 사람이 직접 만나 얼굴을 보면서 화이트보드를 사용해 이야기하는 것"이라고 말했다.[17] 코크번의 말처럼 이 시나리오는 가장 효과적이다. 이 유형의 대화는 두 사람 사이에 최고의 비구어적 정보와 가장 빠른 응답성을 제공하기 때문이다. 그렇지만 이런 형태의 대화는 어려운 대화를 학습하거나 대화에 참여하는 한쪽 혹은 양쪽이 강한 감정을 느끼고 있을 때는 훨씬 힘들다. 붉으락푸르락한 얼굴은 추가 정보를 주는 동시에 위협적이고 산만할 수도 있다.

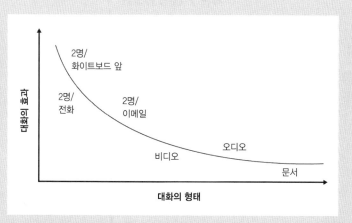

그림 2.1 여러 대화 형태에 따른 효과 비교

학습 기회라는 관점에서는 비동기적인 채널에서도 이익을 얻을 수 있다. 그중 한 가지는 대화에 참여한 이들이 이야기한 내용을 더 잘 기록할 수 있다는 점이다. 이는 향후 대화를 분석할 때 훨씬 큰 도움이 된다.* 무엇보다 비동기적 채널을 사용할 때는 대응하기에 앞서 여러 가지 초안을 마련할 수 있다. 예를 들어 4R을 적용해 이메일 초안을 만드는 과정에서 우리가 학습하는 기술들을 활용했고, 그 과정에서 얻은 통찰을 이메일에 담아 보낼 수 있었다.

궁극적으로 여러분은 얼굴을 보며 실시간으로 나누는 대화에 이 기법들을 적용하는 스킬을 배워야 한다. 비동기적 커뮤니케이션을 통한 학습 기회를 잘 사용하면 능력을 얻는 데 도움이 될 것이다.

---

* 화이트보드를 사용해 얼굴을 보며 대화하는 모습을 녹화해서 나중에 분석에 활용하는 방법을 추천한다. 물론 우리가 함께 일했던 팀들에서는 이를 활용하지 못했다.

4R / 네 가지 R

경험은 학습 기회를 주지만 사람들 대부분은 경험에서 실제로 학습을 하는 데 많은 시간을 들이지 않는다. 우리는 대화를 통해 학습하는 방법으로 4R(기록^{Record}, 성찰^{Reflect}, 수정^{Revise}, 역할극^{Role Play})을 선호한다(그림 2.2와 같이 2개의 R이 추가된다. 반복^{Repeat}과 역할 바꾸기^{Role Reversal}다).

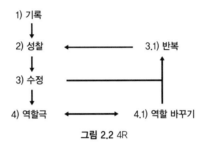

그림 2.2 4R

4R을 사용하려면 대화를 먼저 기록해야 한다. 이를 위해 다음 절에서 우리가 선호하는 방법인 '2열 대화 분석^{Two-Column Conversational Analysis}'을 소개한다. 펜과 종이 없이 '마음의 눈'으로만 대화하거나 친구에게 말하고 싶은 충동을 느낄 수도 있다. **절대 그렇게 하면 안 된다!** 종이에 단어를 손으로 쓰는 행위가 프로세스에서 필수적인 부분이다. 이 과정을 통해 여러분의 뇌는 그 대화를 마치 다른 누군가에게 일어난 것처럼 거리를 두고 생각하게 하기 때문이다. 뒤에서 보겠지만 이 거리가 성찰과 수정 과정을 거쳐 통찰을 얻는 데 핵심적인 요소다.*

대화를 기록했다면 성찰을 시작한다. 그리고 여러분이 사용하는 도구나 기법에 주의를 기울인다. 다섯 가지 대화에 각각 특정한 도구를 제안할 것이다. 시간을 투자하고 연습을 충분히 하면 대화에 따라

---

* 우리 친구와 벤저민 미첼(Benjamin Mitchell)은 대화를 녹음해 이 거리를 극적으로 실험했다. 처음으로 자신의 목소리를 듣고 말하면서 실수를 저지른 것을 알았을 때 스스로 이렇게 말했다고 했다. "벤저민! 그러지 마!!"

각 도구를 적절히 사용하겠지만 처음에는 한 번에 하나의 도구만 사용할 것을 권한다. 이 도구들을 사용해 여러분의 대화에 점수 매기는 방법을 안내할 것이며, 성찰에 따라 여러분은 대화를 개선하게 될 것이다.

대화에 점수를 매겼다면 대화를 수정해서 연습하고 더 나은 결과를 만들어 낸다. 개선됐다는 것을 어떻게 알 수 있는가? 반복하라. 수정한 대화를 나눠 보고 다시 성찰하라. 첫 번째 대화보다 점수가 올랐는가? 첫 번째 대화보다 수정된 대화가 전혀 나아지지 않았다는 점에 놀랄 수도 있다! 낙담하지 말라. 이는 매우 일반적인 현상이며 새로운 스킬을 배울 때 흔히 벌어지는 현상이다. 각각의 기법이 요구하는 체크 박스에 모두 체크를 하기까지 6~7번 혹은 그 이상 수정해야 할 수도 있다.

수정한 대화의 다이얼로그를 만들었는가? 더 중요한 한 가지 단계가 남았다. 바로 역할극이다. 여러분을 기꺼이 도와줄 친구를 찾아 수정한 대화를 큰 소리로 이야기하고, 여러분의 친구가 대화 상대역을 하도록 하라. 대화를 크게 했을 때 느낌이 어떠한가? 단어를 바꾸거나 말하는 방식을 바꿔야 할 수도 있다.

진척을 확인하는 또 다른 좋은 방법으로는 숨겨진 R, 즉 역할 바꾸기가 있다. 대화의 역할을 바꿔 친구가 여러분의 대사를 이야기하도록 하라. 대화 상대방으로서 수정한 언어를 들었을 때 어떤 느낌이 드는가? 여러분이 하는 말을 자주 들을수록 연습하는 스킬들을 그대로 유지하면서 대화를 더 자연스럽게 느끼도록 하는 방법의 실마리를 얻을 수 있을 것이다.

한 대화에 4R을 모두 적용함으로써 하나의 경험으로부터 최대의 학습을 할 수 있게 된다. 일련의 대화들에 이들을 적용하면 전체적인 학습의 양과 속도가 급격하게 증가할 것이며 여러분은 물론 여러분의 팀은 상당한 실질적 이득을 얻을 것이다.

대화 분석

4R의 첫 단계는 앞에서 설명했듯 개선하려는 대화의 기록이다. 대화의 핵심 요소를 잡아내는 방법으로 크리스 아기리스가 개발하고 사용한 멋진 기법을 소개하고자 한다. 아기리스의 기법을 좋아하는 이유는 크게 두 가지다. 첫째, 매우 구체적이고 기계적이어서 우리의 공학적인 두뇌에 매력적이었다. 둘째, 나머지 3개의 R(성찰, 수정, 역할극)과 자연스럽게 이어진다.

처음에는 대화 분석이 너무 쉽다는 이유로 가치가 없다고 생각될 수도 있다. 하지만 대화 분석은 의미 있는 통찰과 개선된 대화를 달성하는 데 가장 신속한 방법이다. 이 책을 통해 우리는 아기리스의 기법으로 다섯 가지 대화를 성공적으로 만드는 방법을 설명할 것이다.

사전 준비

1. 흔히 사용하는 필기용 종이 한 장(한 장 이상을 사용하지 말라. 이유는 뒤에서 설명할 것이다.)
2. 펜, 연필 혹은 다른 필기도구

준비물은 위 두 가지가 전부다. 정말이다(정말 간단하다고 이미 말했다!). 다시 말하지만 대화 내용을 상상하거나 기억할 수 있다며 적는 과정을 뛰어넘지 말라. 종이 한 장 위에 내용을 직접 적어라. 여러분과 대화 사이의 거리가 핵심적인 통찰력을 만들어 낸다는 사실을 알게 되면 매우 즐거울 것이다.

단계 1: 대화를 기록한다

개선하고 싶은 대화를 생각하라. 반드시 최근 대화일 필요는 없다. 오래전 대화나 아직 행해지진 않았지만 걱정되는 대화(우리는 이를 선호한다)도 분석할 수 있다.

다음으로 종이를 길게 반으로 접어 두 개 열을 만든다. 오른쪽 열에는 대화 참여자가 한 말을 적는다. 모든 말을 정확하게 적지 않아도 좋다. 목표는 대화 참여자가 한 말을 하나하나 정확하게 기술하는 게 아니라 분위기와 느낌을 잡아내는 것이다. 이때 대화를 너무 각색하거나 뭔가를 추가하지 않도록 해야 한다. 중립적인 청자 혹은 기계적인 오디오 레코더가 듣는 것과 같이 기록하라.

대화 내용을 적은 다음에는 왼쪽 열로 가서 그 말을 했을 때 들었던 생각을 적는다. 이 부분에서 지체하지 말라. 어려운 대화일수록 여러분의 생각은 말할 때와 상당히 달라질 것이기 때문에 마음을 지나는 것을 모두 포함해야 한다. 그게 부당하거나 불공정하다고 생각되더라도 말이다. **여기서 중요한 것은** 다른 사람의 생각을 적어서는 안 된다는 것이다.*

팁: 짧게 유지한다

대화 분석 방법을 처음 시도하는 사람은 필요 이상으로 많은 내용을 적는 경향이 있다. 긴 대화의 모든 단어를 잡아내려고 한 것이다. 하지만 대부분 불필요하다. 대화 중 감정적으로 가장 충만했던 부분에 집중한다면 핵심 부분을 기록하는 데 종이 한 장을 충분히 사용할 수

---

* 두 가지 예외 사항이 있다. 첫 번째, 다른 사람과 함께 대화를 기록할 때 다른 사람의 생각을 적을 수 있다. 이는 매우 멋진 연습 방법일 수 있지만 매우 두려운 방법일 수도 있다(5장의 예시를 참조하라). 두 번째, 여러분이 뛰어난 텔레파시의 소유자라면 이 규칙은 적용되지 않는다. 물론 여러분이 정말로 마음을 읽을 수 있다면 이 책에서 말하는 대부분 내용은 쓸모없을 것이다!

있을 것이고, 바로 이것이 종이를 한 장만 사용하라고 한 이유다.

위에서 설명했듯 대화의 특정 부분에 집중한다는 것은 대화의 시작이 아니라 중간부터 기록해야 함을 의미한다. 기록된 대화를 읽는 사람은 대화의 전체 맥락은 물론이고 대화 참여자들이 전에 말한 내용까지 모두 알고 있을 것이다. 이 기록을 주로 읽는 사람은 여러분이기 때문이다!

한 장 분량으로 대화를 기록하기 어렵다면 반 장 분량으로 더 짧게 기록해도 좋다.*기록의 길이를 제한하면 더 가치 있고 분석하기 좋은 대화를 기록할 수 있다.

2열 대화 분석 예시

2열 대화 분석 기법을 사용해 저자들의 실제 대화를 살펴보자. 이 예시는 대화 분석의 핵심적인 특성을 간략하게 설명한다. 간결한 데다 생각과 실제 언어가 모두 포함돼 있으며 두 열 사이의 차이를 보면서 학습할 풍부한 기회를 제공한다.

다른 사람이 기록한 대화를 읽을 때는 대화가 기록된 순서대로 읽어야 한다. 오른쪽 열을 먼저 읽고 실제 일어난 대화를 이해한다. 그런 다음에 처음으로 돌아가 양쪽 열을 함께 읽어가며 외적 대화와 함께 발생한 내적 사고를 이해해야 한다. 일반적으로 문서를 읽을 때와 같이 왼쪽 열에서 오른쪽 열로, 위에서 아래로 읽는다면 스퀴렐은 제프리가 떠난다고 말하기 전에 이미 그가 떠날 것을 걱정하고 있음을 알게 될 것이다. 소리 내서 기록을 읽을 때는 실제 대사와 생각 사이를 구분하는 것이 좋다. "제프리는 '다음 온라인 교육 때문에 출국하게 됐네'라고 말했다." 스퀴렐은 생각했다. '아! 제프리는 보통 전화

---

* 최근 훨씬 더 짧은 '두 줄(two row)' 방식으로 큰 효과를 얻었다. 두 줄 방식에서는 여러분의 대사 한 문장과 상대방의 대사 한 문장만을 기록한다. 이렇게 짧은 대사의 교환에서도 핵심적인 통찰을 얻을 수 있다. 장담한다!

나 소프트웨어를 연결해 놓지!'와 같이 말이다. 사실 외적 대화와 내적 대화를 일반적으로 구분해서 생각하지 않는다. 그래서 이런 형태는 도움은 되지만 처음엔 다소 어색하다. 어느 정도 인내가 필요하다. 대화를 몇 차례 기록해 보면 그다음 분석을 위해 할 일은 훨씬 쉽다.

제프리와 스퀴렐의 대화

스퀴렐의 생각과 느낌	제프리와 스퀴렐의 대화
아! 제프리가 보통 전화나 소프트웨어를 연결했었지. 이제 어떻게 하지?	제프리: 다음번 온라인 교육 때문에 출국을 하게 됐어.
절망적이야. 이제 포기해야 할 것 같아.	스퀴렐: 그렇군. 그렇다면 사무실에서 만날 수 없겠네. 미팅을 취소할까?
물론이지. 하지만 일하는 데 필요한 기술을 어떻게 얻지? 제프리가 전화나 소프트웨어를 연결할 때 보니 어려워 보이던데.	제프리: 아니, 내가 전화할 수 있어. 집에 있으면 될 것 같아. 사무실까지 올 필요는 없어.
좋은 소식이네. 출퇴근 스트레스를 줄일 수 있겠어.	스퀴렐: 알겠어. 내 생각에도 전화로 이야기를 나눌 수 있을 것 같아. 나도 굳이 움직이지 않아도 되고 말이야. 하지만 소프트웨어와 전화를 설치하지 않았는데….
난 제프리보다 훨씬 자신 없는데….	제프리: 걱정하지 마! 담당자가 도움 될 만한 튜토리얼 링크를 보내줄 거야. 아무 일 없을 거야.
내가 망치면 어떻게 하지? 유료 세션이 지연되면 수백 명의 참석자가 노발대발할 텐데…. 어쨌든 내가 해볼 수밖에 없겠어.	스퀴렐: 좋아, 한 번 해볼게.

오른쪽 열을 보면 상대적으로 편안한 대화를 읽을 수 있다. 스퀴렐은 단지 약간의 의문을 표현했을 뿐이다. 여러분이 우리와 함께 방에

있었다면 정말 그렇게 관찰했을 것이다. 하지만 왼쪽 열을 보면 '절망적이다', '노발대발할 텐데'와 같은 표현이 스퀘렐의 내적 두려움과 걱정을 드러낸다. 이처럼 표현되지 않은, 어쩌면 논의할 수도 없는 사고나 생각이 여러분에게 소개할 기법을 사용해 분석할 때 집중하는 부분이다.

대화 분석하기: 성찰, 수정 그리고 역할극

종이에 대화를 적었는가? 이제 대화를 분해하고, 어떻게 동작하는지 이해하고, 개선할 방법을 찾아보자. 4R의 성찰, 수정 그리고 역할극 단계. 대화를 비판하고 있을 때는 스스로를 표준과 비교하고 싶을 것이다. 하지만 대화를 분석함으로써 투명성과 호기심의 증거를 찾고자 노력할 것을 제안한다. 이 두 가지가 협업의 근본 요소이기 때문이다. 또한 대화 전반에 적용되는 행동의 패턴을 발견하도록 노력하라.

대화를 성찰할 때 우리는 대화에 표시해서 다음 버전을(그림 2.3) 가이드하는 데 도움을 줄 것이다. 빨간색 펜(혹은 다른 색 펜)으로 바꾸고 표시를 분명하게 하라.

먼저 노버트^{Norbert}가 분석한 대화부터 시작해보자. 노버트는 중간 규모의 조직에서 시스템 관리자로 일하고 있다. 노버트와 그의 상사인 퀸^{Quinn}은 새로운 프로젝트에서 어떤 시각화 소프트웨어가 가장 좋을지 결정하고자 한다.

노버트와 퀸의 실제 대화

주의: 오른쪽 열을 먼저 읽고 위로 다시 돌아가 오른쪽 열에서 왼쪽 열 순서로 읽는다.

노버트의 생각과 느낌	노버트와 퀸의 대화
이제 확실히 오픈 소스(Open source)가 대세야.	노버트: KVM을 사용하는 게 좋겠어요. KVM이 가장 유연하고 우리 요구 사항에 맞아요.
그야 당신이 '지원을 위해 기다리는 시간'이 내 시간을 효율적으로 사용하는 것이라고 가정할 때 얘기지.	퀸: 하지만 우리 표준이 아니에요. Virt App이 기존 모든 프로젝트에 효과적으로 동작해요.
왜 항상 폐쇄 소스(Closed source) 솔루션만 고집하는 거지?	노버트: 맞아요. 하지만 버그 수정 등을 할 때 몇 주씩 기다려야 하는 게 정말 끔찍해요. 문제를 즉각 해결할 수 있도록 우리가 직접 통제하는 게 더 낫지 않을까요?
말도 안 돼! 팀원들은 이미 KVM에 관해 알고 있어. 적어도 기본적인 내용은 말이지!	퀸: 맞아요. 하지만 재교육 비용도 생각해 봐야 해요. 새 도구를 모두에게 가르치는 데 필요한 추가 예산을 받을 수 있을 것 같지 않아요.
실제로 그렇게 많은 교육이 필요하지 않아. 팀원들은 이미 사이드 프로젝트에서 KVM을 쓰고 있단 말이지.	노버트: 팀원들한테 물어보는 게 어떨까요? 팀원들이 스스로 학습할 수 있을 것 같은데요.
그냥 우리에게 자율권을 주기 싫다고 말하는 게 어때? 위선자 같으니라고!	퀸: 미안하지만 이런 예산 결정에 핵심적인 문제를 팀에게만 맡기지는 못할 것 같아요.
리스크를 감수하기 싫어하는 전형적인 관리자로군. 당신이 이미 결정한 것에 대해서는 논의할 여지가 없네.	노버트: 좋아요. 하지만 제가 보기엔 팀장님이 진짜 기회를 놓치고 있는 것 같네요.

"정말 불쾌한 대화였습니다." 노버트가 말했다. "퀸은 제가 선호하는 솔루션을 딱 잘랐어요. 더 최악이었던 것은 제가 퀸이 선호하는 Virt App을 사용하는 데 동의하는 것처럼 조작당했다고 느낀 것이었습니다." 이런 부정적인 시각은 노버트가 왼쪽 열에 남긴 기록에서 볼 수 있다. 빈정거림으로 시작한 왼쪽 열은 체념으로 끝난다.

노버트는 어떻게 이 대화를 바꿔서 다른 결과를 얻을 수 있을까? 뒤에서 우리는 더 효과적인 옵션을 발견하기 위해 노버트가 대화를 분석한 방법을 설명했다. 여러분은 이 기본적인 분석 단계를 모든 대화의 분석에 사용할 수 있다. 책을 통해 더 많은 기법을 배움에 따라, 우리는 여러분이 특정한 형태의 기법을 사용해 대화에 점수를 매기고 학습하는 방법을 제안할 것이다.

호기심 성찰하기: 질문 분수

우리가 찾고자 하는 생산적 사고의 첫 번째 원칙은 호기심이다. 얼마나 많은 호기심이 있는지 판단하기 위해 질문 분수Question Faction에서 시작한다. 노버트는 대화에서 질문 조각을 찾기 위해 오른쪽 열을 먼저 보고 모든 물음표에 동그라미를 쳤다. 대화에서는 총 2개의 물음표가 있었다. 노버트는 오른쪽 열의 맨 위에 분모만 있는 분수($\frac{?}{2}$)를 썼다.

이제 어려운 부분이다. 노버트는 스스로 질문했다. "내가 한 질문은 순수한가?" **순수한 질문**genuine question의 특성은 다음과 같다.[18]

- 정말로 질문에 대한 답을 알고 싶어 한다.
- 대답이 여러분을 놀라게 할 수 있다고 예상하는 것이 합리적이다.
- 질문의 대답 결과 여러분의 관점이나 행동을 바꿀 의지가 있다.

대조적으로 순수하지 않은 질문은 새로운 것을 배울 때보다 주장할 때 사용한다. 순수하지 않은 질문은 변장하고 있거나 다른 사람으로 하여금 모종의 결론에 이르도록 시도한다. 변호사들은 특히 이런 질문에 뛰어나며 증인에게서 자신이 의도한 특정 대답을 끌어내려고 고안한 질문들이다. "점심에 밥의 집에 운전해서 갔습니까? 당신이 화가 나서 문을 두드리고 소리치는 것을 이웃 사람들이 봤죠, 그렇지 않습니까? 그리고 밥이 대답했을 때 당신은 총을 꺼냈습니다. 아닌가요?"

결정적으로 여러분은 순수한 질문과 순수하지 않은 질문의 차이를 질문을 듣는 것만으로 구분할 수 없다. 같은 말이라도 전후 사정에 따라 순수할 수도 있고 순수하지 않을 수도 있다. 둘을 구분하는 핵심은 겉으로 드러나지 않는 질문자의 생각이다. 예를 들어 내가 여러분에게 "그 심각한 버그를 아직 고치지 않았나요?"라고 물어봤다고 가정하자. 내가 순수하게 수정 진행 상태를 알고 싶었을 수도 있고 여러분에게 일하라고 압박하는 것일 수도 있으며 내가 중요하게 생각하는 일을 아직도 진행하지 않았다고 미묘하게 불평하는 것일 수도 있다. 내가 가진 실제 감정을 드러내는 것은 왼쪽 열(내 생각)이다.

질문의 순수함을 돌아보면서 노버트는 이렇게 말한다. "인정하긴 어렵지만 왼쪽 열에 따르면 내가 한 모든 질문은 순수하지 않았습니다. 난 통제를 하고 싶었고 첫 번째 질문에서 퀸에게 오픈 소스를 사용하자는 질문을 했습니다. 그리고 팀에 물어보자고 제안한 것 또한 내가 팀원들을 이끌고 있기 때문이었습니다. 팀원들은 KVM을 선호할 것이고 그들의 대답은 제 의견이 옳다는 증거가 될 테니 말입니다."

질문이 모두 순수하지 않았기에 노버트는 분자에 0을 적었다. 이제 노버트가 적은 분수는 $\frac{0}{2}$이 됐다. "와, 퀸이 어떤 생각을 하는지를 전혀 궁금해하지 않았다는 게 확실해졌습니다. 순수한 질문은 단 하나도 하지 않았네요."

반복하자면 대화를 분석할 때 여러분이 한 질문의 수를 더하라. 이 숫자는 분모가 된다. 그리고 질문 중 순수한 질문이 몇 개인지 세라. 이 숫자가 분자가 된다.

$$\frac{순수한\ 질문의\ 수}{전체\ 질문의\ 수}$$

질문 분수를 통해 대화 과정에서 얼마나 많은 호기심을 표현했는지 알 수 있다. 여러분 스스로가 열린 마음으로 대화에 참여했다고 생각하겠지만 순수한 질문을 하지 않았다면 호기심을 표현하지 않은 것이다. 이는 다음 단계인 수정 단계로 가기 위한 매우 가치 있는 입력값이 된다.

투명성 성찰하기: 표현되지 않은 생각과 느낌들

노버트는 왼쪽 열로 이동했다. 어려운 대화에서는 매우 흔한 경우이며 왼쪽 열에는 오른쪽 열에 나타나지 않는 많은 표현과 질문이 있다. 다시 말해 왼쪽 열에는 표현되지 않은 생각과 감정을 대변하는 공유되지 않은 아이디어가 포함돼 있다.

감정은 사람들이 대화 과정에서 공유하기 특히 어려운 대상이다. 감정을 공유하는 연습을 적게 했을 뿐만 아니라 감정을 공유하는 것이 방어적 마인드셋의 표준 원칙 두 가지를 위반하기 때문이다. 그 원칙은 '부정적 감정 표현을 피하라'와 '합리적 행동을 하는 것처럼 보여라'이다.

감정을 생산적으로 공유하는 방법을 성찰할 때 마셜 로젠버그 Marshall Rosenberg가 쓴 책 『비폭력 대화』(한국NVC센터, 2017)[19]에 설명된 감정 공유 가이드라인을 고려할 만한 가치가 있다.

- 감정과 생각을 구분하라. 우리는 종종 '나는 이렇게 느낀다'라는 표현 뒤에 생각을 집어넣는다. 예를 들어 "나는 우리가 잘못된 선택을 했다고 느낀다"라고 표현한다. "나는 이렇게

느낀다"를 "나는 이렇게 생각한다"라고 바꾸면 감정을 표현하지 않는 것이 된다.

- 우리가 느끼는 것과 우리가 그렇다고 생각하는 것을 구분하라. "나는 사기꾼인 것 같아"라는 표현은 감정이 아니라 우리 자신이 무엇이라고 생각하는지를 공유하는 것이다.

- 우리가 느끼는 것과 다른 사람들이 어떻게 반응하는지 혹은 우리에 대해 어떻게 행동하는지 생각하는 것을 구분하라. 이 항목은 가이드라인 중에서 가장 적용하기 어려운 부분이다. '나는 무시당하는 것 같아' 또는 '나는 오해 받는 것 같아'와 같이 말할 때 실제로 다른 사람에 대해, 즉 그들이 우리를 무시하거나 오해하고 있다고 표현하는 것이기 때문이다. 이는 감정을 공유하는 것이 아니다.

- 감정을 표현하는 용어를 만들어라. '그 일이 있었을 때 나는 기분이 좋았어'라는 표현은 구체적이지 않다. '그 일이 있었을 때 나는 기분이 나빴어'도 마찬가지다. 영어에는 구체적인 감정 상태를 표현할 수 있는 수많은 단어가 있다(비폭력 대화 센터에서 제공하는 '감정 용어집Feeling Inventory'을 살펴보라[20]). 시간을 들여 여러분이 느끼는 것을 가장 생생하게 표현하는 용어를 찾아보라.*

이런 가이드라인이 어려운 이유는 직접적으로 감정을 나타내는 것이 아님에도 강한 감정을 일으키기 때문이다. 감정이 강하고 분명해서 다른 사람에게도 이 감정들이 분명할 것이라고 가정한다. '투명성 착각Illusions of Transparency'이라고 불리는 인지 편향은 순수한 투명성을 가로막는 요소 중 하나다. 우리가 나눈 대화를 돌아볼 때 기억해야 할

---

* 한국어 감정 표현 단어 모음집도 참조할 수 있다(https://www.welfare24.net/ab-3864-24). - 옮긴이

중요한 점이 있다. 명확하게 감정을 표현하지 않았다면 그것은 투명하지 않았음을 의미한다.

공유되지 않은 생각을 리뷰할 때는 로젠버그의 다른 팁을 기억하는 것도 좋다. 로젠버그는 평가와 관찰을 구분하라고 말했다.[21] 우리는 다른 사람이 보이는 행동에 너무 쉽게 즉각적으로 의도를 부여한다. 노버트가 퀸에게 '위선자'라고 낙인을 찍은 것처럼 말이다. 이와 같은 평가는 순식간에 일어난다. 그리고 이를 진실이라고 착각한다. 또한 다른 사람의 감정을 읽고 이에 관한 우리의 판단에 확신한다(이것 역시 투명성 착각이다). 상대방이 야기하지 않은 의도나 감정의 속성을 알아차렸을 때 이들은 호기심의 촉발제여야 한다. 다른 사람이 실제로 어떻게 생각하고 느끼는지 궁금증을 촉발해야 한다.

이런 것들을 모두 마음에 두고 노버트는 왼쪽 열의 각 문장(노버트의 생각), 즉 오른쪽 열에 **전혀** 표현되지 않았거나 부분적으로 표현된 생각에 밑줄을 그었다.

"첫 번째 두 줄은 제게 유리한 판단이었습니다." 노버트는 말했다. "저는 간접적으로 대화 속에서 오픈 소스에 지지를 표현했습니다. 그리고 Virt App에 대한 반대 견해를 설명할 때 '기다림'이라는 표현을 했습니다. 그렇지만 제 일이 대기 상태에 멈춰 있는 것을 얼마나 싫어하는지 말하지 않았습니다. 이후의 대화부터 제 생각은 급격히 부정적이고 무시하는 방향으로 바뀌었고, 이런 감정을 전혀 공유하지 않았습니다. 그래서 왼쪽 열에 전부 밑줄을 그었습니다. 제가 밑줄 그은 것들을 보면서 퀸에게 투명하지(솔직하지) 않았던 것을 깨달았습니다. 제가 가진 모든 사실을 공유하지 않았고 그 순간의 느낌을 **전혀** 공유하지 않았습니다."

패턴 성찰하기: 트리거, 텔, 트위치

노버트는 개인적인 **트리거**trigger, **텔**tell, **트위치**twitch를 대화 기록에서 찾았다. 이는 매우 개인적인 것들로 여러분이 대화를 반복해 분석하면서 계속되는 행동 패턴을 알아차릴수록 더 분명해진다.

- **트리거**trigger는 여러분이 강하게 반응하도록 만드는 행동이나 말 혹은 다른 외부 이벤트와 같은 요소다. 예를 들어 경험이 적은 개발자는 대화 중에 자신에게 '주니어 엔지니어'라고 하는 말을 들었을 때 의기소침해질 수 있다. 이 용어는 그가 팀에 가치가 덜하다는 느낌을 줄 수 있기 때문이다.
- **텔**tell(포커에서와 같이)은 여러분이 투명성과 호기심을 갖고 행동하지 않는다는 신호를 보내는 행위다. 예를 들어 관리자는 그의 팀이 자신의 지시를 받아들이지 않는다는 것을 두려워하거나 그렇게 믿을 때 회의실을 빙글빙글 돌기도 한다.
- **트위치**twitch는 여러분의 본능적이고 기본적인 반응으로 특정한 상황에 구애되지 않는다. 예를 들어 어떤 사람은 빠르게 결정을 내리고 나중에 조정해야 한다는 편향이 있지만 다른 사람은 모든 것이 갖춰질 때까지 결정을 유보하는 편향이 있다.

트리거, 텔, 트위치를 학습함으로써 특정한 순간에 어떻게 반응해야 할지 더 잘 깨달을 수 있고 더 많은 선택지를 가질 수 있다. 우리 또한 이런 유형의 분석으로 많은 이득을 얻었다. 스퀴렐은 함께 일하는 키가 아주 큰 사람이 자신의 앞에 설 때 불안과 방어적 느낌이 든다는 것을 알아채면서 트리거를 발견했다. 그리고 키가 큰 동료와 대화할 때는 자리에서 일어나는 것으로 트리거에 적응했다. 제프리는 대화를 분석하면서 스스로 분명하지 않은 뭔가를 설명하기 전에 '분명히'라고 말하며 왼손을 든다는 것을 알았다. 이제 제프리는 스스로 이런 행동을 할 때 '분명하진 않지만'이라는 말과 함께 생각을 설명한다.

아무런 트위치가 없다는 것도 잘못이다. 그렇지만 모든 상황에 트위치가 없다는 것은 역설적으로 올바르기도 하다. 트위치를 따라 행동한다는 것을 깨닫는다면 그 트위치가 해당 시점의 상황에 잘 맞는지 고려해볼 수 있는 유용한 자극이 될 수 있다.

"이 대화에서 트리거와 텔을 하나씩 찾았습니다." 노버트가 말했다. "먼저 저는 퀸이 팀에 의견을 물어야 한다는 제안을 거절했을 때 매우 강력하게 반응했습니다. 왼쪽 열에 보면 그를 '위선자'라고 불렀습니다. 제 생각에 합리적인 요청을 누군가가 아무 의도 없이 단지 거부하기만 해도 종종 이렇게 행동합니다. 그러니 이것은 트리거입니다."

"또한 저는 '좋아요'라는 말을 두 번 사용했습니다. 제가 전혀 그렇게 느끼지 않은 상황이었는데도 말입니다. 두 번째 '좋아요'라고 오른쪽 열에서 말하면서 왼쪽 열에서는 퀸에게 욕을 퍼부었습니다. 앞으로는 스스로 좋다고 느끼지 않으면서 '좋아요'라고 말하는 상황이 왔을 때 이 텔을 조심할 겁니다."

트리거, 텔, 트위치를 대화 속에서 식별했다면 동그라미를 치고 라벨을 붙여라. 이렇게 하면 수정 단계에 도움이 되고 대화와 향후 분석 시 성찰도 가능하다.

수정: 더 나은 대안 만들기

마지막으로 노버트는 그가 발견한 문제들을 해결할 수 있도록 대화를 수정하는 데 시간을 들였다. 자신이 메모한 대화 기록을 가이드로 사용할 것이다.

노버트의 생각과 느낌	노버트와 퀸의 대화
이제 확실히 오픈 소스(Open source)가 대세야.	노버트: KVM을 사용하는 게 좋겠어요. KVM이 가장 유연하고 우리 요구 사항에 맞아요. O/2
그야 당신이 '지원을 위해 기다리는 시간'이 내 시간을 효율적으로 사용하는 것이라고 가정할 때 얘기지.	퀸: 하지만 우리 표준이 아니에요. Virt App이 기존 모든 프로젝트에 효과적으로 동작해요. 텔
왜 항상 폐쇄 소스(Closed source) 솔루션만 고집하는 거지?	노버트: 맞아요. 하지만 버그 수정 등을 할 때 몇 주씩 기다려야 하는 게 정말 끔찍해요. 문제를 즉각 해결할 수 있도록 우리가 직접 통제하는 게 더 낫지 않을까요?
말도 안 돼! 팀원들은 이미 KVM에 관해 알고 있어. 적어도 기본적인 내용은 말이지!	퀸: 맞아요. 하지만 재교육 비용도 생각해 봐야 해요. 새 도구를 모두에게 가르치는 데 필요한 추가 예산을 받을 수 있을 것 같지 않아요.
실제로 그렇게 많은 교육이 필요하지 않아. 팀원들은 이미 사이드 프로젝트에서 KVM을 쓰고 있단 말이지.	노버트: 팀원들한테 물어보는 게 어떨까요? 팀원들이 스스로 학습할 수 있을 것 같은데요. 트리거!
그냥 우리에게 자율권을 주기 싫다고 말하는 게 어때? 위선자 같으니라고!	퀸: 미안하지만 이런 예산 결정에 핵심적인 문제를 팀에게만 맡기지는 못할 것 같아요. 텔
리스크를 감수하기 싫어하는 전형적인 관리자로군. 당신이 이미 결정한 것에 대해서는 논의할 여지가 없네.	노버트: 좋아요. 하지만 제가 보기엔 팀장님이 진짜 기회를 놓치고 있는 것 같네요.

그림 2.3 노버트가 메모한 대화

노버트는 말했다. "저는 더 커다란 호기심을 갖고 더 순수한 질문들을 사용할 겁니다. 그리고 왼쪽 열에 있는 생각과 감정을 오른쪽으로 옮겨 더욱 건설적인 방식으로 말함으로써 투명해져야 한다고 생각합니다. 또한 제가 식별한 트리거와 텔에 대응할 수 있는 행동들을 미리 설계할 겁니다. 제가 학습한 새로운 기술들을 연습해서 퀸이 어떤 생각을 하는지 더 잘 발견하고, 그의 관리 스타일로 얼마나 스트레스를 받는지도 확실하게 전달할 겁니다."

노버트가 수정한 케이스는 다음과 같다.

노버트와 퀸의 수정된 논의

노버트의 생각과 느낌	노버트와 퀸의 대화
우리가 앞으로 가야 할 길은 오픈 소스인 것 같아. 하지만 퀸의 의견도 들어보고 싶어.	노버트: 이번에 우리는 KVM을 사용해야 한다고 생각해요. KVM이 아주 유연하기 때문이죠. 어떻게 생각하세요?
어려운 대답이로군. 나는 '지원을 위해 기다리는' 건 할 수 없어. 내 시간을 효율적으로 사용하고 싶다고!	퀸: KVM이 유연하기는 하지만 우리 표준에 맞지 않아요. Virt App이 기존 모든 프로젝트에 효과적으로 동작해요.
이건 텔이야! 퀸은 우리가 벤더에 과도하게 의존한다는 데 동의할까?	노버트: 좋아요. 아니, 사실은 좋지 않아요. Virt App은 우리 요청에 응답하는 데 비효율적이거든요. 요청한 후 응답을 기다리는 데 시간이 너무 오래 걸린다는 게 불만이에요. 벤더에 대한 의존성도 걱정이고요. 어떻게 생각하세요?
교육도 생각해볼 문제이긴 하지만 우리가 해결할 수 있는 부분이야.	퀸: 좋은 지적이네요. 느린 응답 시간에 관해서는 전혀 몰랐어요. 하지만 재교육 비용은 어떻게 할까요? 모든 사람이 새로운 도구를 학습하는 데 필요한 추가 예산을 받을 수 없을 것으로 생각하는데요.
사실은 그렇게 많은 교육이 필요하지 않아. 이미 다들 사이드 프로젝트에서 도구로 KVM을 사용하고 있다고.	노버트: 사실 팀원 대부분이 KVM을 사용할 줄 알아요. 제가 팀원들과 한 번 더 확인해 볼게요. 다음 단계로 진행해도 될까요?

노버트의 생각과 느낌	노버트와 퀸의 대화
단지 우리에게 더 많은 자율성을 주고 싶지 않다고 말하는 거지? 아, 이건 내 트리거군. 자율성에 관한 이슈를 직접 이야기하자.	퀸: 확실한 정보를 얻을 수 있는 좋은 방법이네요. 하지만 팀원들이 이미 도구를 선택했다는 생각은 하지 마세요. 미안하지만 이런 예산 결정에 핵심 문제를 팀에게만 맡기지는 못할 것 같아요.
자기 조직 증대에 대해 의미 있는 의견을 더 많이 나눌 수 있었으면 좋겠어.	노버트: 아시죠, 그건 제게 맞지 않아요. 저는 팀에 더 많은 자율성이 필요하다고 생각하기 때문이죠. 결정을 어떤 방식으로 내릴지 좀 더 이야기를 나눌 수 있을까요?

"이것이 결코 완벽한 대화는 아닙니다." 다듬은 대화를 보며 노버트가 말했다. "하지만 왼쪽에 있던 대부분의 우려하는 점을 공유할 수 있었습니다. 그리고 세 번의 순수한 질문을 했고 제 트리거와 텔 신호를 잡아냈습니다."

질문 분수 도구를 사용해 두 번째 대화에 점수를 직접 매겨 보라. 혹은 투명성과 트위치, 텔, 트리거에 밑줄을 그어보고 두 번째 대화가 더 효과적이라는 노버트의 의견에 동의할 수 있는지 검토하라. 이를 처음 시도한다면 성찰과 수정 과정이 어려울 것이라고 예상하라. 여러분이 익히는 개발은 설명하기는 쉽지만 마스터하기는 어렵기 때문이다. 실제로 수정을 반영하고 이에 다시 점수를 매기면서 같은 대화를 여러 차례 수정하는 것도 당연한 일이다. 만족스러운 대안을 찾을 때까지 여러 차례 반복될 수 있는 과정이다.

역할극: 연습을 통해 더 나은 대화 만들기

역할극(네 번째 R)은 이 새로운 기술을 더욱 자연스럽게 느끼는 데 도움을 준다. 여러분이 수정한 대화를 친구나 동료 혹은 거울 속의 여러분과 읽으며 연습하길 바란다. 대사를 한 줄씩 읽으면서 어떤 기분이 드는지 생각해 보고 자연스럽고 편안한 느낌이 들 때까지 반복해서 수정하라. 마지막으로 친구와 역할을 바꿔 그 말을 들었을 때 어떤 느낌이 드는지 생각해보자. 우리는 사람들이 각 단계(쓰기, 읽기, 듣기)에서 서로 다른 통찰과 서로 다른 조정을 한다는 것을 경험했다.

"대사를 크게 말하는 것은 생각했던 것보다 훨씬 어려웠습니다." 노버트는 회상했다. "역할 극임에도 불구하고, 저는 이 결정에 팀이 전혀 참여할 수 없다는 사실에 화가 났습니다. 그리고 역할을 바꿨을 때는 제가 현재 상황에 얼마나 불만을 느끼는지 정확하게 공유하지 않았다는 것을 알았습니다. 감정을 명확하게 공유할 수 있도록 대사를 마지막으로 수정했고 결과적으로 훨씬 효과적으로 들렸습니다."

예시 대화

다음 예시를 사용해 대화 분석을 연습해볼 수 있다. 위 설명을 따라 점수를 매겨 보고 결과에 따른 문제를 해결하기 위해 대화를 다시 써 보자. 이 작업이 어렵게 느껴지더라도 걱정할 필요가 없다. 처음은 누구에게나 어렵다. 이 책의 나머지 부분에서도 수많은 기법과 연습할 기회를 찾을 수 있을 것이다. 그럼 첫 번째 예제를 살펴보자.

타냐와 케이의 대화: 진행 중 업무 제한하기

타냐Tanya의 말이다. "저는 린 스타트업 코스를 수강했고 제가 프로덕트 오너product owner로 있는 애자일 소프트웨어 팀의 가치 흐름 맵을 그렸어요. 우리 팀이 진행 중 업무Work-In-Progress, WIP를 제한하기 시작해야 한다고 생각해요. 우리 개발 프로세스는 단계마다 심각한 대기를 포함하기 때문입니다. 큰 장애물 중 하나는 우리가 항상 테스터인 케이^{Kay}가 출시 이전에 가장 최신 변경 사항을 검증할 때까지 기다려야 한다는 겁니다. 효율적인 업무를 위해 우리가 WIP를 제한해야 한다는 것에 대해 그녀를 쉽게 설득할 수 있을 거라고 확신합니다."

타냐와 케이의 실제 대화

주의: 오른쪽 열을 먼저 읽고 위로 다시 돌아가 오른쪽 열에서 왼쪽 열 순서로 읽는다.

타냐의 생각과 느낌	타냐와 케이의 대화
케이는 이걸 정말 좋아할 거야!!	타냐: 케이를 위한 해결책이 있어요! 스프린트 릴리스 전에 테스트를 끝내야 한다며 케이를 항상 압박했던 것을 끝낼 수 있을 거예요!
병목에 용량을 추가하는 건 확장성이 없어. 게다가 예산도 없으니 일단 설명하자.	케이: 멋지네요! 다른 테스터를 채용하는 건가요? 한 명 더 필요하긴 해요.
분명히 케이는 장점을 알 수 있을 거야. 단지 WIP 제한 숫자를 어떻게 시작해야 하는지 얘기해줄 수 없을 뿐이지.	타냐: 채용하는 것보다 훨씬 좋은 방법이에요. 'QA 대기' 열에 넣을 수 있는 티켓 수를 제한하려고 해요. 티켓 수가 3개 정도면 적당할까요?
흠…. 설명이 조금 더 필요한 건가?	케이: 잠시만요. 그건 엔지니어를 더 화나게 하는 것 아닌가요? 프로세스 초반부터 변경 사항들이 쌓일 거예요.
수업에서 훌륭한 다이어그램을 봤지. 그 다이어그램을 보여주면 분명히 이해할 거야.	타냐: 아니에요. 그게 이 방법의 멋진 부분이에요. 엔지니어들은 소위 '당김' 이라는 개념 때문에 더 적은 티켓을 시작하게 될 거예요. 어떤 건지 보여줄게요.

타냐의 생각과 느낌	타냐와 케이의 대화
실망스러워! 케이는 완전히 잘못 짚었어. WIP 제한을 하면 일이 정말 쉬워질 텐데 설명을 못 하게 하는 이유는 뭘까?	케이: 음, 전 상당히 회의적이에요. 경영진들은 우리가 조금이 아니라 더 많은 일을 끝내야 한다고 계속 얘기하고 있잖아요. 나중에 보여주는 건 어떨까요? 내일 릴리스를 위해 테스트 하나를 마쳐야 해요.
뭐가 문제지? 대체 뭐가 잘못된 거야?	타냐: 좋아요. 내일 스탠드업 이후에 괜찮을까요?

위 예제에 우리가 점수를 매긴 것과 수정한 대화를 뒤에서 소개하겠다. 그러나 직접 점수를 매기고 대화를 수정하기 전까지는 예시를 보지 않도록 하라. 그리고 직접 매긴 점수와 수정한 대화가 우리의 점수 및 수정 대화와 다르다고 해서 걱정하지 말라. 절대적으로 올바른 답은 없다. 여러분에게 유익한 개선이 있을 뿐이다(질문 분수, 표현되지 않은 생각과 감정, 트리거, 텔, 트위치를 찾아내는 방법은 앞서 설명한 내용을 참조한다).

질문 분수. 타냐의 오른쪽 열에는 하나의 질문이 있다. "3개 정도면 적당할까요?" 질문 변수 분모에 1을 더한다. 순수한 질문인가? 타냐만 알겠지만 적어도 우리 눈엔 순수해 보이지 않는다. 타냐는 제한값이 얼마가 돼야 할지 알고 싶어 했지만(왼쪽 열에서 그렇게 표현했다) 놀라운 대답을 받아들일 것으로 보기는 힘들다. 케이가 0, 100, 혹은 "5요. 티켓이 독일어로 쓰여 있다면 말이죠"라고 대답했다면 어떤 일이 벌어졌겠는가? 그리고 케이가 놀라운 반응을 보였다면 타냐는 분명 자신의 믿음이나 행동을 바꾸기보다 자신의 아이디어를 더 강하고 분명하게 설명하려 했을 것이다. 그래서 우리는 순수한 질문이 없다고 결정했다.

질문 분수값은 $\frac{0}{1}$이다.

표현되지 않은 생각이나 감정들. 앞에서 봤듯이 오른쪽 열에는 감정이나 생각이 거의 표현되지 않았다. 그러므로 왼쪽 열 내용 대부분에 밑줄을 칠 수 있다. 타냐는 케이가 이 해결책을 좋아하고 채용은 효과적이지 않으며 WIP 제한에 대한 충분히 명확한 설명만 원할 것으로 생각했다. 대화 막바지에서 타냐는 실망과 혼란을 느꼈지만 어떤 감정도 케이와 공유하지 않았다.

트리거, 텔, 트위치. 위 예제에서는 확실하게 타냐가 사용하는 시그널이 무엇인지 알기 어렵다. 단, 타냐가 왼쪽 열에서 케이는 더 자세한 설명이 필요하다는 표현을 반복하는 것을 잠재적 텔로 볼 수 있다. 우리는 그 표현에 동그라미를 쳤다. 타냐가 스스로 이런 방식으로 생각하는 것을 깨닫는다면 다른 행동을 취하고자 할 것이다.

타냐와 케이의 수정된 대화

타냐와 케이의 대화를 다음과 같이 수정했다. 점수를 매겨 보고 수정된 대화가 더 효과적인지 판단하라. 여러분은 타냐의 상황에 다르게 접근하겠는가?

타냐의 생각과 느낌	타냐와 케이의 대화
케이가 WIP 제안에 흥미 있어 하는지 보자. 이 아이디어는 분명 케이에게 도움이 될 거야.	타냐: 얼마 전에 린 스타트업 교육을 받았어요. 케이가 좋아할 것 같은 새로운 아이디어가 있어요. 아이디어를 설명하고 케이의 생각이 어떤지 물어봐도 될까요?

타냐의 생각과 느낌	타냐와 케이의 대화
좋았어!	케이: 좋아요. 하지만 끝내야 할 테스트가 있어요.
천천히 시작하자. 케이가 나와 같은 관점으로 문제를 인식하고 있을까?	타냐: 음, 사실 테스트에 관한 거예요. 실제로 엔지니어들이 항상 스프린트 마지막에 케이의 테스트가 끝나길 기다리죠. 이런 상황이 비효율적이라는 것에 동의하나요? 혹시 다른 생각이 있나요?
50:50이네. 케이는 채용을 바라지만 우리에겐 그럴만한 예산이 없어.	케이: 물론이죠. 그래서 제가 늘 다른 테스터가 필요하다고 하는 거고요.
이것을 설명해주고 싶지만 성급하게 설명하지 않는 걸 배우려고 노력 중이야. 먼저 확인을 해보자. 케이가 다른 해결책에 마음을 열고 있을까?	타냐: 이해해요. 그렇지만 채용이 아닌 다른 해결책이 있을 것 같아요. 제가 설명할 수 있어요. 흥미가 생겼어요?
와! 케이가 이 문제를 이렇게 감정적으로 대할지 전혀 몰랐네!	케이: 솔직히 말하면, 전혀요. 어떤 새로운 아이디어라도 스프린트 말미에 저한테 쏟아지는 산더미 같은 테스트 해결에 도움을 줄 것 같지는 않아요.
WIP 제한보다 케이의 감정이 더 중요해. 케이가 괜찮다면 그녀의 감정에 관해 이야기해보는 게 더 낫겠어.	타냐: 케이는 업무량이나 테스트가 할당되는 방식을 탐탁지 않게 느끼는 것처럼 들려요. 업무량 자체보다 그게 더 걱정돼요. 대신 그것에 관해 생각해 볼래요?

결론: 이제 여러분 차례다

이제 2장에서 배운 4R 기법(기록, 성찰, 수정, 역할극)으로 여러분의 어려운 대화를 분석하라. 이 기법들은 대화로부터 일정한 거리를 유지하게 해 결과적으로 여러분은 대화를 다른 시각으로 보게 될 것이다.

빠른 학습을 위해 여러분의 대화를 다른 사람과 함께 리뷰해 보는 것도 고려하라. 그들은 분명 대화를 다르게 볼 것이다! 충분한 용기가 있다면 대화를 나눴던 상대와 여러분이 분석한 결과를 공유해 관점을 발견하고 더 효율적인 대화가 되려면 대화를 어떻게 수정하면 좋을지 상대방에게 물어보라.

대화를 분석하는 동안 여러분이 원하는 결과를 이미 알고 있음을 주지하라. 여러분은 각자 지지하는 생산적 대화를 원한다. 2장 초반에서 설명했듯 크리스 아기리스는 대부분 사람이 최고의 결정을 만드는 행동이 무엇인지 알고 있음을 발견했다. 정보와 사고를 공유하는 데 투명하며 다른 사람의 정보와 사고에 호기심이 있음을 보이는 행동들이다.[22] 이런 행동 이론을 실천할 수 있다면 다양함에서 오는 강함을 포용할 수 있다. 그러나 생산적 충돌의 도전을 맞닥뜨렸을 때 본능적으로 그 기회로부터 숨어 버리고 방어적 사고 마인드셋을 받아들여 위협과 불안함을 최소화하려고 한다.

물론 이와 같은 방어적 반응은 충분히 이해할 수 있지만 성공적인 트랜스포메이션의 이점을 원하는 사람에겐 용납될 수 없다. 트랜스포메이션은 우리가 조직으로서 어떻게 행동해야 하는지에 관한 근본적 변화를 요구한다. 디지털 트랜스포메이션을 시도했다가 실패한 84%의 기업에 들고 싶지 않다면 가장 먼저 **대화의** 트랜스포메이션을 받아들임으로써 의사소통의 강한 능력을 이용하는 방법을 배워야만 한다.

2부

신뢰의 대화

신뢰 구축은 여러분의 팀이 테일러 주의자의 피처 공장을 벗어나 고성과 문화를 구축하도록 돕는 가장 기본적인 단계이다. 직원들이 좋은 신념으로 행동하지 않는다고 믿는 경영진은 (직원들의) 헌신을 받아들이지 않거나 이를 지원하지 않을 것이다. 팀원에게 정보를 숨기는 기술 리드는 두려움을 절대 극복하지 못할 것이다. 또한 동료에게 숨은 동기가 있다고 의심하는 개발자나 제품 관리자는 효율적인 목적을 제공하지 못함은 물론 동료들의 말에 동의하지도 못할 것이다.

신뢰는 다른 대화에서 성공하기 위한 절대적인 선결 조건이므로 우리는 신뢰 요소 조사, 신뢰를 파괴하는 대화와 신뢰를 구축하는 대화 분석, 신뢰의 대화를 위한 효과적 처방전을 만드는 데서 '사용 설명서'를 시작한다.

3장을 학습하고 나면 아래 내용을 수행할 수 있을 것이다.

- 정렬되지 않은 이야기를 발견해 낮은 신뢰 관계를 인식한다.
- 취약성과 예측 가능성을 투명하게 전달하고 신뢰를 구축하는 방법을 준비한다.

- '사람을 대상으로 하는 테스트 주도 개발'을 사용해 호기심의 문을 열어 사고의 차이를 발견하고 여러분의 이야기와 다른 사람의 이야기를 정렬한다.

신뢰가 최우선이다

숨겨진 곳이나 눈에 띄지 않는 곳을 보면서 신뢰 점검을 시작하자. 3장에서 우리는 몇몇 핵심 직원을 만난다. 곤경에 처한 가상의 기술 스타트업에서 근무하는 이들의 고민은 다양하지만, 누구도 어려움 속에 놓인 감춰진 문제(신뢰 부족)를 깨닫지 못한다.

두 창업자는 매주 금요일마다 간트 차트를 놓고 다툰다.

"6주 뒤에는 페이스북Facebook 통합 작업을 시작할 수 있어."

"아냐, 그 작업은 3월 초로 옮겨야 해. 동영상 업로드 기능을 먼저 구현해야 한다고."

"그러면 새 인증 시스템은 어떻게 하지?"

주간 계획 중 어떤 것도 계획대로 이뤄지지 않는다. 누군가가 아프거나 치명적인 버그가 나타나거나 기능을 다시 구현해야 하기도 한다. 그런데도 두 창업자는 여전히 미래를 두고 다툰다. 마치 자신들이 미래를 통제할 수 있다는 듯이 말이다. 최근 이들은 더 정확하게 예측하기 위해 사용할 수 있는 로드매핑roadmapping 도구나 추정에 관한 교육이 있는지 고민한다.

기술 리드는 벼랑 끝에 서 있다. 여러 기업에서 수년간 업무를 한 경험을 바탕으로 팀이 정확히 무엇을 전달해야 하는지 알고 있다. 좋은 스펙, 정확한 추정, QA 등이다. 기술 리드는 이에 관해 충분한 시간을 들여 계속 조심스럽고 명확하게 설명하지만 아무런 진전도 없다. 개발자들에게 부분적인 동의를 얻으나 회계 부서에서 채용과 관련해 아무런 지원도 받지 못하고 제품 관리자는 그의 의견에 완전히 반대한다. 기술 리드가 딜리버리를 책임지며 그의 계획에 동조해야 함을 이해하는 사람은 없는 듯하다. 그는 모두에게 각자 역할이 무엇인지 알려주는 책임 매트릭스를 만들며, 이 매트릭스가 모든 사람이 같은 방향으로 가게 한다고 생각한다.

제품 관리자는 버그 발생률을 줄이려 한다. 개발자들은 전체 시스템이 함께 움직이는 방식을 전혀 이해하지 못한다. 제품 관리자는 스프린트가 진행될 때마다 개발팀에 더욱 자세한 스펙을 제공한다. 그래도 결함 백로그는 감소할 기미를 보이지 않는다. 최근에는 스펙과 테스트 계획을 함께 만들고 있지만 뚜렷한 효과가 보이지는 않는다. 어젯밤 또 다른 프로젝트의 복잡한 피처를 기술하느라 책상에서 늦게 잠든 제품 관리자는 거대한 버그 몬스터가 제품을 먹어 치우는 꿈을 꾸기도 했다. 퇴근 후 집으로 가는 열차에서 '내일은 화이트보드에 (시스템 컴포넌트 사이의 상호 관계를 표시하는) 커다란 마인드맵을 그려서 각 변경이 어떤 영향을 미치는지와 어디를 테스트해야 할지 보여주리라' 마음먹었다.

팀 구성원의 문제는 일반적이다. 소프트웨어 팀에서 일해 봤다면 이 문제 중 상당수를 만났을 것이다. 이런 문제의 해결책은 애자일 코치, 스크럼 콘퍼런스, 소프트웨어 벤더 등이 귀 따갑게 이야기한 다른 프로세스, 다른 도구, 더 많은 정보의 흐름이었을 것이다. 많은 책이나 교육 과정이 이들 각각을 단계적으로 차근히 계획하는 방법에 관해 설명한다. 자신의 주장에 무게를 실으려고 애자일 개발 선언이나 스크럼 원칙들을 인용하기도 한다. 이런 해결책들에 잘못된 점은 없다. 단 한 가지, 모든 시도가 반드시 실패한다는 것을 제외하고는 말이다.

조금 다른 방식으로 이야기해보자. 우리 주인공들이 더 훌륭한 딜리버리나 더 적은 버그를 스스로 얻을 방법은 **없다**. 벽에 걸린 자격증은 좋아 보인다. 더 짧은 스프린트는 더 빈번한 릴리스를 만든다. 더 긴 회고는 더 많은 액션 아이템을 만든다. 하지만 이 모든 것들이 중 요한 결과물에는 영향을 미치지 못한다.

각 등장인물의 독백(혼자서 중얼거리는 이야기들)을 들어보면 실제로 무 슨 일이 일어났는지 알 수 있을 것이다.[*]

- **창업자들**: "기술적인 문제를 이해할 수 없어. 하지만 더 빠르게 할 수 있는 방법이 있을 거야."
- **기술 리드**: "내가 무엇을 해야 하는지 알아. 다른 모든 사람이 나 를 따라 명확하게 앞으로 가는 방법을 구현해야 해."
- **제품 관리자**: "개발자들은 제품 전체를 이해하지 못해. 개발자들 이 일하는 데 필요한 데이터를 제공해야만 해."
- **개발자들** (이들을 기억하는가?): "우리를 챙기는 사람은 없고, 우리 에게 아무것도 알려주지 않아. 우린 그저 책상에 머리를 박고 코드를 만들 뿐이야."

이런 (상상 속) 텔레파시를 갖고 의도된 일방적 변화가 효과를 얻지 못하는 이유를 보기 시작할 수 있다. 창업자들은 스스로 기술을 이해 하지 못하리라 여기며 자신들의 멋진 로드맵 소프트웨어에 쓰레기 같 은 가정을 넣고 결과적으로 쓰레기 같은 예측을 만들어 낸다. 제품 관 리자는 역할 정의를 문제로 인식하지 못한다. 피처를 설명하는 제품 관리자의 역할은 매우 명확하다. 그렇기에 제품 관리자는 책임 기술 리드의 책임 매트릭스에 관여하지 않을 것이다. 개발자들은 그들이 동떨어져 있다고 확신하기 때문에 제품 관리자가 그려 놓은 마인드맵

---

[*] 물론 우리는 각 등장인물이 허구라는 사실을 이용해 그들의 내적 생각을 공유한다. 현실에서 다른 사 람의 이야기를 발견하려면 더 많은 일을 해야만 한다. 나머지 장에서는 이에 대해 다룰 것이다!

따위는 벽에 걸린 장식품 정도로 여기고 무시한다.

이 대화에서 근본적인 문제는 팀원들의 내적 이야기가 정렬돼 있지 않다는 점이다. 각각의 이야기는 일관적인 상황을 말하며 다른 사람의 행동에 대한 예측을 제공하고, 이야기하는 사람이 해결책을 개발하는 데 도움을 준다. 하지만 어떤 이야기에서도 다른 사람에게 동의하는 내용은 찾아볼 수 없다. 마치 톨레미[Ptolemy], 뉴턴[Newton], 아인슈타인[Einstein]이 모여서 함께 화성으로 가는 우주선을 만드는 상황과도 같다! 아무리 대단한 프로세스 혁신과 명확한 도구를 활용하더라도 로켓을 올바른 방향으로 쏘아 올리지 못할 것이다.

정렬된 이야기를 신뢰로 명명하겠다. 내가 누군가를 신뢰한다는 말은 신뢰의 상대가 과거에 했던 일을 할 것이며, 앞으로도 그 일을 하는 상대를 보게 될 것으로 기대한다는 의미다. 그를 신뢰할 때 서로 동의한 스토리를 사용해 나는 그의 행동을 예측하고, 그는 나의 가능한 행동을 평가하면서 효과적으로 협업할 수 있다. 이로써 함께 실행할 수 있는 공동의 계획을 수립하고 공통의 이야기를 다른 사람에게 설명해 그들 역시 우리와 함께하도록 할 것이다.

우리가 정의한 신뢰는 일반적으로 말하는 신뢰보다 강력하다. 신뢰라는 단어를 사전에서 찾아보면 상대방의 진실함과 능력을 믿는다는 뜻으로 풀이돼 있다. 사전적 의미로서의 신뢰는 분명히 팀 구성원간 단단하고 믿을 만한 관계 형성에 도움이 된다. 하지만 그것만으로 충분하지 않다. 여러분이 진실하며 믿음직하다는 것을 알지만, 여러분의 행동과 동기가 우리 스토리를 정렬되지 않도록 하며 협업에 독이 될 수 있다는 것도 믿는다.

한편 우리 스토리가 완전히 정렬된다면 내가 여러분의 노력을 오해하거나 깎아내릴 것을 걱정할 필요가 없다. 정렬된 이야기에서 창업자들은 개발자들과 함께 우선순위를 논의하며 목표를 현실적이고 달성 가능한 상태로 유지할 수 있다. 기술 리드는 자신이 모든 해답을 가진 게 아니며 팀원들이 협력해 소프트웨어 구조와 프로세스를 효과적으로 개선할 수 있다는 것을 알게 된다. 그리고 제품 관리자는 좋은 동기가 있는 개발자들과 대화로 세부적인 스펙을 대체할 수 있다는 것을 알게 된다.

3장의 나머지 부분에서는 신뢰의 대화로 팀과 이야기를 정렬하는 방법을 소개한다. 여러분이 취약하며 예측하도록 지원하는 것에서 시작해 크리스 아기리스가 제안한 추론의 사다리Ladder of Inference를 사용하는 방법을 자세히 설명한다.

엔터프라이즈 애자일·데브옵스 리드이며 코치이자 관리자인 브래드 애플턴Brad Appleton은 이렇게 말한다. "가장 먼저 신뢰를 쌓아야 한다!"[1]

신뢰에 관한 넬의 이야기

저는 넬Nell입니다. 작은 온라인 리테일 비즈니스 기업의 CTO입니다. CEO인 이안Ian은 저를 신뢰하지 않는 듯합니다. 모든 결정에서 저를 무시하지요. 최근에는 굉장히 찜찜한 경험을 했습니다. 그래서 당시 대화를 분석하기로 했습니다. 첫 번째 R, 기록부터 시작했습니다.

넬과 이안의 대화

주의: 오른쪽 열을 먼저 읽고 위로 다시 돌아가 오른쪽 열에서 왼쪽 열 순서로 읽는다.

넬의 생각과 느낌	넬과 이안의 대화
아! 또 시작이네. 왜 우리를 가만두지 않는 거지?	이안: 페이먼트 제공자한테 넌더리가 나. 제공자를 바꿔야겠어.
이 제공자가 업계에서 최고라고. 다른 제공자들은 훨씬 심해.	넬: 왜 그래야 합니까? 이제 겨우 3개월이 지났습니다. 몇 가지 자잘한 문제가 있었지만 지금은 모두 원활하게 동작하고 있습니다.
우리가 그들에게 교육한 대로 올바른 데이터를 입력했다면 수입은 올바르게 분류됐겠지. 쓰레기를 넣었으니 쓰레기가 나온 거라고.	이안: 원활하게? 아니지. 페이먼트 제공자는 매달 청구서를 엉망으로 만들었어. 회계 부서가 일일이 손으로 수정해야 한다고.
회계 담당자들이 기본적인 설명서를 못 읽는다고 해서 고객과 팀원을 짜증 나게 하지 않겠어.	넬: 아, 이전에도 말씀드렸다시피 그들은 아직 보고 기능을 완전히 셋업하지 못했습니다. 지불 기능 통합은 믿을 수 있고 고객 불만도 줄었습니다. 우리가 올바른 제품 메타데이터를 얻을 수 있다면….
또 명령이군! 매번 혼자 결정할 거면 나를 왜 채용한 거지?	이안: 절대 받아들일 수 없어. 회사의 혈관과 같은 회계 부서가 불행하게 느낀다면 제공자를 바꿔야 해. 논의는 여기서 끝이야.
고작 3개월이 지났는데 새로운 페이먼트 통합 작업을 또 해야 한다. 팀에 어떻게 설명해야 할까?	넬: 좋습니다. 그렇게 주장하신다면 드릴 말씀이 없네요.

이안과의 신뢰는 바닥을 쳤습니다. 이안은 제가 무능하다고 생각하는 것 같고, 저는 그가 회계 부서를 등에 업고 마이크로 매니징과 정치를 하고 있다고 확신합니다. 이안의 통제 아래서 탈출할 수 없는 상황에 갇힌 기분입니다. 신뢰를 구축해 이 고통스러운 경험에서 벗어나고 싶지만 어디서부터 시작해야 할지 전혀 모르겠습니다.

준비하기: 취약해져라

신뢰의 대화에서 이야기를 정렬하려면 매우 큰 어려움을 감당해야 할 것이다. 바로 여러분의 현재 이야기를 공유하는 것이다. 여러분의 감정과 생각을 다른 사람에게 공개해야 한다는 의미다. 상처 입을 위험을 감수해야 한다. 서론에서 기대하라고 했던 어려운 감정적 업무의 두드러진 예다.

약해질 의향이 있다면 신뢰의 대화에서 큰 도움이 된다. 여러분은 스스로 더 익숙해지고 다른 사람들이 접근할 수 있는 대상이 될 것이다. 마치 다른 사람에게 자신의 이야기를 공유하는 사람들처럼 말이다.

자신의 이야기를 보호하려는 본능에서 벗어나려면 '안전하지 않은' 것들을 불쑥 꺼내려 노력해 보라. 예를 들어 '멍청한' 질문을 하거나 특정한 결정을 내린 방법에 대한 의구심을 공유할 수 있다. 아는 것과 모르는 것에 투명하다면 여러분은 취약한 존재가 된다. 여러분이 실제와는 다르게 비합리적이고 지식이 부족한 것처럼 보일 수 있기 때문이다. 대조적으로 안전하다고 느끼고 취약성을 피하려 하는 것(예를 들어 들어보지 못한 뭔가를 아는 척하는 것)은 일반적으로 가짜 정보를 제공하므로 여러분의 이야기가 틀어지게 만든다. 그리고 그것이 발견되면 여러분의 대화 상대는 여러분이 스스로 정직하지 않다는 신호를 받을 것이다. 이는 여러분의 이야기를 실제로 정렬에서 벗어나게 하며 여러분에 대한 신뢰도 떨어뜨린다.

브레네 브라운Brene Brown은 『라이징 스트롱』(이마, 2016)에서 내적 사고를 공유할 때 이렇게 시작한다. "제가 스스로에게 하는 이야기인데….The story I'm telling myself...."[2] 예를 들면 다음과 같다.

"제가 스스로에게 하는 이야기인데, 여기는 설거지에 신경 쓰는 사람이 없어서 사무실 부엌 냄새가 항상 심하네요."

"제가 스스로에게 하는 이야기인데, 우리 사용자들은 가장 싼 옵션을 요구하는 사기꾼이에요."

"제가 스스로에게 하는 이야기인데, 당신은 지루해서 이 프로젝트에서 일하지 않는 것 같아요."

이 구절은 여러분이 '학습 마인드셋'에 머물도록 돕는다. 여러분 자신과 다른 사람들에게 여러분의 내적 사고가 제한된 정보를 바탕으로 한다는 점과 여러분의 사고가 올바르지 않을 수 있음을 명확하게 드러내기 때문이다. 이는 대니얼 카너먼이 『생각에 관한 생각』[3]에서 언급한 '당신이 보는 것이 전부다'라는 본능적 관점의 유용한 해독제이기도 하다. 즉, 보지 못한 뭔가가 여전히 많음을 깨닫게 한다. 청자들 역시 여러분의 이야기가 어디에서 기인했는지 알 수 있으므로 이야기에 위협받지 않고 공감할 수 있다.

친숙하지 않은 기법들이라서 처음에는 이상하게 느껴지겠지만 연습을 계속하면 감정 이입 없이 내적 사고를 공유하는 아이디어가 점점 자연스러워질 것이다. 3장 마지막 부분에서 이와 유사한 행동의 예시를 보게 될 것이다.

준비하기: 예측 가능해져라

취약성만으로는 충분하지 않다. 여러분의 이야기를 다른 사람들의 이야기와 정렬하려면 여러분의 이야기가 예측 가능하고 여러분의 행동과 일치한다는 증거를 제시해야 한다.

반대되는 행동은 의도하지 않은 위선의 형태로 어디에나 존재한다. 가장 최근의 체중 감량 계획을 이야기하면서도 햄버거 세트를 즐기는 다이어터, 노란 신호에서 도로를 질주하는 비매너 운전자들을 욕하는 택시 운전사, '우리는 사람들을 존중합니다'라는 표어와 함께 사람들 위에 군림한 상사의 모습을 보이는 포스터까지 말이다.

이런 것들이 다른 사람들에게만 적용돼야 할 것이라고 치부하기 전에 여러분의 가설과 행동을 더 주의 깊게 생각해 보길 바란다. 여러분 또한 인생에서 이야기와 행동이 일치하지 않는 수많은 상황이 있을 것이다.

신뢰의 대화를 잘 준비한다는 것은 여러분이 할 수 있는 한 자연스러운 인간의 경향을 극복하고, 여러분의 행동과 이론을 정렬해 예측 가능성을 보여주는 것을 의미한다. 이 과정에 실패할 수밖에 없다면 여러분의 실수와 오류를 인정하고 다른 이들에게 도움을 받아 앞으로 더 잘 정렬하라.

행동을 이야기와 일치시키는 작업은 대단히 어렵다. 실제로 신념에 일치하는 행동을 하더라도 다른 사람에게 여러분이 예측 가능한 사람이라는 확신을 주려면 해야 할 것들이 여전히 많이 남아있다.

빌리Billy는 몇 년 전 알고 지냈던 프로그래머로 자신의 상사들에 관한 확고한 가설이 있었다. 상사들은 빌리에게 절대 불가능한 업무와 환상에 젖은 마감을 할당하며, 모든 새로운 기능들은 그 기분 나쁜 관리자들에 의해 뒤틀어졌다. 빌리는 이 가설을 팀의 첫 번째 플래닝 세션에서 내보였다. 가능한 프로젝트를 정리하고 첫 번째 스프린트에서 달성할 만한 것들을 선택하기 위한 취지였다. 가능한 피처 10개가 보드에 제시됐고, 팀이 상위 레벨에서의 스토리 추정을 시작하기도 전에 빌리는 큰 소리로 이 미팅은 이미 결정된 것이며 자신은 그만둘 것이라고 공표했다. 그의 관리자는 빌리를 제쳐두고는 무슨 일이 있는 것인지 궁금해서 물었다. "한 스프린트에 10개 프로젝트를 할 수 있는 사람은 아무도 없어요!"라고 빌리는 소리쳤다. "당신은 우리가 죽을 때까지 일하도록 한 다음 아웃소싱한 드론들과 대체해버릴 생각이겠죠!"

빌리에게는 경영진에 관한 부정적인 이야기가 너무 깊이 박혀 있었다. 플래닝 세션 시작 시 팀이 한 스프린트에서 편안하게 구현할 수 있는 스토리들만 선택하면 된다는 관리자의 설명 조차 귀에 들어오지 않을 정도였다. 플래닝 세션 자체는 물론 소개된 다른 애자일 프랙티스에도 팀의 필요를 살피도록 관리자에게 요청할 수 있는 증거가 많았지만 빌리는 이를 자신이 말하는 이야기와 정렬하지 못했다.

빌리와 신뢰의 대화를 통해 그의 이론이 여러 차례의 모욕적인 업무(한 가지 예로 시니어 관리자들은 "금요일까지 10포인트짜리 스토리를 구현할 수 있을 것으로 생각해"라고 말하면서 습관적으로 팀이 추정한 값을 칸반 보드에서 지우고 자신들이 추정한 값을 기입하기도 했다) 탓에 확실하게 강화된 것을 알았다. 팀의 필요를 존중한다고 말하고 실제로 그 존중을 따르는 여러 관리자와의 수많은 업무 경험을 반복한 뒤 빌리는 신뢰를 구축하고 기존과 다른 공유된 이야기를 만들 수 있었다.

매우 작고 눈에 잘 보이는 단계를 통해 초기 예측 가능성을 얻을 수 있다. 이는 신뢰의 대화를 위한 주요 이슈와 직접 연관되지 않아도 된다. 예를 들어 빌리의 프로그래머 팀에게 있어 프린터나 인터넷 연결 문제를 고쳐 달라는 비기술 스태프의 반복적 요청은 끊임없이 짜증을 유발하는 업무였다. 관리자는 이런 프랙티스가 더는 없을 것이며 아웃소싱 IT 서비스를 빨리 찾지 못할 때 자신이 직접 돌아다니면서 케이블을 연결하고 라우터를 재설정할 것이라고 말했다. 이는 빌리와 동료들에게 관리자가 약속하면 반드시 지킨다는 점을 보여줬으며 다른 영역에서 신뢰를 구축하는 데 필요한 예측 가능성의 명확성을 만드는 데 큰 역할을 했다.

대화: 사람들을 위한 TDD

켄트 벡Kent Beck은 테스트 주도 개발TDD, Test-Driven Development, 즉 코드와 해당 코드를 실행하는 테스트 코드를 함께 작성하는 프랙티스가 '편안함과 일체감'을 준다고 말했다.[4] 신뢰의 대화 그리고 이를 달성하는 데 도움을 주기 위해 크리스 아기리스와 동료들이 고안한 추론의 사다리(그림 3.1)를 사용하면서 켄트 백이 느꼈던 감정을 느끼길 바란다.[5]

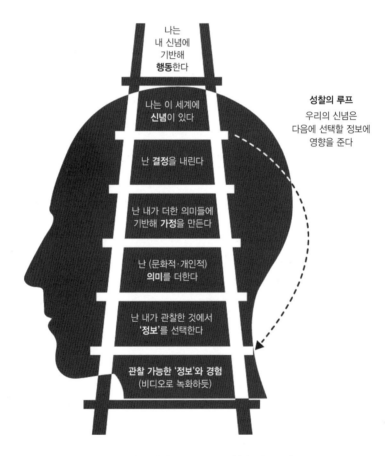

피터 센게, 『제5경영(The Fifth Discipline)』(세종서적, 1996)

그림 3.1 추론의 사다리

사다리가 전달하는 이야기는 일관적이다. 여러분은 정보에서 의미를 끌어낸다. 의미는 가정이 되고 결론이 되며 신념이 된다. 이렇게 형성된 신념을 기반으로 행동을 결정한다. 신뢰의 대화가 추구하는 목적은 여러분의 이야기를 대화 상대의 이야기와 정렬하는 것이다. 추론의 사다리는 정렬을 구축하는 명확한 길을 제시한다. 가장 아래 첫 번째 칸을 정렬한 다음 두 번째 칸을 정렬하는 과정을 이야기가 완전히 일치할 때까지 반복한다.

대화 참여자 두 명의 사다리가 눈에 보인다면 더 쉽겠지만 그림 3.1처럼 머리 밖에 있는 가장 아래 칸(관찰)과 가장 위 칸(행동)만 다른 사람들이 볼 수 있다. 나머지는 보이지 않는다. 사람들을 위한 TDD가 필요한 이유가 바로 이것이다. 아기리스, 퍼트넘, 맥레인은 다음과 같이 말했다.

> 추론의 사다리 단계가 높아질수록 서로 다른 관찰자의 해석이 달라질 가능성 또한 커진다는 사실은 명백하다. 그래서 기본 규칙이 필요하다. 사다리의 가장 낮은 칸에서 시작해 바로 다음 칸의 의미를 설명하고 동의했는지 확인한다. 그리고 낮은 칸에서 동의가 된 후에만 다음 칸으로 진행한다. 이 규칙은 행동 과학자뿐만 아니라 매일의 삶에서 중요하고 위협적인 이슈를 다루는 사람에게도 동일하게 필요하다.[6]

TDD 방식으로 코드를 작성할 때 여러분은 확신을 갖고 천천히 작은 단계로 진행한다. 이와 유사하게 추론의 사다리를 사용할 때는 테스트 하면서 조금씩 사다리를 오르며 단계가 높아질 때마다 확신 또한 증가한다. 단계마다 여러분은 대화 상대가 각 단계에서 어떤 사고를 했는지 순수한 질문(순수한 질문에 관해서는 2장에서 자세히 설명했다)을 던져야 하며, 필요하다면 여러분의 사고도 설명해야 한다. 이 과정에서 대화 참여자의 사다리가 칸칸이 드러나며 여러분은 어느 칸이 다른지 이해할 수 있게 된다. 만약 테스트가 실패하면(여러분이 던진 질문의 대답에 놀랐거나 이해할 수 없고 미정렬 상태임을 알게 된다면) 그 시점에서 멈추고 여러분의 이해를 리팩토링한 뒤 다시 테스트해야 한다. 이 과정을 마치면 여러분과 여러분의 대화 상대는 더욱 가깝게 정렬된 사다리, 다시 말해 이야기를 얻게 될 것이며 아직 완전히 동의하지 못하는 상황이라 할지라도 최소한 서로의 동기가 무엇인지는 이해할 수 있을 것이다. 그 결과 여러분은 미래에 대한 충분한 신뢰를 확보하게 된다.

예를 들어 보자. 여러분의 팀이 고객에게 제공하는 가격을 설정하고 조정하는 시스템에 관한 작업을 하는 중이라고 가정한다. 최근 팀에 합류한 헬렌Helen은 가격 알고리즘이 너무 복잡해서 유지 보수하기 힘들다고 불평하는 것을 깨닫는다. 여러분을 포함한 기존 구성원들은 불편함 없이 행복하게 이 코드에서 작업하고 있기 때문에, 여러분은 신뢰에 영향을 미치는 불일치가 존재한다고 생각한다. 왜냐하면 헬렌은 지속적으로 불평하며 문제 코드를 개선하기 위한 모든 제안을 거부하기 때문이다. 여러분은 헬렌과 다른 사람들이 전체 시스템이 다시 작성될 때까지 가격 업데이트를 거부할지도 모른다고 의심하기 시작했다. 또한 이는 회사가 당장 감당하기에 어려운 일이라고 생각했다.

첫 번째 칸: 관찰 가능한 정보Observable Data

"헬렌, 스탠드업 회의에서 가격 코드가 과도하게 엔지니어링 돼 있다고 말했다더군요. 제가 정확하게 이해한 건가요?"

"네. 그걸 분리할 수 있다고 할 사람은 아무도 없다고 봐요."

이제 대화의 기반을 마련했다. 헬렌은 복잡성이 문제라고 생각한다. 테스트는 녹색이다. 다음 단계로 넘어간다.

두 번째 칸: 데이터 선택 Data Selection

"그렇군요. 제 생각에 복잡한 코드의 중요한 부분은 그 아키텍처(어떻게 덩어리로 나누는가)인 것 같아요. 가장 바꾸기 힘든 부분이죠. 헬렌도 같은 생각인가요?"

"맞아요. 주석과 변수 이름이 그야말로 엉망이에요. 리팩토링에 시간을 좀 들이면 개선할 수 있을 거예요. 하지만 작은 클래스들로 이뤄진 숲을 새로 들어온 사람이 이해하기 어려울 듯하네요."

헬렌이 여러분의 생각에 공감했다. 테스트는 녹색이다(반드시 헬렌의 의견, 즉 아키텍처가 실제로 객관적으로 복잡하다는 의견에 동의할 필요는 없다. 헬렌의 생각일 뿐이다).

세 번째 칸: 의미 Meanings

"좋아요. 새로운 가격을 시스템에 추가하기 어렵다는 뜻인 것 같은데, 맞나요?"

"맞아요! 그래서 저는 다시 수정 페이지 디자인 업무를 하고 싶다고 요청한 거예요."

여러분의 이야기는 계속 일치한다. 헬렌은 복잡함이 업무 수행에 있어 장애물이라는 점에 동의했다. 테스트는 녹색이다. 계속 진행하자!

네 번째 칸: 가정 Assumptions

"그렇다면 헬렌은 가격 알고리즘이 너무 어려워서 작업할 수 없다고 생각하나요?"

"네. 하지만 저만 그렇지는 않아요. 라노마Ranoma 역시 손도 못 쓰겠다고 하더라고요."

헬렌과 같은 생각을 하는 사람이 있다는 건 새로운 사실이다. 하지만 이번 테스트도 녹색이다. 여러분의 이야기는 계속 일치한다. 불일치가 어디에서 발생하는지, 혹은 존재하는지 궁금해하기 시작할지도 모르겠다.

다섯 번째 칸: 결론Conclusions

"제 생각에 헬렌은 우리가 이 코드를 다시 작성하는 데 시간을 써야 한다고 생각하는 것 같네요."

"네? 아니에요. 그건 시간 낭비예요. 당신과 다른 전문가들은 계속 그 코드를 다루고, 신입들은 사용자 인터페이스 코드를 다루는 게 낫지요."

테스트는 빨간색이다! 불일치 시점은 여기다. 여러분은 헬렌이 복잡한 대청소 작업을 목표로 한다고 생각했지만 그녀는 경험 있는 팀 구성원들만 복잡한 알고리즘을 다뤄야 한다고 제안한다. 리팩토링을 할 시간이다!

다섯 번째 칸: 재결론Conclusion, again

"무슨 말인지 이해하기 어렵네요. 복잡성에 비용을 치른다는 것이 헬렌과 같은 신규 구성원들이 그 코드를 다루지 못한다는 결론인가요?"

"물론이죠. 제가 계속 이야기한 게 바로 그거예요. 코드를 안전하게 바꿀 만큼 충분한 경험이 없어요."

테스트는 다시 녹색이다. 헬렌이 무슨 생각을 하는지 알았다. 물론 그 결과 어떤 행동으로 이어질지는 아직 동의하지 않았지만 말이다. 새로운 이해와 함께 어쨌든 다음 단계로 넘어간다.

여섯 번째 칸: 신념Beliefs

"헬렌이 하는 말은 일부 작업을 새로운 팀원들에게 할당하는 것이 좋다고 믿는 것으로 들리네요. 하지만 제 생각은 조금 다릅니다. 어떤 코드에서든 작업할 수 있도록 모든 구성원의 스킬을 높여야 해요. 모두가 학습함과 동시에 모든 개발자가 최고의 결과를 내야 하죠. 어떻게 생각하나요?"

"저는 제가 좀 더 쉬운 일을 해야 한다고 생각했어요. 하지만 교육을 받는다면 할 수 있을 거예요."

이 시점에서 실시간으로 정렬이 이뤄진다. 여러분의 결론은 일치했다. 헬렌은 아주 쉽게 그녀의 신념을 여러분의 그것과 정렬시켰다. 테스트는 녹색이다!

일곱 번째 칸: 행동Actions

"좋아요! 다음 주에 헬렌과 라모나에게 가격 알고리즘에 대한 교육을 진행해 달라고 마리아Maria에게 얘기해 둘게요. 괜찮겠어요?"

"좋아요! 그런 선택이 있으리라곤 생각하지 못했어요. 열심히 해볼게요!"

우리는 이야기를 정렬함으로써 헬렌이 동의한 행동을 끌어냈다. 헬렌은 공통의 이야기를 다른 잠재적 도전 영역에 적용할 수 있게 됐다. 공헌할 수 없는 부분을 불평하는 대신 그녀를 돕거나 스킬을 향상하는 교육을 요청할 것이다. 달리 말하면 우리는 헬렌과 신뢰를 구축했다.

사람들을 위한 TDD 채점하기

사람들을 위한 TDD 채점을 위해 마음속으로 각 열의 문장과 질문 그리고 이들에 해당하는 사다리의 칸을 표시해 보라. 사다리의 바닥, 즉 자료에서 시작해 대화가 진행됨에 따라 선택, 의미, 가정, 결론, 신념의 단계로 올라갔다면 제대로 길을 따른 것이다. 하지만 사다리의 꼭

대기에서 시간을 보내고 있다면 위로 올라가기 전에 의식적으로 사다리 아래쪽으로 내려갈 방법을 고려하라.

앞서 소개한 넬의 이야기로 돌아가 그가 한층 솔직하게 대화하는 데 사람들을 위한 TDD를 사용할 수 있는지 확인하자.

신뢰에 관한 넬의 이야기(계속)

성찰하기, 수정하기 그리고 역할극 하기

대화에 기본 점수를 매기는 것부터 시작했습니다. 순수하지 않은 질문이 하나 있었습니다. 이안의 마음을 바꾸겠다는 목적으로 질문했습니다(일방적인 모델 I 접근 방식은 효과가 없었습니다). 왼쪽 칼럼에서는 단지 한두 가지만 공유했습니다. 대화의 중간 정도에서 "아!"라고 표현한 것은 명백한 텔이었고 겁에 질려 대화를 포기했음을 나타냈습니다.

다음으로 사람들을 위한 TDD를 사용해 대화에 점수를 매겼습니다. 결과는 훨씬 나빴습니다. 대부분 시간을 결론Conclusion 혹은 그보다 높은 단계에서 소비했으며, 때때로 논지 강화만을 목적으로 자료 혹은 의미 단계에 있었습니다. 이 단계에서 투명하거나 호기심이 없었다는 것은 명백한 사실입니다.

마지막으로 몇 가지 행동을 수정해 다음번 대화에서 취하기로 했습니다. 자료, 의미, 가정에 관해 질문하는 데 집중한 뒤 사다리의 윗부분으로 올라가려 합니다. 또한 제 사고의 이유를 더 많이 공유하고 제가 겁에 질렸을 때 더 잘 알릴 수 있도록 할 것입니다. 친구, 세일즈 디렉터(이 부분도 이안과 부딪히고 있습니다)와 역할극을 시도할 예정입니다. 이는 모두가 천천히 추론의 사다리를 오르는 데 도움이 될 것입니다.

개선된 대화

이안은 새로운 페이먼트 제공자로 블레이즈Blaze를 사용해야 한다고 제안했습니다. 나는 이안의 제안이 너무 어렵다는 이유로 거절했습니다. 그런데도 이안은 팀과 회의를 잡았습니다. 그의 결정에 나에 대한 신뢰가 없고 나를 무시한 듯해 화가 났습니다. 그렇지만 나는 대화를 분석하면서 개발한 기법들을 시험해 이안을 이해하고 싶습니다.

넬과 이안의 개선된 대화

넬의 생각과 느낌	넬과 이안의 대화
자, 우선 확실히 사다리의 바닥에 머무르면서 사실을 확인하자.	넬: 블레이즈 팀이 수요일에 오는 것 같은데, 그런가요?
시간 낭비야! 그들의 악명은 끔찍한데! 잠깐, 지금 내가 서두르면서 두려움에 사로잡히기 시작했어. 다음 단계에 집중해야 해.	이안: 맞네. 시스템을 직접 봐야 해서 그렇다네.
좋아, 이안이 블레이즈를 초대했어. 내 생각을 공유하고 이 초대가 어떤 의미인지 알아보자.	넬: 그러면 블레이즈가 새로운 제공자가 될 여지가 여전히 있다는 거군요. 그렇죠?
최소한 이안은 내 보고서를 읽었군.	이안: 솔직히 그렇지는 않아. 현재 블레이즈를 사용하는 고객들이 그들의 지원이 쓸모없다고 하니 말이지. 그렇지 않나?
이건 말이 안 돼. 뭔가 속셈이 있는 건가?	넬: 맞습니다. 사실 굉장히 혼란스러운데요. 제가 미팅을 취소했음에도 미팅을 다시 잡으신 이유가 뭔가요?
벤더를 연습 대상으로 삼는다는 건 들어본 적도 없어. 이안, 당신 할 수 있는 거야?	이안: 음, 다음 후보자들을 위한 확고한 절차가 있다는 것을 분명히 하고 싶네. 그래서 블레이즈와 연습을 해봐도 좋다고 생각하네.

넬의 생각과 느낌	넬과 이안의 대화
음, 이건 내가 두려워하던 건 아닌데. 이안의 생각은 내가 생각했던 것과 다르군.	넬: 알겠습니다. 테스트 같은 거군요.
이건 분명 팀에게 좋은 상황이야. 팀원 중 소프트웨어 선정 작업을 경험해보지 못한 사람도 있으니 말이야.	이안: 그렇네. 다른 벤더들은 직접 방문하지 않지. 그들을 직접 만나서 우리 팀이 그들의 질문에 답변하고 전화로 다시 이야기하는 것이 나은 것 같아.
블레이즈가 이걸 어떻게 생각할까?	넬: 좋은 방법입니다. 하지만 벤더들에게는 불공평해 보이기도 한데요.
	이안: 그렇지도 모르지. 하지만 블레이즈 대표들은 우리를 놀라게 만들어서 우리 생각을 완전히 돌릴 기회를 얻을 거야. 그렇게 되면 나 역시 놀랄 것이고 말이야.
이안의 생각을 분명하게 알고 나니 기분이 훨씬 나아졌어. 그는 전혀 날 무시하지 않았군!	넬: 저도 마찬가지입니다!

제 생각이 완전히 바뀌었습니다. 추론의 사다리를 조금씩 올라 의미의 단계에 올랐고 커다란 깨달음이 있었습니다. 제가 시작했던 이야기('이안은 누구의 말도 듣지 않고 스스로 원하는 것만 한다') 대신 '이안은 내 의견을 존중하며 팀이 소프트웨어 벤더 선정 방법을 학습하길 원한다'라고 믿기 시작했습니다.

이안과 제가 공유된 이야기를 지속적으로 확인한다면 미래에 그를 더욱 쉽게 신뢰할 것이며 파트너 관리 문제의 해결책을 함께 설계할 수 있을 것입니다.

신뢰의 대화 예시

조금 더 깊이 들어가 실질적인 신뢰 대화의 더 많은 예시를 보도록 한다.

우슬라와 개발팀: 사고의 이유 설명하기

우슬라는 말한다. "스타트업 창업자로서 새 CTO를 채용하려고 잠정 결정했습니다. 팀원과 했던 그의 온사이트 인터뷰가 재앙 수준이었음에도 말입니다. 제가 왜 그렇게 생각했는지 팀(알[Al], 베시[Betsy], 카를로스[Carlos])에 설명하고 싶습니다. 행복하지 않은 엔지니어들의 거칠고 어려운 질문들이 예상됩니다."

우슬라와 개발자들의 대화

우슬라의 생각과 느낌	우슬라와 개발자들의 대화
각설하고 본론으로 들어가는 게 최선이야.	우슬라: 젭(Zeb)을 새 CTO로 채용하기로 했어요. 하지만 그전에 왜 이런 결정을 내렸는지 설명하고 싶어요.
아, 알은 가차 없구나. 하지만 젭에 대한 알의 생각이 옳다면 어쩌지?	알: 말도 안 돼요. 그는 우리 제품이 완전히 엉망인 데다가 새로 만들어야 한다고까지 말했다고요.
사실을 숨길 순 없지.	우슬라: 젭의 인터뷰 내용이 끔찍했다는 건 알아요. 그런데도 이렇게 결정한 이유를 들어보지 않을래요?
모두 냉소적이네. 예상했던 바야.	베시: 좋아요. 하지만 굉장한 이유여야 할 겁니다.
관찰할 수 있는 데이터부터 시작하자. 내가 놓친 게 있나?	우슬라: 좋아요. 제가 보기에 젭은 경험이 굉장히 풍부해요. 의견 제시도 훌륭하게 해내고요. 젭을 잘못 본 건가요?

우슬라의 생각과 느낌	우슬라와 개발자들의 대화
젭의 스킬만큼은 인정받았네. 다행이야.	카를로스: 맞아요. 젭은 자기 분야를 잘 알고 있어요.
우리에겐 전문가가 필요해. 팀원 대부분 과거에 우리 제품 같은 것을 만들어본 경험이 없어.	우슬라: 제가 보기에 그건 젭이 우리처럼 경험이 적은 팀에 줄 수 있는 것이 많다는 의미예요.
좋은 질문이야.	베시: 그건 그래요. 하지만 항상 얼간이 같은 젭이 어떻게 우릴 가르치죠?
젭의 접근 방식을 부드럽게 만들 수 있을 거라 확신해. 하지만 팀원들이 공감하는지 궁금해.	우슬라: 제가 개인적으로 젭을 코칭해서 관계를 만들고 관리를 잘하도록 도울 수 있을 것 같아요. 여러분은 가능하다고 생각하나요?
알이 반대하는 건 당연해. 언제나 젭을 정면으로 비판하니까.	알: 우슬라, 당신이 훌륭한 코치라는 건 인정해요. 하지만 젭은 당신도 감당하기 힘들 정도로 형편없어요.
여기에서 반대표를 던질 사람이 있을까?	우슬라: 알의 생각을 존중해요. 하지만 수많은 사례를 코칭해본 제가 보기에 젭은 학습에 엄청난 잠재력이 있어요. 저를 도와주시겠어요?
알이 찬성한다니 다행이야.	알: 우슬라가 젭의 코칭에 성공한다면 그것보다 놀랄 일은 없을 거예요. 어쨌든 찬성합니다.
다른 사람들은 어떨까?	우슬라: 알의 생각이 옳을 수도 있어요. 다른 사람들은 어떤가요? 제가 개인적으로 젭을 코칭한다면 여러분도 제 의견에 동의하나요? 젭의 수습 기간을 3개월로 늘려서 성과를 볼 수 있도록 할게요.
그럼 해보자!	카를로스: 좋아요.
	베시: 한번 해보죠.
모두 같은 생각이니 이제 앞으로 나가기만 하면 돼.	우슬라: 고마워요. 젭이 우리에게 적합한 사람인지 아닌지는 금방 찾아낼 수 있다고 생각해요. 격주에 한 번씩 여러분이 어떻게 느끼는지 물어볼게요. 괜찮겠죠?

우슬라는 어렵지 않게 자신의 의지를 팀원들에게 밝혔다. 젭이 일을 시작한다고 일방적으로 선언한 것이다. 대신 자신이 그렇게 결정한 이유와 부분적으로 정렬된 이야기를 팀에 공유했다. 모든 팀원(특히 알)은 동의하지 않았고 그들의 기대는 우슬라와 달랐다. 하지만 그 차이는 논의 가능한 상태로 바뀌었으며 팀은 우슬라가 젭의 코칭 과정을 책임질 것임을 알게 됐다.

이삭과 에린: 피드백을 통한 놀람

이삭Issac이 말한다. "저는 개발을 담당하고 에린Erin은 운영을 담당하고 있습니다. 우린 에린의 팀이 더 쉽게 일할 수 있는 피처들을 만들기 때문에 자주 이야기를 나눕니다. 에린이 자기 개선을 위한 '개인 회고' 단계의 피드백을 요청했습니다. 그래서 저는 그녀에게 피드백을 해줬지요. 하지만 대화는 예상과 다르게 흘러갔습니다."

이삭과 에린의 대화

이삭의 생각과 느낌	이삭과 에린의 대화
에린을 돕고 싶어. 사람들이 에린에게 다가가기를 얼마나 어려워하는지 알아야만 해.	에린: 이삭, 피드백을 줘서 고마워요. 제가 무엇을 개선할 수 있을까요?
조금 가볍게 이야기하자. 우리 대부분 더 세세한 걸 물어보려고 하지도 않지만…	이안: 팀원들이 명확한 버그와 피처 요청을 정리하도록 도울 수 있을 거예요. 에린이 알고 있는지 몰라도 우리 중 몇몇은 에린이 좀 위협적이라고 느껴서 질문하기를 꺼려요.
우와! 왜 이렇게 강하게 반응하는 거지? 피드백을 달라고 해놓고 도대체 뭘 기대한 거야?	에린: 제가 위협적이라고요? 대체 누가 그러던가요?

이삭의 생각과 느낌	이삭과 에린의 대화
자신의 평판에 신경 쓰는군. 좋아, 우선 사다리의 제일 아래 단계에 머무르자.	이삭: 지금 얼굴을 붉히면서 큰 소리로 말하고 있잖아요. 그게 바로….
최소한 이런 패턴을 보는 게 나 혼자만은 아니지.	에린: 그럴 수밖에요! 저는 항상 '무섭다'라는 말을 들으면서도 다른 사람이 제게 접근할 수 있게 하려고 허리를 굽힌 채 피드백을 받는다고요.
그래, 추측하는 대신 에린의 반응이 어떤 의미인지 확실히 알아보자.	이삭: 이런 말을 들어서 기분이 상한 것 같군요. 그런가요? 어때요?
어떻게 자기가 다른 사람을 무섭게 한 적이 없다고 생각할 수 있지?	에린: 짜증이 나고 실망스러워요. 이처럼 부당한 평판은 견딜 수 없어요. 제가 원한 것이나 관찰한 것과는 정반대예요. 제가 다른 사람을 무섭게 한 적이 한 번이라도 있나요?
지금 우리 대화가 명백한 증거라고!	이삭: 음, 솔직히 지금 에린의 반응이 조금 위협적으로 느껴지는데요.
음, 사실 다른 예시를 들 수가 없어. 무슨 말을 하는 거지?	에린: 그렇다면 미안해요. 이런 피드백은 듣고 있기가 정말 힘들군요. 하지만 사람들이 버그 보고서를 명확히 해달라고 요구할 때는 이런 일이 없어요.
생각해 본 적은 없지만 우린 실제로 에린에게 직접 물어보지 않지. 우리에게 불평하는 건 늘 마리아였어.	이삭: 사실 그렇죠. 생각해 보면 같은 팀에 있는 마리아(Maria)가 무시하는 듯한 반응을 보일 때가 더 많죠.
올바른 질문이네.	에린: 그런데 왜 제가 위협적으로 보인다고 하는 건가요?
마리아는 에린에게 책임을 돌리고 있어.	이삭: 에린이 다른 사람을 돕는 데 시간을 들이지 말라고 했다면서요. 마리아가 그러더군요.
이건 굉장한 도움이 됐는걸.	에린: 문제를 찾은 것 같아요. 제가 마리아와 다른 팀원들에게 생각을 정확하게 전달하지 않은 것 같네요. 같이 생각해 줘서 고마워요.

신뢰의 대화가 언제나 계획대로 진행되진 않는다. 위 대화에서 신뢰는 이삭이 전혀 예상하지 못한 시점에 생겨났다. 에린의 거친 반응에 다음과 같이 반응하기는 매우 쉽다. "이봐요, 당신을 도우려는 사람한테 화를 내잖아요." 하지만 이런 대응은 모든 단계를 뛰어넘어 추론의 사다리 꼭대기 올라가는 것이며 어떠한 신뢰도 만들지 못한다. 대신 이삭은 바닥 단계에 머무르면서(데이터, 선택, 의미) 성찰을 통해 자신이 인지한 것과 피드백이 생각만큼 정확하지 않다는 것을 발견했다. 에린과 이삭은 이제 버그 보고서와 친절하게 반응하려는 에린의 바람에 대한 공유된 이야기를 갖게 됐으며, 이는 더 큰 신뢰를 통해 두 사람이 함께 일하는 데 반드시 도움이 될 것이다.

케이스 스터디: 신뢰가 구원한다

떨어져 있는 벽

"개발자들이 행복하길 바랄 뿐입니다." 대시보드 소프트웨어 제조사 게코보드Geckoboard의 창업자인 폴 조이스Paul Joyce가 말했다. "생산성과 이익은 차후 문제입니다. 지금은 개발자들이 즐겁게 일하는 것을 보고 싶습니다." 나(스퀴렐)는 고개를 끄덕였다. 엔지니어들을 낙담하게 만드는 게 무엇인지 궁금했다.

하루 동안 현장을 직접 겪어본 다음 분명한 원인을 알 수 있었다. 10명 남짓한 게코보드의 소규모 팀에 뭔가 어긋난 점이 있었다. 넓은 사무 공간에는 보드게임과 루비Ruby 서적이 널려 있었고, 매일 네 차례의 스탠드업 미팅이 있었지만 보고되는 내용은 거의 없었다. 회고는 지나치게 형식적이고 비생산적이었다. 몇 시간 동안이나 이어지는 회의는 기력을 떨어뜨렸고 성과는 미약했다. 기술 충돌이나 프로세스

갈등이 있을 때는 간접적으로 표현됐다. 수많은 프로젝트가 진행 중이었고 개발자 모두 프로젝트를 수행할 수 있는 수준이었지만 어떤 프로젝트도 끝날 기미를 보이지 않았다. 아이러니하게도 테크룸 벽에는 게코보드 자신의 대시보드가 걸려 있었다. 대시보드의 거대한 그래프에 그려진 매출은 평평했으며 해당 연도에 수립한 월별 계획은 전혀 달성되지 않은 상태였다.

유사한 문제들이 나머지 비즈니스 부문을 괴롭히고 있는 것은 놀랍지도 않았다. 작은 런던 오피스London office의 다른 방에는 책상이 가득했다. 고객 서비스 팀 구성원들은 자사 제품에 관해 긍정적인 이야기를 하려고 했지만 언제 버그가 수정될 것인지 고객에게 알려주지 못했다. 마케팅과 세일즈 팀은 새로운 기능을 발표해 흥미를 끌어보려 했지만 빈손이었다. 폴은 스스로 실망감과 고립감을 느꼈으며 조직이 1단 기어에서 벗어날 방법을 하나도 찾지 못하고 있었다. 행복감에 취한 듯 보이는 건 사무실에 있는 개, 미스터 화이트뿐이었다. 화이트는 누군가의 방문을 반기며 복도를 돌아다녔다.

망연히 화이트를 바라보다 이상한 점을 불현듯 알아챘다. 미스터 화이트는 두 방 사이를 돌아다니는 **유일한 존재**였다. 방의 주인인 두 그룹은 벽으로 완전히 갈라져 물리적으로 분리됐을 뿐만 아니라 정신적으로도 분리된 상태였다. 둘은 출근할 때조차 서로 아침 인사를 하지 않았으며 퇴근할 때 역시 말을 거의 섞지 않았다. 미스터 화이트와 달리 두 그룹은 각자의 방에만 틀어박혀 상대의 공간을 모험하지 않았다. 분리된 두 그룹 사이에 어떤 일이 있었는지 궁금했다. 왜 이들은 협업할 수 없는가?

전달하기와 참여하기

가장 첫 단계는 예측 가능한 진척을 보이는 것이라고 결정했다. 스탠드업 미팅을 하나로 합쳤으며 프로젝트도 하나만 남기고 모두 없앴다. 남긴 프로젝트는 유명한 제품과 통합하는 건으로 고객들이 좋아하고 더 많은 돈을 기꺼이 지불할 만한 것이었다. 이 한 가지 결과를 점진적으로 전달해 개발팀에 에너지와 흥미를 불어 넣으면서 생산성과 분위기가 상승하기 시작했다. 타고난 리더로 팀에서 선출된 레오 Leo는 장애물을 제거하고 효율성을 늘리기 시작했다. 서서히 생동감 있게 개발자와 제품 관리자들에게서 신뢰가 자라기 시작했다. 첫 번째 약속을 만들기 위해 스스로 취약해져야 했지만 예측 가능한 전달을 통해 얻은 작은 성공은 결과적으로 자신감을 높여 줬다.

그렇지만 회사의 양쪽을 넘나드는 건 여전히 미스터 화이트뿐이었다. 엔지니어들은 비즈니스의 나머지 부분에 대한 부정적인 이야기("버그를 고치는 데 아무도 관심이 없습니다", "다음에 어떤 세일즈가 있는지 이야기해 주지 않습니다", "폴은 직원에게 신경 쓰지 않습니다" 등등)를 들려 줬다. 개발자들이 더 많은 전달을 시작했음에도 불구하고 폴은 내게 고립되고 힘이 없고 자신이 개입되지 않은 느낌을 받는다고 말했다. 분명 뭔가 할 일이 더 있었다.

인터랙션 기회를 만드는 것부터 시작했다. 세일즈 부서를 위한 '보여주기와 말하기show-and-tell' 세션을 열고 회고에 지원 스태프를 초대하는 것이었다. 핵심적으로 우리는 폴을 스탠드업에 참여하도록 했다. 폴은 스탠드업을 통해 스스로 느끼는 고립과 움직이지 않는 재정 지표로 인한 두려움을 표시함으로써 취약함을 나타낼 수 있었다. 난 간략한 세션을 통해 모두에게 사람들을 위한 TDD를 소개했다. 이 프랙티스가 두 진영이 이야기를 공유하고 신뢰를 늘리는 데 도움이 되기를 기대했다.

신뢰의 대화

가장 중요한 혁신은 레오와 폴이 대화를 마친 후 찾아왔다. 돌아보니 이들의 대화는 신뢰의 대화였다. 레오와 나는 준비를 위해 역할극을 했고 레오는 신뢰에 있어 가장 큰 장애물에 관해 묻는 것에서 시작하길 원한다는 것을 알았다. 최근에 일어난 일은 어찌 보면 갑작스러운 두 핵심 직원의 퇴사 때문이었다. 레오는 "그들을 해고하기로 언제 결정한 건가요?", "그들이 뭘 잘못한 건가요?" 그리고 "그들을 해고한 것이 당신에게 어떤 의미인가요?"와 같은 질문으로 시작해 폴이 두 사람을 너무 빠르고 충분한 고려 없이 해고했다는 내용을 공유하고 폴의 이야기를 이해할 수 있었다. 폴이 고통스러운 결정을 내리기 위해 수많은 밤을 지새우며 레오가 생각했던 것보다 더 많은 타협과 논의를 했다는 것을 포함해서 말이다.

레오는 대화의 끝부분에서 폴의 행동이 자신이 생각했던 것보다 훨씬 동정심 있고 사려 깊었다는 것을 믿기 시작했다. 폴은 마침내 기술팀의 몇몇 사람, 즉 그가 '행복의 트리거'라고 생각했고 불을 지펴줄 만하다고 생각했던 사람들이 그의 시도를(영감을 주고 이끌려고 했던) 거절하고 자신에게서 멀어졌는지 알 수 있었다.

신뢰는 벽을 무너뜨린다

레오와 폴이 나눈 신뢰의 대화가 조직 전체의 관계와 성과를 개선하기 시작한 터닝 포인트가 됐다고 해도 과언이 아니다. 폴은 레오의 지원을 등에 업고 개발자들과 더 가까이 지낼 수 있었고, 이후 '비개발자' 공간에서 더 많은 사람을 데모와 설계 세션으로 데려와 성공적인 인터랙션을 만들었다. 엔지니어들은 개인 혹은 그룹으로 폴에게 과거의 결정에 관해 질문하면서 폴과 비즈니스의 다른 이들이 변덕스럽게 행동하지 않은 점을 신뢰하게 됐다. 시간이 흘러 두 '진영'의 협업은 더욱 강화됐으며, 이는 더 나은 제품에 관한 결정과 개선된 고객 만족으로 이어졌다.

그로부터 4년이 지난 지금 레오는 엔지니어링 부문 부사장으로 폴과 신뢰하는 관계 속에서 밀접하게 협업하고 있다. 직원들은 추론의 사다리를 정기적으로 사용하며 개발자와 비개발 부문 담당자들의 협업 또한 일상이 됐다. 몇몇 지원 스텝들은 코드 사용법을 배웠고 내부 개발팀을 만들기도 했다. 고객 참여가 늘어나고 매출 역시 올바른 방향으로 가고 있다.

게코보드는 작년에 새 사무실로 이전했다. 새 사무실 가운데를 가로막는 벽은 이제 없다.

결론: 신뢰의 대화 적용하기

3장에서 여러분은 내적 이야기의 중요성, 상대방에게 취약성과 예측성을 통해 기꺼이 여러분의 이야기를 바꿀 수 있음을 보이는 방법, 여러분의 이야기와 다른 사람의 이야기를 정렬해서 신뢰를 구축하는 '사람들을 위한 TDD' 기법을 학습했다. 정렬된 이야기는 성공적인 대화의 트랜스포메이션을 위해 필요한 투명성과 호기심을 안전하게 도입하도록 한다. 신뢰의 대화는 다음의 경우를 포함해 다양하게 활용할 수 있다.

● **경영진의 리더**executive leader는 직원들과 신뢰의 관계를 생성할 수 있다. 이를 통해 모든 부분에 확신을 심어 줌으로써 마이크로 매니지먼트나 지속적인 개입 없이도 문화적 트랜스포메이션이 올바른 방향으로 진행되도록 할 수 있다.

● **팀 리드**team lead는 자신이 이끄는 팀과 이야기를 정렬함으로써 생산적이지 않은 내부 갈등과 논의를 줄이면서 스프린트 목표나 제품 타깃을 달성하기 위한 협업을 할 수 있다.

● **개인 기여자**individual contributor는 동료들과 신뢰를 구축함으로써 효과적으로 협업할 수 있다. 이로써 코드 리뷰, 추정, 페어링 세션과 같은 협업 활동에 더 많은 도움을 주고받을 수 있다.

두려움의 대화

두려움에 사로잡힌 애자일(혹은 린 또는 데브옵스) 팀이 성공하는 것을 본 적이 없다. 두려움은 트랜스포메이션의 가장 큰 적이다. 조직은 오류, 실패, 잘못된 제품 생산, 관리자의 실망, 형편없는 리더십의 노출을 비롯한 수많은 재앙으로 인한 두려움을 겪을 수 있다. 원인이 무엇이든 두려움은 팀을 마비시켜 창의성과 협업을 가로막는다. 순응적이고 공포에 사로잡힌 팀은 테일러주의자들이 말하는 공장에 적합하다. 공장 안에서는 생각이 필요하지 않다. 하지만 공장 밖의 환경, 즉 협력적인 고성과 문화에서 제대로 기능하려면 3장에서 다뤘던 신뢰뿐만 아니라 4장에서 다룰 **심리적 안전**도 필요하다.

4장에서는 여러분의 두려움을 걷어내고 다른 사람의 두려움을 발견하고 이해하며 두려움의 대화를 통해 모든 방면의 두려움을 완화하는 방법을 설명할 것이다. 교차 기능 조직화를 위한 모든 시도에 저항하는 조직의 CTO, 팀에 새로운 메시징 패턴을 시도하려 안간힘을 쓰는 시스템 아키텍트, 잠재적으로 대중적이지 않은 사용자 여행[user journey]에 관한 제안을 두려워하는 디자이너 등 여러분이 담당하는 분야가 무엇이든 4장에서 설명하는 기법은 모두에게 유익할 것이다. 여러분과 팀의 두려움에 대해 **투명**해지고 이를 완화하는 방법에 **호기심**을 갖는 방법을 학습하게 될 것이다.

4장의 내용을 학습한 뒤 여러분은 다음과 같은 것들을 할 수 있게 될 것이다.

- 여러분의 팀에서 안전하지 않지만 '우리 팀에서 그것을 하는 방법'이라 받아들여지는 프랙티스와 습관을 식별한다. 이 **일탈의 정상화** normalization of deviance 는 밖으로 드러나기를 꺼리는 숨은 두려움이 존재한다는 신호다.
- **일관성 부수기** Coherence Busting 를 사용해 성급히 결론을 내리는 선천적이고도 아무런 노력이 필요하지 않은 경향을 극복한다. 여러분의 뇌가 아무런 질문 없이 받아들이는 일관적인 이야기는 대부분 여러분의 눈을 가려서 팀 구성원에게 합법적으로 두려움을 주는 대체 이벤트들을 보지 못하게 한다.
- 앞에서 설명한 두 기법을 사용해 팀의 두려움을 드러내는 **두려움 차트** Fear Chart 를 함께 만든다. 두려움이 될 만한 후보군을 추려내고 두려움을 효과적으로 완화할 수 있다.

두려움: 근본적인 감정

농경 시대 이전 우리의 조상인 오그 og 와 우그 ug 가 있다고 상상하자. 둘은 수렵 채집 생활을 하며 덤불 사이에서 뽑거나 돌로 내리쳐 죽일 수 있는 것은 무엇이든 먹고 살았다. 어느 날 토끼를 사냥하러 숲의 개간지에 들어선 두 사람은 발이 얼어붙어 버렸다. 토끼보다 훨씬 큰 뭔가가 풀숲을 가르면서 지나갔고, 흙 위에 선 둘은 희미하게 점점 커지는 소리를 들을 수 있었다.

오그는 생각했다. '저 큰 동물은 뭘까? 사슴일까? 사슴이라면 우리 부족이 다 함께 먹을 수 있을 텐데!' 호기심에 찬 오그는 돌을 높이 들고 미지의 야수를 만나기 위해 대담하게 앞으로 나갔다.

우그는 생각했다. '오, 저건 큰 동물이 아니야. 분명 굶주린 곰일 거야! 어서 도망쳐야 해!' 겁에 질린 우그는 근처 나무에 올라 몸을 숨겼다.

물론 여러분이 이야기를 끝낼 수 있다. 핵심은 우리 모두 우그의 후손이라는 점이다. 알려지지 않은 새로운 정보를 마주할 때 호기심을 갖는다면 숲속에서 늙어 죽을 일은 없을 것이다. 하지만 두려움이 앞선다면 여러분은 많은 자녀를 낳고 본능적인 두려움을 자녀에게 전할 것이다.

우그의 유산은 현대 사회와 전혀 동떨어졌다는 점이 문제다. 현대 사회에는 사슴(학습의 기회)의 수가 곰(실험으로 인한 참사)의 수보다 훨씬 많다. 여러분의 팀은 새로운 버전에 대한 고객의 반대나 마케팅 부문으로부터 예상치 못한 요구를 받았을 때 나무에 올라 몸을 숨겨버린 우그처럼 행동한다. 출시를 연기하거나 새로운 피처 요청을 거부한다. 우리 주변에는 용기 넘치는 오그의 후손이 많지 않다. 오그의 후손은 포스트웨어를 출시하거나 스프린트에 스토리를 넣을 방법을 본능적으로 찾아낸다. 그러나 우그의 후손인 우리는 사방에 펼쳐진 배울 기회를 잃어버리고 우리가 생각하는 방식대로 팀이 반복과 개선을 하지 않는 것을 보며 의아해한다.

에이미 에드먼드슨Amy Edmondson은 『티밍』(정혜, 2015)에서 오그의 상태를 '심리적 안전psychological safety'이라 불렀다.[1] 이런 특성이 있는 팀은 '개방된 분위기'를 바탕으로 두려움 없이 쉽게 문제를 논의하고 해결 방법을 찾으려 다양한 실험을 시도한다. 예를 들어 수술상 실수에 대한 보고가 거의 없는 간호사 그룹이 최고 성과를 내는 그룹이라고 생각할 수 있지만 에이미의 말에 따르면 사실은 정반대다. 실수를 많이 보고하는 쪽이 학습 기회를 더 많이 얻고 결과적으로 더 좋은 결과를 낸다.[2] 켄트 벡 또한 『익스트림 프로그래밍』(인사이트, 2006)에서 애자일 팀에 '용기를 중시'하라고 권하며 지속적인 리팩토링과 빈번한 피드백 같은 프랙티스를 제시한다.[3] 1장에서 봤듯 올스포와 해먼드는 데브옵스 실천가들에게 '실패할 것'을 두려워하지 말고 받아들일 것을 강조했다.[4]

두려움의 대화를 통해 팀이 두려움을 표출하고 완화하도록 함으로써 심리적 안전과 용기를 얻을 수 있다. 이는 어려운 정서적 작업이다. 여러분의 두려움과 대화 상대방의 두려움을 공유(정직함과 취약성이 요구된다)하고 각자를 두렵게 하는 위험을 완화할 정보를 찾아내야 한다.*

우리와 함께 일했던 한 팀은 수년간 코드 방치code neglect라는 중압감에 시달렸다. 핵심적이지만 알려지지 않은 몇몇 기능을 수행하는 분리 불가능한 모듈, 너무 강하게 결합돼 수동 테스트가 어려운 피처들, 완전히 방치된 (혹은 존재하지 않는) 단위 테스트 실행, '누르지 마시오'라고 적힌 라벨이 붙은 버튼이 가득했다. 어떤 개발자가 호기심에 한 웹페이지를 열었을 때 보이지 않는 스크립트가 실행되면서 사이트의 수많은 가격을 1/1000로 내렸다!

이런 환경은 팀 안에 우그를 만들어 냈고 그룹 전체가 아무리 조그마한 변경이라도 재앙을 일으킬 것이라는 두려움에 빠져 마비되고 말았다. 버그 발생으로 당황할까 봐 두려워진 이들은 코드를 커밋하고 출시하기를 거부했고, 작고 빈번한 딜리버리를 피하고 배치 크기를 늘렸다. '허가보다 용서를 구하라ask for forgiveness, not permission'라는 권고는 거듭 묵살됐고 진척은 기껏해야 빙하기의 얼음이 흐르는 정도의

---

* 두려움의 대화에 성공하려면 신뢰가 전제돼야 한다. 신뢰가 없는 팀은 두려움을 논하지 않을 것이다. 팀 내 신뢰 구축에 필수인 정렬된 이야기가 없다면 3장을 참조하라.

속도였다.

두려움의 대화는 개발자들이 자신의 행동이 나쁜 것으로 판명됐을 때 질책을 받거나 해고된다고 믿는 것을 드러냈다. 물론 정당한 이유가 있었다. 실패 때문에 경영진들이 개인 혹은 팀 전체를 처벌했던 경험이 있던 것이다. 하지만 이 조직은 리스크 친화적인 것으로 밝혀졌다. 잘못된 결과, 심지어 다운타임^{downtime}조차 거의 영향을 미치지 않았으며 그 어떤 것도 개선을 지연시키는 비용보다 높지 않았다.*

조직의 모든 부문에서 두려움의 대화를 통해 그들의 두려움을 드러낸 후 리스크 완화 수단을 개발하는 데 창의성을 발휘할 수 있었다. 우리는 개발자 자리를 고객 서비스 팀 근처로 옮겼다. 현장 문제를 가장 먼저 접하는 팀이 고객 서비스 팀이기 때문이다. 그리고 프로그래머 건너편 책상에서 들리는 이슈에 귀를 열어 둘 것에 동의했다. 우리는 거대한 빨간색 버튼을 하나 제안했다. 누군가 버튼을 누르면 이유를 불문하고 가장 최근 릴리스를 원복해야 했다. 마지막으로 화이트보드에 '네'라는 단어를 크게 써 놓고 누군가 '릴리스를 해야 하나요?'라고 물으면 조용히 그 단어를 가리켰다. 그 결과 콜센터에서 "사이트가 다운됐어요!"라는 말이 나왔고 엔지니어 측에서 "백업이 됐어요"라는 말이 나오는 것이 자연스러워졌다. 이들은 유쾌하게 거대한 빨간색 리셋 버튼을 눌렀다.

릴리스는 매일 이뤄지다가 나중에는 하루에도 몇 번씩 이뤄졌다. 내부 고객은 물론 외부 고객도 우리가 만든 빠른 진척에 즐거워했다. 두려움의 대화를 통해 심리적 안전이 만들어지자 팀은 전반적으로 결과를 향상하게 됐다.

이제 우리가 어떻게 두려움의 대화를 준비했는지 살펴보겠다. '일

---

* 1/1000의 가격 하락은(언젠가 고쳐지겠지만) 마케팅 부서를 들뜨게 할 것이다. 그들은 엔지니어링 오류가 만들어 낸 놀라운 거래에 관한 우스꽝스러운 보도자료를 내고 그 결과로 생긴 트래픽 증가에 환호할 것이다.

탈의 정상화'를 찾았고 대화를 이끌기 위한 프레임을 만들었다.

두려움에 관한 타라의 이야기

저는 타라Tara입니다. 작은 스타트업의 창업자 중 한 명입니다. 영업팀을 위한 피드백 추적feedback-tracking 제품을 제공하고 있습니다. 저는 공동 창업자인 맷Matt과 매주 진행하는 계획 미팅이 두렵습니다. 맷은 기술팀을 이끌고 있습니다. 저는 고객이 실망할지 모른다는 두려움을 갖고 있습니다. 고객의 기대에 부응하는 완전한 기능의 제품을 만들지 못한 것에도 화가 납니다. 맷은 고객의 바람을 충족하지 못한 것에 핑계만 늘어놓습니다. 결과적으로 계획 미팅에서 제가 얻는 것은 두려움에 대한 확신뿐입니다.

마지막 계획 세션에서 너무 화가 난 나머지 몸이 안 좋아졌습니다. 대화를 분석해 이런 상황을 해결하는 데 도움이 될 방법을 찾고 싶습니다. 저희가 나눈 대화의 기록을 시작하겠습니다.

타라와 맷의 대화

주의: 오른쪽 열을 먼저 읽고 다시 위로 돌아가 오른쪽 열에서 왼쪽 열의 순서로 읽는다.

타라의 생각과 느낌	타라와 맷의 대화
망했다!	맷: 이번 스프린트에서 새 보고서에 정렬 기능과 필터링 기능을 넣지 못할 것 같아.
이 피처들은 반드시 넣어야 해. 사용자들이 요구하는 피처들이잖아.	타라: 뭐? 사람들이 그 기능을 사용하게 하고 싶지 않아? 사용자 조사 결과 고객이 최소한 정렬 기능을 바란다는 게 명확했잖아.

타라의 생각과 느낌	타라와 맷의 대화
당신이 이 기능을 완성하는 데 충분히 신경 쓰고 있지 않다는 말일 뿐이잖아.	맷: 나도 알아. 하지만 시간과 기술 때문에 출시할 수 있는 기능에 한계가 있어. 정적 보고서가 금요일까지 출시 가능한 기능이라고 추정했어.
사실은 맷, 당신이 팀원들을 충분히 닦달하지 않는 거지.	타라: 왜? 팀이 더 열심히 일하도록 하면 안 돼? 혹시 팀에 동기가 부족한가?
이건 말이 안 돼. 엔지니어들은 게으르고, 네가 그렇게 하도록 만들었잖아.	맷: 그런 문제가 아니야, 타라. 사실 일을 열심히 하는 건 오히려 생산성을 떨어뜨려. 사소한 실수가 생기고 속도는 더 떨어지지. 추정을 받아들여야 해.
만약 개발자들이 마무리하지 못한다면 외부의 누군가가 일을 어떻게 마무리하는지 보여줄 수 있을 거야.	타라: 알겠어. 계약직을 고용해야겠네. 그러면 보고서 기능을 완료할 수 있을까?
내 의견에는 모두 반대하는군. 이런 일이 일어나지 않을 거라고 이미 마음을 먹었지.	맷: 아니야. 지난번 계약직 직원 기억나? 제 속도를 내는 데 몇 주나 걸렸잖아. 신규 인력은 스프린트 속도를 높이는 게 아니라 떨어뜨린다고.
이 기능을 홍보하려고 두 건의 블로그 포스트, 한 번의 웨비나를 준비했는데…. 결국 새로운 판매 각도가 절실히 필요할 때까지 전부 미뤄야 하는군. 기운이 정말 쏙 빠지네.	맷: 어쩔 수 없군. 새로운 보고서에 관한 홍보를 시작할 때까지 기다리는 것 말고는 별다른 도리가 없어.

대화를 마치고 몸이 정말 많이 아팠습니다. 구역질이 나고 가슴이 쿵쾅거렸습니다. 심장 마비가 오는 줄 알았습니다. 맷이 고객의 명확한 피드백을 무시하고 엔지니어에게 더 많은 것을 하도록 하는 것을 거부하는 이유는 대체 뭘까요? 전에는 맷이 우리의 비즈니스를 저만큼 신경 쓴다고 여겼는데 이제는 의심이 듭니다. 해당 피처들을 완성할 방법을 찾지 못하면 목표 달성은커녕 파산하게 될 것입니다. 그게 정말 두렵습니다.

준비하기: 일탈의 정상화

감춰진 두려움을 찾아 논의 가능한 상태로 만드는 것이 두려움의 대화의 목적이다. 하지만 애초에 두려움은 어떻게 감춰지게 된 것일까?

컬럼비아 대학의 특별할 것 없는 대기실에서 질문에 대한 답을 부분적으로 찾을 수 있다. 연구자인 비브 라타네Bibb Latane와 존 달리John Darley는 대기실에서 한 학생 그룹에 심리 실험의 일부로 설문지를 작성해달라고 요청했다. 몇 분이 지나자 벽 환기구에서 방 안으로 연기가 흘러들어오기 시작했다. 모두 말 한마디 없이 설문지를 계속 작성했다. 시간이 더 흐르고 연기는 더 많이 흘러들어와 앞이 보이지 않는 지경에 이르렀다. 그러나 자리에서 일어나는 사람은 아무도 없었다. 누구도 도움을 요청하지 않았고 심지어 무슨 일이 일어나는지 질문하는 사람도 없었다. 매캐한 연기가 기침과 눈물을 유발한 뒤에야 한 지원자가 자리에서 일어나 창문을 열었다. 하지만 끈질긴 학생들은 설문 작성을 멈추지 않았고 실험 진행자가 들어와 실험을 종료할 때까지 위기 상황을 논의하거나 지원 요청을 하지 않았다.[5]

위에서 설명한 상황은 **방관자 효과**bystander effect 혹은 우리가 더 선호하는 표현인 **다원적 무지**pluralistic ignorance 등으로 알려져 있다. 개개인은 이벤트 혹은 관찰 결과에 불편함을 느껴도 다른 사람들이 아무런 행동을 하지 않으면 모두가 이 상황을 정상적이고 안전하다고 여기는 줄 (잘못) 알고 자신들 역시 아무런 행동을 하지 않는다.* 비슷한 두려움을 몇몇 사람 혹은 모든 사람이 느끼지만 두려움을 표현하는 것은 그룹의 나머지 사람들이 보이는 명백한 일치로 억제된다. 다시 말하자면 **사람들은 연기에 관해 보고하는 첫 번째 사람이 되기보다 불 속에서 죽는**

---

* 이 그룹이 보인 영향은 라타네와 달리가 수행한 다양한 형태의 연기 실험에서 명확하게 나타난다. 같은 실험 조건에 학생 한 명만 두고 혼자 대기하라고 한 뒤 환기구로 연기를 들여보내면 학생은 빠르게 도움을 요청할 것이다.

것을 선택한다. 다원적 무지는 이처럼 강력하다.

연기 실험을 통해 우리는 사람들이 하나의 무서운 상황에 어떻게 반응하는지 살펴봤다. 하지만 두려움을 일으키는 이벤트가 어떠한 반응 없이 반복적으로 일어난다면 어떻게 될까? 『The Challenger Launch Decision(우주 왕복선 챌린저 발사 결정)』(University of Chicago Press, 1996)에서 다이앤 본Diane Vaughan은 1986년에 일어난 우주 왕복선 폭발 사건을 조사했다.[6] 리처드 파인먼Richard Feynman은 「로저스 커미션 보고서Rogers Commission Report」 부록에서 추운 날 우주 왕복선이 발사되는 동안 관찰된 문제에 대한 나사NASA의 대응을 별도로 분석했다.[7] 두 경우 모두에서 **일탈의 정상화**라 불리는 상황이 관찰됐다. 추운 환경에서 왕복선이 아무런 사고 없이 계속 발사됐기 때문이다. 나사는 비행체의 추진체 컴포넌트에서 발견된 균열들이 문제 되지 않는다고 결론지었다. O 링o-ring에서 균열이 발견되지 않아야 했지만 일부 엔지니어들은 크기가 너무 작아서 위험도가 매우 낮다고 판단했다. 물론 격정하는 엔지니어도 있었다. 다음에 생길 균열이 이번 균열보다 크지 않을 것이라고 믿는 합리적 근거가 있는가? 하지만 비행체를 멈춰야 한다고 강하게 주장하는 사람은 아무도 없었다.

실제로 나사의 관리자들은 왕복선 발사의 안전성에 확고한 신념이 있던 터라 우주 왕복선 챌린저에 민간인 교사가 탑승하는 것이 좋은 아이디어라고 여겼다. 1986년 1월 28일 아침, 발사 타워에 고드름이 생겼고 추진체는 엔지니어들이 두려워하던 모습 그대로 폭발했다. 탑승자 전원 사망이었다.

이보다는 덜 끔찍하지만 소프트웨어 개발팀에서의 깜빡이는 테스트flickering test 혹은 무작위로 실패하는 테스트는 일탈의 정상화가 팀에 미치는 영향을 잘 보여준다. 개발자들은 자동화된 테스트 스위트를 만들어 코드가 변경될 때마다 이를 실행한다. 테스트 대부분 성공하지만 종종 테스트 실패로 인해 결과가 깜빡거린다. 개발자들은 테스트 케이스에 오류가 있다고 자연스럽게 결론짓는다. 이런 테스트들은 몇몇 테스트 이상으로 '깜빡이는' 것으로, 실패한 테스트는 다시 실행할 수 있다. 몇 차례 테스트를 다시 한 후 테스트가 성공하면 릴리스를 진행한다. 우리가 너무나도 잘 알고 있듯, 깜빡이는 테스트는 실제적이고 간헐적인 결함에 대한 경고 신호이며 이를 방치한 결과는 실제 환경에서의 실패다.

O 링의 균열과 깜빡이는 테스트 모두에서 그룹이 **주장해야 하는** 규범이 있다. '부서진 장비를 사용해 비행하지 말라'와 '테스트 케이스가 실패하면 출시하지 말라'이다. 하지만 이 규범의 편차를 반복적으로 경험하면 '균열이 있는 링을 사용해 안전하게 비행하기', '간헐적 실패가 있더라도 릴리스하기'와 같은 새로운 실질적 규범$^{norm-in-use}$이 생겨나면서 자신의 경계 시스템을 무시하게 된다. 다원적 무지는 새로운 규범의 위험에 대한 표현을 억누르면서 모든 것이 재앙으로 이어지게 한다.

표 4.1 일탈의 정상화 예시

징후	올바른 규범	실질적 규범
프로덕션에서의 명백한 버그	테스트는 지속적으로 성공한다	테스트는 간헐적으로 실패한다
간헐적인 시스템 경계	경계를 즉시 해제한다	해가 없는 알려진 경계는 무시한다
늘어나는 스프린트 종료 일자	스프린트를 정시에 마감한다	스프린트를 늘려 벼락치기를 한다
긴 스탠드업 미팅	스탠드업을 간략하고 빠르게 유지한다	장황한 상황 보고를 한다
낮은 코드 품질	리팩토링을 자주 수행한다	쉬운 방법을 자주 선택한다
너무 많은 버그	테스트 커버리지를 완벽하게 커버한다	테스트는 선택적이다

징후	올바른 규범	실질적 규범
최소한의 이터레이션	자주 릴리스한다	확실한 경우에만 릴리스 한다
너무 많은 관리자	필요한 경우에만 권한을 부여한다	요청을 받으면 관리 권한을 부여한다
개선 행동 미실행	회고를 효과적으로 활용한다	너무 바빠서 행동하지 못한다
혼란스럽고 두려워하는 사용자들	고객과 사용자를 설계에 참여시킨다	사용자 조사를 건너뛴다

두려움의 대화는 팀 안에 감춰진 두려움을 드러내고 일탈의 정상화가 지닌 오류를 신속하게 알리고 수정하는 데 필요한 심리적 안전 상태를 구축하도록 돕는다. 두려움의 대화를 준비하려면 조직에서 벗어난 규범 하나를 찾아보라. 표 4.1을 참고해도 좋다. 여러분이 관찰할 수도 있는 징후들과 각 징후에 대한 올바른 규범, 실질적 규범을 함께 나열했다.

표에서 볼 수 있듯 이런 종류의 일탈은 소프트웨어, 애자일 프로세스, 제품 설계, 경영진 그룹에 이르기까지 어디에든 존재할 수 있다. 쉽게 발견할 수 있을 것처럼 보이지만 현실에서는 그다지 명확하지 않다. 정상화된 일탈이란 여러분을 포함한 팀 전체가 올바른 규범에서 벗어난 현상을 보지 못하게 됐음을 의미한다.

팀 외부의 동료나 친구에게 일탈을 여러분과 함께 찾아봐 달라고 부탁하라. 외부의 시각은 안에서는 보지 못하는 문제를 식별하는 데 도움이 될 것이다. 여러분의 팀이 장애나 심각한 버그, 다른 심각한 실패를 경험하고 있다면 해당 이벤트를 여러분의 동료와 분석하고 규범을 위반한 사례를 찾아보라. 이런 이벤트 이전에 어떤 일탈이 있었는지 살펴보고 미래에 그 일탈을 피하려고 여러분의 팀이 도입할 수 있는 프랙티스가 무엇인지 식별하라.

준비하기: 일관성 부수기

신뢰의 대화는 미지의 영역을 탐험하는 과정이다. 처음에는 모르겠지만 대화 상대의 이야기를 이해할 방법을 찾고 여러분의 이야기와 그들의 이야기를 정렬해야 한다. 이와는 대조적으로 두려움의 대화는 매우 직접적이다. 앞 절에서의 노력으로 여러분은 일탈의 정상화가 어디에 있는지 알고 있으며 정상화의 기반에 놓인 두려움이 무엇인지 찾아내고 있을 것이다. 다만 여러분의 관점에서 발견한 두려움이나 원인에만 집중하는 바람에 과도한 두려움의 대화를 하지 않도록 주의해야 한다.

이번에는 여러분의 내적 호기심을 해제하고 가정을 극복하는 기법인 일관성 부수기를 설명한다. 일탈의 정상화 예시에 이를 적용하면 여러분이 두려움의 대화 자체에서 만들 두려움 차트에 대한 훌륭한 시작점을 제공할 것이다.

손목 흘끗 보기

일관성 부수기를 적용해 보자. 먼저 여러분이 큰 제안을 만들고 있다고 상상해 보자. 여러분이 청중에게 정말 팔고 싶어 하는 것이다. 이야기하다가 가장 중요한 이해관계자, 즉 가장 설득하고 싶은 사람이 손목을 흘끗 쳐다보는 것을 알아챘다. 이때 어떻게 행동하겠는가? 그렇게 행동하는 이유는 무엇인가?

다음 내용을 읽기 전에 이 상황에서 여러분이 하고 싶은 행동과 그렇게 행동하는 이유를 적어 짧은 목록을 만들어라. 곧 보겠지만 행동을 생각하는 데 많은 시간을 쓰지 않는 것이 매우 중요하다. 뭔가 떠오르는 즉시 적어라.

목록을 완성했는가? 여러분의 반응은 아마도 다음 예시 중 하나와 거의 비슷할 것이다.

- 발표 속도를 높인다. 그녀는 어딘가 가야 할 곳이 있기 때문이다.
- 내가 올바른 주제를 다루고 있는지 질문한다. 그녀가 지루한 상태로 보이기 때문이다.
- 가장 설득력 높은 슬라이드로 뛰어넘는다. 그녀가 내 주장을 의심하고 있을 것이기 때문이다.

여러분의 대답이 위 예시 중 어느 하나와 비슷하게 나왔는가? 그렇다면 축하한다. 여러분의 제1시스템System 1은 올바르게 동작하고 있다. 그리고 이내 여러분은 배신을 당할 것 같다.

제1시스템과 제2시스템

손목을 흘끗 쳐다본 시나리오를 소개하면서 의사 결정 휴리스틱decision -making heuristics을 경험하게 했다. 의사 결정 휴리스틱은 대니얼 카너먼이 『생각에 관한 생각』에서 소개했다. 카너먼은 인간의 의식을 두 시스템의 조합으로 모델링했다. 제1시스템은 빠르고 자동적이며 무의식을 담당하고, 제2시스템은 느리고 의도적이며 노력을 수반하는 영역을 담당한다.[8] 제1시스템이 사용하는 지름길은 제1시스템이 빨리 동작하게 한다. 지름길 중 두 가지는 손목 힐끗 보기 시나리오에서 계속 나타난다: 첫 번째는 우리가 일관적인 이야기는 옳다고 가정하는 것이다. 두 번째는 우리가 즉각 떠올릴 수 있는 것으로 사실을 제한한다는 것이다. 카너먼은 이 프로세스를 'WYSIATI' 또는 '여러분이 보는 것이 전부다what you see is all there is'라고 설명했다.[9]

우리는 무의식적으로 손목을 흘끗 보는 행위가 무엇을 의미하는지에 대한 일관된 이야기를 구성한다. 예를 들어 '그녀는 어딘가 가야할 곳이 있다'라는 이야기를 만든다. 손목을 흘끗 보는 행위가 무엇을 의미하는지에^{WYSIATI} 관한 첫 번째 생각에 기인한다. 그런 다음 이야기에 맞춰 우리가 할 행동을 설계한다. 즉, '발표 속도 높이기'로 연결된다. 이것이 손목 흘끗 보기 예제의 핵심 교훈이다. 우리는 상황 현실에 즉각 반응한다고 여긴다. WYSIATI와 일관성이 단 한 가지 이야기를 진실이라고 착각하게 만들기 때문이다. 하지만 우리는 자주 틀린다. 위험하고도 엄청난 재앙을 불러올 만큼 잘못되기도 한다. 손목 힐끗 보기에서 설명한 내용을 다시 상기하라. 우리는 그녀가 **손목을** 힐끗 봤다고 했다. 시계를 언급한 부분은 어디에도 없다. 하지만 여러분은 손목시계가 있었다고 가정했을 것이다

이것이 바로 일관성 부수기가 필요한 이유다.

제1시스템 이야기 부수기

손목 힐끗 보기 예제로 돌아가서 손목 보기의 다른 의미를 생각해보자. **모든 것**이 가능하다. 신경 쓰일 때의 습관, 스마트워치 알람, 손목 부스럼 등 손목을 흘끗 볼 만한 이유는 수없이 많다. 더 오래 생각할수록 제2시스템이 활성화되고 가능한 이유를 길게 나열한 목록이 만들어진다.

특히 상상의 나래를 펼쳐 도저히 믿지 못할 설명까지 추가하면 더욱 도움이 되는 것을 발견했다. 예를 들어 그녀가 세계 정복을 위한 계획을 써 놓고 손목을 흘끗 쳐다보는 것이 비밀 조직 구성원에게 보내는 신호라든지 말이다. 사실 우리는 일관성 부수기를 극단적이라고 할 만큼 비현실적인 설명에서 시작하기를 바란다. 이런 설명은 우스꽝스러운 게 당연하고 웃음은 제1시스템이 만들어 낸 두려움 기

반의 위험한 일관적 이야기를 고려할 때 느낄 수 있는 공격 도피 반응fight-or-flight response과 본질적으로 양립하지 않기 때문이다.

일관성 부수기의 핵심은 선택지의 양이 아니라 선택지들이 상호 양립하지 않는다는 데 있다. 우리가 충돌하는 설명을 상상할 수 있다면 원래의 일관적인 이야기에 붙잡힐 일이 없다. 이런 선택지는 항상 존재하지만 제2시스템, 즉 의식적이며 노력이 수반되는 사고 프로세스가 있어야만 표현으로 끌어 올릴 수 있다. 이것들은 우리가 이미 훌륭한 이유를 갖고 있다고 느낄 때 자연스럽게 하는 뭔가는 아니지만, 성공적인 두려움의 대화를 위해서는 꼭 필요하다.

일관성 부수기 적용하기

일관성 부수기를 활용하면 잠재적으로 어려운 대화에 접근할 때 스스로를 준비시킬 수 있다. 특히 대화 상태가 생각하거나 느끼는 방식에 특정한 가정을 하고 있음을 감지했을 때 그렇다(여러분이 우리와 비슷하다면 이런 가정을 하는 경우가 많을 것이다!). 표 4.2는 실제 상황에서 접할 수 있는 일관성 부수기의 예시다.

두려움의 대화를 준비할 때 일관성 부수기를 통해 호기심 있고 열린 태도로 논의에 참여할 수 있으며 상상조차 하지 못했던 두려움을 발견하고 완화하는 데 도움을 얻을 수 있다. 준비를 위해 앞서 여러분이 제시했던 모든 정상화된 일탈의 기반이 되는 두려움의 목록을 가능한 한 많이 적어라. 그리고 상상의 폭을 넓혀라. 제2시스템을 적용해 현실성이 없거나 우스꽝스러워 보이는 두려움도 상상하게 하라. 스티키 노트나 인덱스 카드에 아이디어를 적어 두면 다음에 소개할 두려움 차트 작성에 도움이 될 것이다.

표 4.2 실제 일관성 부수기 예시

여러분이 이렇게 생각한다면	이런 대안을 고려하라
팀이 너무 게을러서 테스트를 만들지 않는다.	CEO는 모든 팀에게 테스팅을 멈추라고 명령했다. 팀이 완벽한 코드를 작성했기에 테스트 케이스 따위는 필요하지 않다. 누군가 팀에게 테스트가 쓸모없다고 했다. 테스트 작성을 시도했으나 어렵다는 것을 알았다.
세일즈 스태프들은 데드라인만 신경 쓸 뿐 품질에는 관심이 없다.	세일즈 팀은 베팅 풀을 돌려서 얼마나 터무니없는 개발 목표를 만들 수 있는지 실험하고 있다. 세일즈 스태프들은 코드가 항상 버그 투성이라고 믿기 때문에 더는 품질을 고려하지 않는다. 데드라인은 경영진들이 합의한 것이므로 세일즈에서 통제할 수 없다.
우리가 사용하는 데이터베이스 벤더는 우리가 제공자를 바꿀 수 없다는 것을 알기 때문에 한 푼이라도 더 짜내려 안달이 났다.	한 악의적인 경영진이 터무니없는 가격 정책을 사용해 고객을 몰아냄으로써 회사를 망하게 하려 한다. 가격 매트릭스에 오타가 있으며 우리는 실제로 상당한 할인을 받아야 한다. 우리가 자금난에 허덕이는 것을 인지한 회계 관리자는 글로벌 인상률의 50%를 인하하는 협상을 했다.

일관성 부수기 점수 매기기

일관성 부수기를 활용해 2열 대화 분석의 목표인 점수 매기기를 하려면 우선 왼쪽 열에서 다른 사람의 생각 혹은 동기에 아무런 근거 없이 내린 결론을 가능한 한 많이 찾아본다. '명백히' 혹은 '분명히'와 같은 단어가 좋은 신호다. 오른쪽 열에서 확실한 근거가 없는 문장도 마찬가지다. 예를 들어 '당신의 프로젝트가 제대로 진행된 것 같지 않다'처럼 명시적인 진술이 없이 상대방이 여러분의 업무를 폄하한다는 주장이 이에 해당한다. 근거 없이 내린 결론을 식별했는지 확인하려면 해당 결론을 내리게 된 관찰에 관한 대안적 설명을 생각해 보고 몇 가지 일관성 부수기를 적용해 보라. 그럴싸한 대안을 찾아낸다면 그 결정을 지지해서는 안 된다. 근거 없는 결론을 찾아낼 때마다 1점을 추가하라. 여러분의 목표는 점수를 가능한 한 낮게 유지하는 것이다.

대화: 두려움 차트

일탈의 정상화와 일관성 부수기를 활용할 수 있다면 두려움의 대화를 할 수 있다.[*]

두려움의 대화에서는 가장 먼저 우리가 **고려할 수 있는** 모든 대화를 논의 가능한 상태로 만들어야 한다. 이때 일관성 부수기가 도움이 된다(특히 팀 전체가 일관성 부수기를 할 수 있다면 더 좋다. 그게 아니라면 대화를 시작할 때 일관성 부수기 아이디어를 소개하는 것을 고려하라. 모두에게 3분 정도 시간을 주고 제2시스템을 사용해 아이디어를 내도록 독려하라). 그다음 핵심 두려움을 필터링하고 마지막으로 두려움을 완화하는 단계로 넘어간다. 대화를 진행하면서 두려움 차트를 만들게 될 것이다(이 절의 마지막 부분에 제시하는 그림 4.1을 참고하라. 여러분이 활동을 마칠 즈음에 비슷한 형태의 차트를 보게 될 것이다).

1단계. 지금까지 식별한 모든 두려움(여러분 혼자 혹은 팀 전체가 함께)을 눈에 보이게 만든다. 자유롭게 옮겨 붙일 수 있는 스티키 노트를 선호하나 화이트보드에 글로 쓰거나 인덱스 카드에 적어 테이블에 올려 둬도 상관없다. 그룹에 더 많은 두려움을 알려

---

[*] 여기에서는 여러분이 그룹 단위로 두려움의 대화를 나눈다고 가정한다. 예를 들어 소프트웨어 팀의 개발자나 대기업의 관리자 그룹으로 생각할 수 있다. 이는 단지 더 쉽게 설명하기 위함이다. 한 명 혹은 두 명 이상의 동료와 두려움의 대화를 나눈다고 생각해도 좋다. 우리의 설명은 소규모 그룹에서도 잘 통한다.

달라고 요청하라. 식별한 두려움의 극단적인 형태를 물어봐도 좋다("버그가 나쁘다면 장애는 훨씬 더 나쁜가요?"). 또는 식별한 두려움의 정반대를 물어볼 수도 있다("우린 스태프를 잃을까 두렵습니다. 팀이 너무 빨리 성장하는 것도 두려워하나요?").

2단계. 그룹에 추가할 아이템이 있는지 혹은 나열된 카드들을 조합할 수 있는지 질문하라. 아무런 수정 없이 새로운 두려움을 추가하라. 우리 목적은 그룹이 식별한 모든 아이디어를 꺼내는 것이지 필터링하는 것이 아니다.

식별된 두려움 일부는 서로를 강화하거나 전혀 양립하지 못하게 되는 때가 많다. 이런 상태는 카드를 가깝게 두거나, 한 카드를 다른 카드 위에 두거나, 카드 그룹을 연결하는 라벨이 붙은 화살표를 사용하거나, 연관 관계를 알 수 있는 모든 수단을 동원해 표시한다. 하지만 조용한 팀원들을 그대로 두면 안 된다는 점을 명심하라. 아이디어를 낸 사람들에게 그루핑이 적절히 됐는지 반드시 확인하라.

3단계. 이제 우리가 안전하게 살아갈 수 있도록 추구할 것과 완화할 것을 아이템 중에서 걸러내야 한다. 우리는 점 투표dot voting[*]를 사용해 완화하고자 하는 두려움을 식별했지만 다른 방법을 원한다면 무엇이든 사용해도 괜찮다. 외계인이나 비밀 조직 등을 포함하는 아이디어, 즉 창의성을 독려하는 목적으로 사용된, 다시 말해 제2시스템을 활성화하기 위한 극적인 아이디어들은

---

[*] 점 투표를 사용할 때는 각자 얼마나 투표를 할 수 있는지 그룹에 알려준다(우리는 주로 3에서 5 사이를 사용하지만, 이보다 작은 숫자도 잘 동작한다). 모두 보드 앞에 서서 완화하는 것이 중요하다고 생각하는 하나 이상의 두려움에 점을 찍는다. 참가자들은 원하는 대로 점을 찍을 수 있다. 모든 점을 하나의 중요한 두려움에 찍어도 되고 나눠서 찍어도 된다. 여러 두려움에 하나씩 점을 찍을 수도 있다. 하지만 개인이 찍은 점의 총 개수는 처음에 제시한 숫자를 넘어서는 안 된다.

여기서 걸러질 것이다. 여러분은 이제 그룹이 다루고자 하는 두려움의 일부, 즉 가장 중요하거나 가장 결과적인 두려움을 만나게 될 것이다.

4단계. 선택한 두려움을 줄이는 데 도움이 되는 완화책을 식별했다면 두려움의 대화의 목적을 달성한 것이다. 완화책에는 다음 항목들이 포함될 수 있다.

- 버그가 많은 릴리스가 고객을 분노하게 할 것이라는 두려움
    - 품질과 속도의 트레이드오프를 고객 및 내부 대변자들과 논의하고 기대 사항에 합의한다.
    - 수동 및 자동 테스팅 커버리지를 늘린다.
    - 팀이 품질을 개선하는 동안 경영진이 화난 고객에 대응해 줄 것에 합의한다.
- 데드라인을 놓칠 두려움
    - 데드라인 인자들을 이해하고 축소된 범위를 합의하거나 마케팅 혹은 세일즈와 대화로 일정을 변경한다.
    - 고객 승인을 받아 범위를 줄인다.
- 새로운 방법론이나 기술 습득에 실패할 두려움
    - 성공적 습득과 마일 스톤을 정의하고 진척을 시각화한다.
    - 교육과 학습 기회를 늘린다.

각각의 두려움, 두려움의 완화책 그리고 (특히 중요한 부분이다!) 당신이 수행 중인 완화책을 보증할 사람의 목록을 만들어라.

5단계. 마지막으로 여러분이 원한다면 차트의 각 두려움에 해당하는 올바른 규범을 추가함으로써 완화를 통해 긍정적으로 기대하는 결과가 무엇인지 명확하게 표시하라.

그림 4.1은 두려움 차트를 완성한 형태의 예시다. 하지만 단순히 두려움 차트를 만드는 것만으로 충분하지 않다. 두려움 차트는 공개돼야 하며(벽에 거는 것이 이상적이지만 위키 혹은 다른 내부 문서 저장소에 포스팅해도 좋다) 완화책들이 수행되는지 정기적으로 논의해야 한다(논의 방법은 7장 '책임의 대화'를 참조한다).

두려움 차트 만들기는 가려진 고민을 논의하고 이들을 효과적으로 해결하도록 함으로써 트랜스포메이션을 경험하게 한다. 하지만 이는 일회성으로 끝나는 행사가 아니다. 팀과 환경이 지속적으로 변함에 따라 두려움 차트는 최소 6개월에 한 번씩 정기적으로 확인하고 수정해야 한다.

이제 실제 두려움의 대화가 어떻게 이뤄지는지 예시를 살펴보자. 타라의 이야기부터 시작한다.

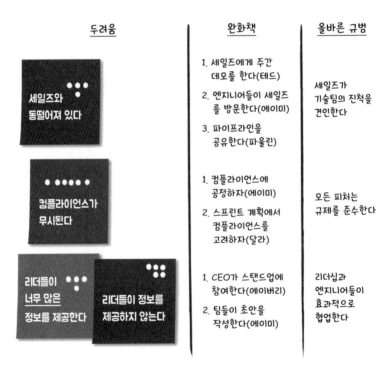

그림 4.1 두려움 차트

두려움에 관한 타라의 이야기(계속)

성찰하기와 수정하기

기본 대화의 채점 내용을 성찰하면서 다섯 개 질문을 찾았습니다. 질문들은 순수한 질문이 아닌 의도된 질문이었습니다. 맷이 핵심 피처들을 완료할 수 있는 뭔가(그게 무엇이든)에 동의하길 간절히 원했습니다. 왼쪽 열에 있는 사실들을 대화 초반에는 공유했습니다. 그러나 개발팀과 맷에 관해 점점 커진 부정적 의견은 공유하지 않았습니다. 또 다른 일정 지연에 관한 맷의 말은 명확한 트리거였고 쿵쾅거리는 제 심장과 메스꺼움은 명백한 텔이었습니다.

일관성 부수기 채점 가운데 왼쪽 칼럼에서 5개 결론을 찾았고, 이들은 모두 근거 없는 결론이었습니다. 예를 들어 개발자들이 목표를 날려 버린 건 게을러서가 아닙니다. 그것은 아마도 다음과 같은 것들이 원인일 수 있습니다.

- 개발자들은 우리 회사를 파괴하려는 악덕 기업주 밑에서 비밀리에 일하고 있다.
- 개발자들은 해당 피처의 중요성을 이해하지 못한다.
- 개발자들은 좋은 추정을 해본 경험이 없다.

이와 같은 대체 시나리오를 만들 수 있었기 때문에 앞서 말한 '개발자들은 게으르다'라는 결론이 근거 없음을 알 수 있었습니다. 사실 이것은 방어적 사고의 예시입니다. 저는 잠재적인 지연에 위협을 느꼈기 때문에 엔지니어들을 비난함으로써 '승리'하고 싶었습니다.

어떻게 다르게 수정할 수 있을까요? 음, 한 가지 방법으로 맷과 함께 두려움 차트를 만들기로 했습니다. 두려움 차트는 걱정의 원인이 무엇인지 발견하고 완화하도록 도와줄 것입니다. 또한 왼쪽 열의 다른 결론들을 살펴보고 그 결론들을 달리 설명해 줄 것들이 있는지 찾아볼 것입니다. 위 목록으로 이미 그 과정을 시작했습니다.

개선된 대화

맷과의 두려움 차트 대화는 정말 매끄러웠고 고객을 위해 뭔가 충분히 하고 있지 않다는 두려움을 공유했다는 것을 알았습니다. 하지만 두려움을 어떻게 완화할 수 있을지는 모르겠습니다. 지난주 계획 세션에서 두려움을 느낀 순간에 이를 설명하기로 했으며 우리는 함께 완화책을 실행해 나갈 수 있을 것입니다.

타라와 맷의 개선된 대화

타라의 생각과 느낌	타라와 맷의 대화
다시 시작이다. 또 다른 지름길을 설명해야만 해.	타라: 맷, 당신도 이 피처가 스토리의 절반뿐인 걸 잘 알잖아. 심지어 사용자들은 워크플로우에서 프로젝트를 저장할 수도 없어!
가슴이 쿵쾅거리네. 난 뭐가 두려운 걸까? 세일즈 전화를 또 연기해야 하고 매출은 떨어지는 거지.	맷: 그래, 알아. 하지만 이번 스프린트에서 우리가 할 수 있는 게 더는 없어. 저장 프로세스를 포함한 나머지는 다음 릴리스에서 할 거야.
판매하지 못하면 곧 자금이 바닥날 거야. 하지만 지금 상태로는 팔 수도 없어. 상황이 왜 이렇게 된 거지?	타라: 그렇대도 제품을 이대로 팔 수는 없어. 왜 우리는 실제로 그렇게 하지 않으면서 가치 있는 피처들을 만든다고 하는 걸까?

타라의 생각과 느낌	타라와 맷의 대화
우린 항상 '모든 스프린트에 가치를 부여한다'라고 강조하지만, 이 원칙에 있어서 일탈의 정상화가 생겨난 것 같아.	맷: 난 정말 혼란스러워. 스프린트마다 유용한 뭔가를 만든다고 생각했어. 가치를 식별하고 만드는 게 이 계획 세션의 목적이잖아. 그렇지 않아?
우리 팀은 예전보다 규모가 커졌음에도 충분히 열심히 일하지 않고 있어. 천천히 일해야 한다는 최면에 걸렸거나, 이 피처들을 이해하지 못했거나, 훈련이 더 필요할 수도 있어. 음, 내가 관찰한 바로 설명할 수 있는 내용이 너무 많아. 이 상황을 함께 해결하도록 맷의 의견을 들어 보자.	타라: 음, 그렇지 않아. 난 우리가 가치 있는 증분을 만든다고 말했다고 생각하지만, 어떤 이유로 팔 수도 없는 반쪽짜리 쓸모없는 피처들을 계속 만들고 있을 뿐이야. 어떻게 생각해?
흠, 맷의 질문을 받고 생각해 보니 여름 내내 모든 사람의 시간을 빼앗았던 데이터베이스 프로젝트 건으로 되돌아간 것 같아. 그게 날 진짜 두렵게 했던 것일 수도 있어.	맷: 타라, 말이 좀 심하군. 전에는 왜 아무 말도 하지 않은 거지? 기능 구현을 하지 않아서 세일즈를 고통스럽게 만들었는지 전혀 몰랐어. 미리 말해줬다면 최소한 피처 중 일부라도 구현하도록 조정했을 거야.
맷한테 나의 두려움을 공유할 수 있을 만큼 그를 충분히 신뢰해. 이제 날 이해할 수 있어.	타라: 좋은 질문이네. 내가 그렇게 말하면 개발팀이 지하로 내려 가버릴 것 같아 두려웠던 것 같아. 예전에 데이터베이스를 다시 구축하느라 몇 개월 동안 아무것도 릴리스하지 못했던 때처럼 말이야.
바로 이런 논의를 하고 싶었어. 트레이드오프를 통한 가치 증대!	맷: 그런 두려움이 있는지 몰랐어. 데이터베이스 구축 사건 이후 우린 많은 걸 배웠어. 그리고 지금은 훨씬 더 잘할 거라고 확신해. 예를 들어 7단계를 건너뛰고 저장 버튼을 넣는 것은 어떨까? 이번 스프린트에 맞출 수 있을 거야.
이번 미팅은 정말 생산적이었어.	타라: 최고야!

전 중요한 단계에서 일관성 부수기의 도움을 받았습니다. 다른 설명을 생각해 봄으로써 느린 진척 때문에 개발자들이 비난받아야 한다는 가정을 피할 수 있었습니다. 오히려 제가 실질적 문제의 원인이기도 했습니다. 계획 단계에서 항상 두려움을 공유하지 않았고 피처가 누락되면서 판매에 미칠 수 있다고 생각하는 영향에 관해서도 공유하지 않았습니다(맷과의 첫 번째 대화를 보세요. 왼쪽 열에는 두려움이 가득하지만 오른쪽 열의 실제 대화에서는 전혀 나타나지 않습니다). 우린 두려움을 열린 공간으로 꺼냈고 판매를 견인하기 위해 범위를 바꾸는 등 유용한 논의를 실행함과 동시에 계획 세션의 효과 또한 훨씬 높아졌다고 말씀드릴 수 있어 기쁩니다. 그리고 이제는 가슴의 통증 때문에 대화를 끝내지도 않습니다!

두려움의 대화 예시

톰과 엔지니어: 코드에 대한 두려움

톰Tom이 말했다. "켄Ken은 제가 인사 리드people lead로 들어오기 전까지 기술 리드이자 라인 관리자였습니다. 전 릴리스 프로세스가 버그와 짜증을 유발하는 주요 원인임을 빠르게 깨달았습니다. 하지만 누구도 이유를 명확하게 말해주려 하지 않았습니다. 절대 논의하면 안 되는 두려움을 유발하는 주제 같아 보였습니다. 저는 켄과 엔지니어링 팀 구성원들과의 세션에서 좀 더 알아보기로 했습니다. 먼저 릴리스 작업과 관련된 두려움을 생각해 보도록 했습니다. 이 과정을 통해 우리가 일탈의 정상화 예시를 찾을 것으로 기대했습니다."

톰, 켄 그리고 엔지니어들의 대화

톰의 생각과 느낌	톰과 켄, 엔지니어들의 대화
현재 상태를 눈에 보이게 해서 논의할 수 있게 만들자.	톰: 좋아요. 보드에 릴리스 프로세스를 잘 그려낸 것 같아요. 혹시 누락된 항목이 있을까요?
'따르고자 했던' 이라는 말이 거슬려.	딘: 네, 저건 우리가 따르고자 했던 프로세스예요.
이 중요한 단어들은 무엇을 의미할까?	톰: '따르고자 했던' 이라는 게 무슨 뜻이죠?
'물론' 이라고? 이건 더 문제가 있는 단어야.	엘리: 음, 물론 켄은 이 프로세스를 따르지 않아요.
	톰: 어째서 '물론' 이라고 하는 거죠?
아, 어쩌면 모두가 릴리스 관련 문제를 두고 조심스러워하는 이유겠군.	켄: 엘리 말이 맞아요. 전 종종 코드 리뷰와 QA 단계를 건너뛰고 라이브 환경에 릴리스를 곧바로 하거든요.
저마다 숨기려는 감정을 건드릴 수 있는지 보자.	톰: 왜 그런 거죠? 그렇게 하게 된 두려움의 이유를 공유할 수 있나요?
좋아요, 켄! 어제 이 두려움에 관해 내게 말했을 때 다른 사람들에게도 공유하길 바랐어요.	켄: 저만 이해할 수 있는 오래된 무서운 코드들이 많아요. 다른 사람들이 그 코드에 혼란을 느끼고 실수할까 봐 두려워하는 것 같아요.
여기서 프랭크와 논쟁할 순 없어. 하지만 이 걱정에 관해 나나 다른 사람들에게 이야기한 적 없었어.	프랭크: 켄, 그건 우리에게 공평하지 않아요. 우리는 전체 앱이 어떻게 동작하는지 당연히 알아야 해요. 게다가 어쨌든 톰이 확인하지 않고 릴리스한 것 때문에 버그도 발생했죠.
	톰: 프랭크, 이런 의견을 공유한 적 없잖아요. 이유가 있나요?

톰의 생각과 느낌	톰과 켄, 엔지니어들의 대화
다양하게 해석될 수 있는 감정적 단어가 또 나왔네. 이번에는 '그의 코드'야. 아무튼 프랭크가 이 두려움에 관해 이야기한 것이 기쁘네.	프랭크: 켄이 그의 코드를 보여 달라고 우리가 요청하는 것을 좋아하지 않을 것 같아서 두려워요.
켄도 동의하나?	톰: '그의 코드'라고 했네요. 켄, 코드가 당신의 소유라고 생각하나요?
어쩌면 내가 두 사람의 두려움을 완화할 수 있는 방법을 찾을 수도 있겠어.	켄: 전혀요. 저도 공유하고 싶죠. 하지만 다른 사람들이 원하지 않을 것 같았어요.
	톰: 프랭크도 코드 소유권을 공유하고 싶어 한다고 해도 좋을 것 같네요. 그렇죠? 다른 사람들도 동의하나요? 고개를 끄덕이는 게 보이네요.
이건 확실해 보이네.	켄: 레거시 코드에서 함께 작업하면 행복할 것 같아요.
	톰: 이 방법이 실수와 관련된 두려움을 줄일 수 있을까요?
이제 모든 게 제자리를 찾았어!	켄: 물론이죠. 오늘 오후에 프랭크와 코드 리뷰 시간을 잡아 볼게요.

팀은 화이트보드에 올바른 규범, 즉 팀이 '따르고자' 했던 프로세스를 공유했다. 이는 그룹 구성원들이 해당 규범에서 일탈한 방식과 이유 그리고 어떤 두려움이 일탈을 야기했는지 논의하는 데 도움을 줬다. 두려움의 대화가 이어진 이후 훨씬 쉽게 두려움 차트를 그려 두려움의 완화책을 식별했다. 톰이 나중에 보고한 내용에 따르면 팀은 성공적인 대화를 마친 뒤 지지하는 릴리스 프로세스에 더욱 가깝게 협업하게 됐다고 한다.

케이스 스터디: 두려움을 극복하기

1년에 두 차례 일어나는 빅뱅

'4개월이라고….' 티에리Thierry는 생각했다. '그들은 절대 하지 않을 거야.'

2018년 9월 벨기에 연방 연금 서비스Belgian Federal Pensions Service는 애자일 팀들의 컨설턴트인 티에리에게 마지막 주요 분기 소프트웨어 릴리스를 12월에 하겠다고 말했다. 그 후에는 새로운 버전을 격주마다 릴리스해 '지속적인 전달continuous delivery'을 달성하고 비용과 리스크를 현저히 줄일 것이라고 했다.

120명 이상의 개발자가 개발 중인 이 거대한 15년 된 애플리케이션은 모든 벨기에인을 대상으로 하는 연금을 계산하고 지불한다. 에이전시는 15개 개발팀의 몸에 밴 습관, 다시 말해 각 팀이 모놀리틱 코드 베이스에 잠재적으로 상호 작용하는 변경을 구현했던 것들을 바꾸고자 했다. 분기마다 빌드 팀과 릴리스 팀은 모든 팀이 만든 변경 사항 전체를 고통스럽게 합쳐서 하나의 패치된 빅뱅 릴리스를 했으며, 이 애플리케이션은 모든 사람의 새로운 피처들을 포함하게 됐다. 그러나 각 팀의 코드는 고립된 상태에서 작성됐기 때문에 일부 조각들은 함께 동작하지 않았다. 동작하는 애플리케이션을 안정화하고 전달하는 데만 거의 330공수person days가 걸린다는 것을 찾아냈으며, 이는 도저히 감당할 수 없는 비용이었다. 그래서 이들은 바꿔야만 할 때가 왔다고 결정했다.

많은 조직에서 그렇지만 분기 릴리스는 분기마다 이뤄지지 않는다. 복잡하고 고도로 수동화된 릴리스 프로세스는 데드라인을 놓치기 일쑤였고 배포 지연으로 이어졌다. 그래서 에이전시는 실질적으로 1년에 두 차례와 같은 식으로 릴리스의 평균을 냈다. 일정 지연은 더 많은 피처가 새로운 버전에 포함돼야 함을 의미했으며 결과적으로는 복잡도와 리스크만 늘어날 뿐이었다.

20년간 소프트웨어 팀을 이끌면서 티에리는 이만큼 큰 조직이 이처럼 빠르게 지속적인 딜리버리로 변경한 것을 보지 못했다. 중요한 건 에이전시가 이런 목적으로 티에리를 고용했다는 점이었다.

두려움 찾아내기

티에리는 변경을 지지하는 내부 인원으로 구성된 열정적인 핵심 팀과 함께 공동 설계Joint Design(자세한 내용은 5장 '이유의 대화'를 참조한다)를 사용해 가치 흐름 맵을 만들었다. 가치 흐름 맵은 현재 프로세스, 즉 개발자들이 코딩을 완료했을 때부터 애플리케이션에서 피처가 실제로 실행될 때까지의 과정을 담았다. 가치 흐름 맵은 에이전시가 개선 가능한 후보를 식별하는 데 도움을 줬다. 예를 들어 가치 흐름 맵을 통해 2주마다 일어나는 빠른 '패치 릴리스'가 있음을 알았다. 패치 릴리스는 출시된 피처들의 빠른 수정을 위해 고안된 것이었으나 새로운 기능을 추가하는 용도로 사용되는 일이 점차 많아졌다.

"저걸 보세요!" 가치 흐름 맵을 보며 티에리가 말했다. "놀랍네요. 패치의 경우 개발팀은 이미 2주 만에 모든 릴리스 프로세스를 진행하고 있어요!" 티에리는 생각했다. '기존 프로세스를 새로운 프로세스로 바꿀 때 도움이 되겠어. 다음 메이저 릴리스를 여러 개의 작은 릴리스로 대체하는 거야.'

조금 더 들여다보자. 프로세스를 가로막는 위협적인 두려움 중 하나가 모습을 드러냈다. **복잡성에 관한 두려움**이다. 릴리스할 때마다 각 팀은 다양한 코드 '브랜치branches(각 팀의 최근 변경 사항을 포함하는 소프트웨어 버전)'를 만들었고 그들 사이에 복잡한 의존성이 존재했다. 잔뜩 엉킨 실타래를 풀려면 다양한 브랜치로부터 매우 세심한 체리 피킹^{cherry-picking}을 해야만 했다. 하나의 패치 릴리스를 만들 때도 자주 잘못됐으며 그런 릴리스는 6개월 동안의 변경 내용을 담은 채 방치됐다. 이렇게 복잡한 중간 경로 변경을 하는 리스크는 너무나도 컸다. 티에리와 핵심 팀은 한숨을 쉬며 12월에 주요 릴리스를 하는 계획을 고수하는 것으로 두려움을 완화하는 데 동의했다. 1월에는 브랜치를 모두 정리하고 더 간단하고 작은 기능 유닛으로 다시 시작하기로 했다.

새로운 프로세스를 진행하기 위한 업무를 계속하면서 티에리는 해당 그룹을 대상으로 두려움의 대화를 몇 차례 이끌었다. 일련의 대화를 통해 팀은 더욱 다양한 두려움을 발견했다. 불참으로 인한 두려움, 스킬 차이로 인한 두려움, 핵심 단계 누락으로 인한 두려움, 데드라인으로 인한 두려움, 버그로 인한 두려움이었다. 각 두려움을 좀 더 상세히 설명하자면 다음과 같다.

불참으로 인한 두려움 15개 팀 대부분 지속적인 딜리버리를 만들려고 노력했지만 몇몇 팀은 전혀 보이지 않았고 그들이 하는 일도 거의 눈에 띄지 않았다. 그들은 시일에 맞춰 일하고 있는가? 새로운 프로세스를 거부하는가? 이 두려움을 완화하기 위해 핵심 팀은 지속적인 딜리버리 모델을 도입하는 단계가 간단하고 명확하게 문서화됐는지 확인했다. 이렇게 함으로써 이 과정에 참여하지 않은 팀이라 할지라도 실제로 변화가 일어났다는 것을 깨달았을 때 쉽게 따라잡을 수 있게 될 것이다. 새로운 프로세스를 늦게 받아들이는 사람들은 이미 패치 릴리스 프로세스를 잘 사용하던 사람들이기 때문에 상대적으로 신속히 프로세스를 조정할 수 있을 것이다.

스킬 차이로 인한 두려움. 새로운 프로세스에선 기존보다 훨씬 작은 증분에서 변경을 만들어 내야 한다. 팀은 이에 적응하고 그들이 하는 일을 2주 내 구현 가능한 가치 있는 변경으로 잘라낼 수 있을 것인가? 티에리는 많은 다른 조직에서 엔지니어들이 매일 가치를 전달한다고 봤기 때문에 이 점에 대해서는 걱정하지 않았다. 하지만 그건 그의 믿음일 뿐이었다. 이 팀은 스스로 믿을 수 있을 만한 완화책이 필요했고 안전망safety net을 확보함으로써 이를 받아들였다. 다시 말해 2주라는 시간 내에 변경을 완료하지 못한 브랜치는 릴리스에 포함하지 않는 것이었다.

핵심 단계 누락으로 인한 두려움. 긴 릴리스 프로세스는 여러 의식ritual을 거친다. 의식에는 코드 프리즈code freeze나 모든 팀이 모여서 진행하는 '출시 가능go-no-go' 회의 등이 있다. 이런 의식들이 사라지면 이들이 제공했던 리스크 완화 역시 사라지는가? 이 두려움의 완화책은 매우 간단하다. 핵심 팀이 2주라는 릴리스 사이클 동안 수행될 수 있도록 각 의식의 압축 버전을 만들면 된다. 압축 버전의 의식들은 가치를 유지하면서 전체적인 프로세스의 속도를 높인다.

데드라인으로 인한 두려움. 관리 영역의 한 부분으로 에이전시는 법적 데드라인을 요구했으며 데드라인을 반드시 지켜야만 했다. 개발팀은 어떻게 새로운 압축 프로세스를 통해 어려운 목표를 달성할 거라고 확신할 수 있을까? 한 번의 실패가 프로세스 전체를 질질 끌지는 않을까? 이 두려움은 폴백 절차를 통해 해결할 수 있다. 데드라인이 가까워졌을 때 팀은 테스트가 실패하더라도 충분한 회피책과 완화책을 마련했다면 그대로 릴리스를 할 것인지 선택할 수 있다.

버그로 인한 두려움. 이는 특히 경영진에게 가장 큰 두려움이었다. 충분히 심각한 문제 하나로 그들의 이름이 벨기에 모든 신문 1면에 실릴 수도 있었다. 그들의 평판은 땅에 떨어지고 에이전시에 어마어마한 비용을 부담하게 할 것이었다. 버그로 인한 두려움은 매우 확고했다. 만든 자동화 테스트들이 오류 부정false negative 경향을 보였고 테스트 케이스들은 제품 코드와 별도 장소에 저장돼 있어 동기화되지 않은 일이 잦으며 수동 테스팅은 조정 및 조직화가 어려웠다. 그 결과 수많은 버그가 테스팅 프로세스를 미끄러지듯 통과했고 주요 릴리스를 할 때마다 릴리스 대상의 모든 버그를 짜내기 위해 재차 확인하느라 시간을 허비했다. "주요 릴리스는 사람들이 품질에 집중하게 만들고 우리에게 충분한 시간을 줍니다." 팀들은 말했다. "어떻게 하면 2주 만에 아무런 재앙이 일어나지 않을 것이라고 충분히 확인할 수 있습니까?" 핵심 팀은 이 두려움을 해결하기 위해 엄청난 조사를 수행했다. 신뢰할 수 없는 테스트 케이스를 격리하고(실패한 테스트 케이스는 수동으로 확인하거나 완화했다) 테스트 코드를 제품 코드와 같은 저장소에 커밋해서 동기화를 유지하고 2주 간격의 릴리스에 해당하는 작은 범위의 변경 내용에만 집중해 세심하게 수동 테스트를 계획했다.

이런 두려움을 완화하고 12월 마지막 주요 릴리스를 위한 개발을 진행하면서 핵심 팀은 경영진에게서 새로운 프로세스 적용을 승인 받았다. 긴장감과 함께 새해가 시작됐다. 이들의 완화책은 충분할 것인가? 새해에는 전체 릴리스를 2주 만에 완료할 수 있을까?

만연한 미소

대답은 다시 들어볼 것도 없이 '그렇다!'였다. 첫 번째 릴리스는 완벽하지 않았지만 정시에 이뤄졌고 핵심 팀은 다음 릴리스 전에 이 문제들을 해결할 준비가 돼 있었다. 최초에는 참여하지 않았던 그룹들이 참여했고 팀들은 한 피처 전체가 아닌 부분적 변경에 대한 릴리스 방법을 찾아냈으며 압축된 의식은 잘 동작했고 리스크를 줄였다. 자동화 테스팅 및 수동 테스팅 절차는 함께 잘 동작해 높은 품질을 유지했고 데드라인에 정확하게 맞춰 릴리스를 해냈다. 두려움을 논의 가능한 상태로 만들고 이들을 완화하는 것은 에이전시를 충분히 보호함으로써 첫 번째 릴리스를 계획대로 성공했다. 그 후 2주마다 릴리스들은 시곗바늘처럼 정확하게 이뤄졌다.

당연히 어느 것도 완전하지는 않았다. 핵심 팀은 여전히 해야 할 일이 많다. 15개 팀을 돌아다니며 의견을 청취한 결과 여전히 많은 수정과 개선이 필요함을 알게 됐다. 하지만 새로운 프로세스는 모두가 환영했으며 조직 전체에 투명성을 제공했다. 티에리는 핵심 팀 멤버 중 한 사람을 기억한다. 그녀는 새 프로세스를 만드는 동안 항상 슬퍼 보였다. "그녀는 변화가 필요하다고 확신하면서도 그 일이 절대로 이뤄지지 않을 거라며 두려워했습니다. 첫 번째 릴리스 후 제가 처음으로 다시 방문했을 때 그녀의 슬펐던 얼굴에는 어느새 함박웃음이 피어나 있었습니다."

결론: 두려움의 대화 적용하기

4장에서 일탈의 정상화를 통해 얻어낸 단서를 사용해 대화를 식별하는 방법을 배웠다. 또 일관성 부수기를 사용해 여러분이 인지하지 못한 두려움을 찾아내는 방법을 배웠으며 두려움 차트를 활용해 두려움을 완화하는 방법을 학습했다. 여러분과 상대방의 두려움을 줄임으로써 대화의 트랜스포메이션을 방해하는 위협, 당황스러움, 방어적 사고를 제거할 수 있다. 두려움의 대화는 다음과 같은 경우를 포함해 다양하게 활용할 수 있다.

- **경영진 리더**는 조직이 더욱 많은 리스크를 수용하고 기업의 목표 달성을 방해하는 장애물을 제거하는 더욱 다양한 방법을 식별하도록 할 수 있다. 하지만 먼저 심리적 안전의 문화를 조성함으로써 장애물 및 리스크에 관련된 정보가 효과적으로 위아래 방향으로 흐르도록 해야 한다.
- **팀 리드**는 그가 이끄는 팀이 스프린트 계획, 스탠드업, 회고 과정에서 탐험하지 않는 선택지가 무엇인지, 그리고 참여와 창의성을 더욱 독려하기 위해 해야 하는 것이 무엇인지 찾아낼 수 있다.
- **개인 기여자**는 인프라스트럭처 애즈 코드 혹은 실행할 수 있는 사양처럼 혁신을 수용할 능력을 가로막는 두려움을 식별할 수 있으며, 동료들과 관리자들의 도움을 받아 두려움을 효과적으로 완화할 수 있다.

이유의 대화

지금까지 우린 신뢰를 구축하고 두려움을 줄이는 데 도움이 될 만한 것들을 대화 도구함에 추가했다. 이 기법들은 협업을 방해하는 여러 문제를 해결하고 공장 마인드셋에 빠져 있는 팀들을 함정에 빠뜨리는 문제들을 줄인다. 성공을 가로막는 장애물을 제거하는 것이 우리의 첫 번째 목적이지만 5장에서 소개할 도구를 사용해 팀 업무에 바탕이 될 긍정적 프레임워크를 만드는 작업을 시작한다. 이유Why를 구축함으로써 기업은 크고 작은 결정을 안내하는 전략적 방향을 수립할 수 있고 성공을 향한 강력한 동기를 얻을 수 있다. 독립적인 의사 결정과 팀 동기는 협력이 없는 공장에서는 고려 대상이 아니다. 그러나 공장에서 벗어나 자율적으로 움직이기 시작하는 순간 필수 조건이 된다.

5장의 핵심 메시지는 다음과 같다. 여러분이 구축하는 '이유'는 팀으로서의 집단 행동의 원동력을 설명할 뿐만 아니라, 이해 당사자들과 함께 만들어져야만 한다. 위에서부터 내려온, 더 나쁜 경우 가짜 컨설팅을 통해 만들어낸 이유를 강요하는 경영진은 더 좋지 않은 영향을 미친다. 이유를 함께 만든다는 것은 수석 아키텍트가 다음 진화 단계로서 클라우드를 지목하는데 집중하는 것, 기술 리드가 자신의 팀 전체를 분기 목표에서 뒤떨어지게 할 수 있는 것, 테스터가 확신하며 다음으로 자신이 자동화할 테스트를 결정할 수 있음을 의미한다.

5장을 학습한 뒤 여러분은 다음과 같은 것을 할 수 있을 것이다.

- **관심**interest과 **입장**position을 구분하고 입장과 관련된 끝없는 논쟁에 갇힌 대화 중 관심사를 찾아낸다.
- **지지**advocacy와 **탐구**inquiry를 조합함으로써 여러분의 관점을 투명하게 공유하며 다른 사람의 관점에 호기심을 갖는다.
- 앞서 설명한 두 가지 기법과 명확한 의사 결정 및 시간이 정해진 논의를 활용해 해결책(예를 들어 팀의 이유team Why 등)을 **공동 설계**한다. 모든 참가자의 이야기를 듣고 다같이 해결책 마련에 공헌했다고 말할 수 있도록 한다.

이유에서 시작하지 말라

TED 세션 중 조회 수가 가장 높았던 영상 중 하나에서 사이먼 시넥Simon Sinek은 성공하려면 조직이 목적, 다시 말해 그들의 존재와 행동의 중심 이유를 들어 이끌어야 한다고 열정적으로 설파했다. '수단What'과 '방법How', 즉 목적을 향하는 전략과 전술은 그 뒤를 따른다고 말했다. 성공하려면 고객, 직원, 투자자들이 가장 먼저 기업의 목적을 듣고 이해해야 하며 그에 정렬돼야 한다고 말했다.[1]

사이먼은 프레젠테이션에 이어 그의 책 『나는 왜 이 일을 하는가?』(타임비즈, 2013)에서 자신의 주장을 뒷받침하는 많은 예시를 인용한다.

- 탐험가인 어니스트 섀클턴Earnest Shackleton은 1914년 최초로 남극 횡단을 시도하기 전 사람들에게 자신과 함께하자고 광

고했다. "남자들Men은 위험한 여행을 원한다. 적은 급여, 심각한 추위, 수개월의 칠흑 같은 어둠, 끊임없는 위험, 보장할 수 없는 귀환…. 하지만 성공만 하면 명예와 명성이 주어질 것이다."[2]

- 애플Apple은 1997년 대대적으로 브랜딩을 변경하면서 자신들의 제품에 관한 아무런 언급도 없이 단지 우리에게 '다르게 생각하라think different'라고 촉구하는 광고를 했다. 기업의 미션을 고객에게 명확하게 수립함으로써, 그리고 자사의 기존 컴퓨터 제품들과 완벽하게 결별함으로써 다가올 수십 년간 음악 플레이어, 스마트폰, 태블릿과 같은 새로운 분야를 지배할 수 있었다.

- 마틴 루터 킹 주니어Dr. Martin Luther King Jr.의 영감 있는 1963년 연설은 사람들이 살게 될 새로운 세상의 비전을 묘사한다. "(사람들은)…그들의 피부 색깔로 판단 받는 게 아니라 개개인이 가진 콘텐츠로 판단 받을 것입니다."[3] 킹은 청중들이 약속의 땅에 가는 방법에 관해서는 아무런 이야기도 하지 않았다. 결정적으로 연설의 제목은 '내겐 계획이 하나 있습니다I Have a Plan'가 아니라 '내겐 꿈이 하나 있습니다I Have a Dream'이다. 그러나 킹 박사는 자신의 신념만 이야기함으로써 25만 명 이상의 청중을 사로잡고 설득하는 데 성공했다.

위의 각 예시에서 대담한 리더는 그룹이 달성하고자 하는 것에 관한 설득력 있는 주장으로 추종자들과 신봉자들을 끌어들였다. 그리고 전략이나 전술에 연연하지 않고 극적인 성공을 거뒀다. 우리 경험에 비춰볼 때 강력한 이유는 더 작고 전략적인 변화에도 동일한 방식으로 도움을 준다.

우리 팀이 비슷한 높이로 성장하길 바란다면 영감을 주는 이유에 대한 순수한 헌신을 그들과 공유하는 것은 지극히 당연해 보인다. 명확한 방향과 내적 헌신으로 그들은 자기 조직화를 할 것이고 셰클턴, 애플 그리고 킹처럼 성공할 수 있을 듯하다. 그렇지 않은가?

극진한 경의를 표하지만 의견은 다를 수밖에 없다. 이유에서 시작하는 것은 매우 위험하며 성공할 가능성도 크지 않다.

팀이 개선을 목적으로 반복적인 전달, 주기적인 성찰^{periodic reflection}과 같은 기법을 생산적으로 사용하고자 한다면 명확한 목적에 동의해야만 한다. 그리고 이 목적에 관한 협의가 이뤄진 다음에야 비로소 애자일 엔진을 돌리는 데 필요한 범위, 마일스톤, 데드라인, 목표 및 다른 모든 것에 합의할 수 있다. 이것이 이유의 대화와 헌신의 대화(순서대로)를 하는 이유다. 이들 두 개 대화에서 팀의 이유와 조직의 이유를 정렬하는 데 필요한 내적 헌신을 구축하는 방법에 관해 많은 이야기를 할 것이다.

이유에 앞서

우리는 신뢰와 두려움의 대화를 하지 않은 채 무작정 팀을 고무시키려다가 암울한 결과를 맞은 리더를 너무나도 자주 봐왔다. 모든 사람에게 기대된 행동을 하도록 할 정렬된 이야기가 없는 상태에서는 배를 조종하는 사람이 있다는 것을 믿을 준비를 할 수 없고 배가 갈 방향에 동의할 준비가 된 사람이 있다고도 믿지 않는다. 그리고 아무런 제한도 받지 않는 두려움이 팀의 사고를 지배할 때 그들은 이유의 대화 핵심을 형성하는 목표를 공동 설계할 공간을 만들지 못한다.

우리가 함께 일했던 팀 중 하나가 떠오른다. 이들이 약 1년여 시간에 걸쳐 개발한 소프트웨어 애즈 어 서비스^{software-as-a-service}를 출시한 직후였다. 반복과 고객 참여가 거의 없던 개발은 제품이 휘청거림을 의미했고 영업 담당자들은 단 한 건의 계약도 체결할 수 없었다. 팀의 사기는 바닥을 치고 있었고 누구도 제품을 고쳐서 판매할 방법을 찾아내지 못하는 듯했다. 이들에게는 시넥 스타일의 좋은 약이 필요한 것 같았다. 그게 있다면 고객과 다시 결합하고 해결책으로 가는 길을 반복할 수 있을 듯했다.

하지만 좀 더 깊이 문제를 파고들자 신뢰와 두려움의 문제가 감춰져 있음을 발견했다. 다시 말해 이 그룹은 이유의 대화를 위한 준비가 전혀 되지 않은 상태였다. 리더들은 팀 조직과 제품 마케팅에 관해 많은 이들이 원하지 않는 일방적 결정을 내렸다. 이는 그들의 동기에 있어서 심하게 잘못 정렬된 이야기로 이어졌다. 코드 리뷰를 건너뛰거나 제품 소유자의 참여 없이 피처를 실사용 환경에 포함하는 등의 지름길은 코드와 릴리스 품질에 관한 팀의 두려움을 일으켰고 이는 충분히 이해할 만했다. 이 시점에서 그룹에 영감 있는 이유를 주고자 하는 시도는 블라이 대령Captain Bligh이 반란 직전 **바운티**의 선원들에게 동기를 부여하는 연설을 한 것과 다르지 않다.

이 조직과 여러 차례 치열한 작업을 한 뒤 다음 항목들을 포함해 신뢰를 구축하고 두려움을 완화하는 데 도움이 될 만한 행동들을 찾아냈다.

- 팀 리드의 역할을 재정의하고 팀 전체를 의사 결정 과정에 포함한다는 약속을 하고 이를 이행하는 등 협력적인 리더십에 관한 코칭을 한다.
- 품질과 관련된 두려움을 논의 가능한 상태로 만들고 이를 해결하기 위해 릴리스 프로세스를 다듬는다.
- 신뢰를 무너뜨리는 행동을 하는 시니어 리더를 없앤다.

팀은 이와 같은 행동들을 한 뒤에야 비로소 의미 있는 이유의 대화를 할 수 있었으며 기업과 팀의 목표, 제품 출시가 이토록 실패한 원인에 관해 대화를 나눴다. 이후 반복적 딜리버리(이제 더는 두려움의 원천이 아니었다)를 통해 피처 누락 문제를 해결하기 시작했다. 해당 제품은 이제 빠르게 판매되고 있다.

예시로 알 수 있듯 이유가 없는 팀은 정렬되지 않고 방향을 잃을 수 있다. 한편 강력한 이유는 심리적 안전과 목표에 관한 명확한 정렬을 제공한다. 공동으로 강력한 이유를 설계하기 위한 이 기법들은 확고한 신뢰에 기반하며 두려움을 줄임으로써 팀은 일관성 부수기, 사람들을 위한 TDD와 같이 앞에서 학습한 여러 스킬을 활용해 업무를 할 수 있다.

더 나가기 전에 그런 기반들을 확실히 갖췄는지 확인하라. 준비를 마쳤다면 시작하자.

이유에 관한 바비의 이야기

저는 바비Bobby라고 합니다. 뉴욕에서 어린이용 이러닝 태블릿에 탑재되는 임베디드 소프트웨어를 개발하는 그룹의 팀 리드를 맡고 있습니다. 동료인 다리우스Darius는 하드웨어를 담당하며 태블릿 기기를 만들고 있습니다. 우리는 새로운 버전의 제품(칩에서 펌웨어와 앱으로)을 출시할 책임이 있습니다. 문제는 다리우스가 있는 곳과 제가 있는 곳의 시차가 7시간이기 때문에 실시간 대화가 어렵다는 것입니다. 다리우스의 팀이 근무 시간을 조정해서 제 근무 시간과 겹치도록 해야 한다고 생각합니다. 저는 이 문제를 다리우스와 전화로 논의하려고 꼭두새벽에 일어났지만 대화는 엉망으로 순식간에 끝나버렸습니다. 당시 대화를 기록했고 무엇이 잘못됐는지 분석하려 합니다.

바비와 다리우스의 대화

주의: 오른쪽 열을 먼저 읽고 위로 다시 돌아가 오른쪽 열에서 왼쪽 열 순서로 읽는다.

바비의 생각과 느낌	바비와 다리우스의 대화
당연히 더 많은 대화를 통해서 얻는 이익을 보게 될 거야.	바비: 팀이 함께 근무하는 시간을 더 늘려야 해. 근무 시간을 뒤쪽으로 좀 더 늦출 수 있겠어?
이봐, 의사 방해는 아무 도움이 안 된다고.	다리우스: 아니, 불가능해.
산타클로스가 우리를 위해 배송일을 옮기지는 않을 거야. 우리 미션은 아이들을 행복하고 똑똑하게 만드는 건데 크리스마스를 놓칠 수는 없어!	바비: 뭐? 하지만 대화가 개선돼야 해. 제품을 크리스마스에 맞춰야 하니까. 일정이 계속 지연되고 있잖아.
믿을 수 없어. 우리가 만든 문서는 완벽하다고! 다리우스의 기술자들이 단지 문서를 읽고 싶어 하지 않을 뿐이잖아.	다리우스: 잘 이해하지 못하는 것 같군. 늦게까지 일한다고 일정 지연을 고칠 수는 없어. 문제는 잘못된 문서니까 말이지.
자, 다시 얘기해 보자.	바비: 문서가 잘못됐다고 해도(물론 난 그렇게 생각하지 않지만) 이야기를 더 많이 해야만 어디가 잘못된 건지 찾을 수 있지 않겠어?
동의해. 너랑 얘기하는 건 전혀 도움이 안 돼. 벽에 대고 얘기하는 심정이군!	다리우스: 그건 별로 도움이 안 돼. 제대로 된 명세가 있으면 우린 그걸 만들 수 있어. 그게 유일한 방법이야.
이제 내겐 선택지가 없어. 네 입장만 생각한다면 난 아무것도 할 수 없어.	바비: 그만두자. 자발적으로 근무 시간을 조정할 의향이 없다면 CEO한테 말해서 조정하는 수밖에.

다리우스는 이메일과 채팅에 서툴고 말이 없습니다. 그래서 전화로 대화하면 말이 통할 줄 알았습니다. 그런데 제가 틀렸습니다! 다리

우스는 오프라인에서 더 완고했습니다. 지연의 원인이나 더 나은 대화를 할 수 있는 방법은 고사하고 우리가 이 태블릿을 만드는 이유에 관해서도 합의하지 못할 것 같았습니다. 다리우스와 어떻게 협업을 할 수 있을지 전혀 모르겠습니다.

준비하기: 입장이 아닌 관심, 지지와 탐구

신뢰의 대화와 두려움의 대화는 이전에 감춰졌던 영역(각각의 이야기와 두려움)을 찾아내고 논의할 수 있도록 하는 것이 목적이었다. 여러분은 이유의 대화가 더 쉽다고 여길 수도 있다. 동료에게 그들의 일이 매우 중요하다는 영감을 주는 이유만 말하면 되기 때문이다. 그렇지 않은가?

안타깝게도 생각처럼 되지 않는다. 여러분에게 영감을 주는 이유들이 일부 팀원 또는 팀 전체에게 아무런 의미가 없기 때문이다. 우리가 알고 있는 한 사람을 소개한다. 금융 업계의 임원으로 자신의 기업이 시장을 효율적으로 만들기 위해 존재한다고 모두에게 수년간 말해 온 사람이다. 그의 말은 사실이었다. 그의 기업은 매우 성공적으로 금융의 비효율성을 제거해왔다. 하지만 이런 이유는 제품 디자인, 채용 혹은 직원 동기 부여에는 아무런 영향을 미치지 못한다. 이 분야에서 일하는 대부분의 소프트웨어 개발자와 제품 매니저에게는 그 이유가 중요하지 않기 때문이다.

대신 우린 여러분에게 좀 더 어려운 것을 제안한다. 조직을 위한 이유를 **공동 설계**하는 것이다. 이는 생각보다 어려운 작업이다. 협상과 타협, 이 보 전진을 위한 일 보 후퇴가 필요한 작업이라 시간 낭비처럼 보일 수도 있다. 또한 모든 측면에서 자아ego를 억제해야 하므로 더욱 어렵다. 우리가 일하는 삶에서 우리 자신이 진실과 방향의 유일한 원천이라는 것을 더는 믿을 수가 없다. 이는 자신들만이 조직이 가야 할 올바른 방향을 알고 있는, 혹은 알아야 하는 유일한 존재라고 믿는 경영진이나 창업자에게 특히 어렵다. 공동 설계는 팀의 내적 헌신과 자기 조직화를 만들 수 있는 유일한 방법이다.[*]

다음 절에서 공동 설계에 관해 설명할 것이다. 그 전에 '입장이 아닌 관심Interests, Not Positions'과 '지지와 탐구 조합하기Combining Advocacy and Inquiry'라는 기법을 소개한다. 두 개 기법은 누군가와 논쟁의 영역에서 협업해야 하는 모든 경우에 유용하다.

입장이 아닌 관심

『YES를 이끌어내는 협상법』(장락, 2014)에는 인도주의 단체인 머시 콥스Mercy Corps의 협상가인 아서 마르티로스얀Arthur Martirosyan이 '입장이 아닌 관심' 기법을 사용해 협상에 성공한 사례가 등장한다.[4] 한 석유 회사가 전후 이라크에서 새로운 저유지를 발견하고 즉시 석유를 시추할 수 있도록 준비했다. 애석하게도 석유는 소작농들이 경작 중인 밭 바로 아래 저장돼 있었고 소작농들은 농작물을 포기하지 않았다. 이들은 무장하고 기업 사무실을 공격하겠다고 위협했다. 당시 사회는 내전에서 회복 중이었고 종파 간 폭력으로 분열돼 있었기에 소작농들의 협박을 그저 엄포로 치부할 수는 없었다. 그야말로 난감한 대치 상황이었고 양쪽 누구도 **입장**을 포기할 의사가 없었다. 석유 회사는 시추를 원했고 소작농들은 농사를 짓고자 했다. 한 치 양보도 없는 교착 상태였다.

---

[*] 또한 팀 구성원이 드나들고 환경이 변화함에 따라 여러분의 이유를 주기적으로 갱신해야 할 것이다. 이유의 대화에 더 능숙해져야 하는 이유다.

마르티로스얀은 대립을 양측의 **관심**에 관한 논의로 옮길 기회를 발견한다. 석유는 어디로도 이동하지 않을 것이며 농부들은 수확을 눈앞에 두고 있었다.

석유 회사가 땅을 차지하기 위해 잠시 기다릴 수 있을까? **물론**이다. 그들의 관심은 자신의 주장을 보호하고 향후 수년 동안 자원을 이용하는 것이기 때문이다.

소작농들은 수확 후에 그곳을 떠날 수 있을까? **물론**이다. 그들의 관심은 자신들이 애써 기른 농작물의 판매이기 때문이다.

대화의 초점을 관심으로 옮기자 해결책이 명확해졌다. 농작물이 다 자라고 소작농들이 수확을 하고 트랙터가 떠난 **다음**에 굴착기가 들어오면 되는 것이었다. 어쩌면 몇몇 농부는 유전에서 새로운 직업을 얻을 수도 있을 것이다!

조직 내 어려운 대화는 세입자를 쫓아내거나 (글자 그대로) 총알을 피하는 것과는 다르다. 하지만 여러분의 동료들은 석유 회사나 소작농들보다 완고한 입장을 고수하고 있을지도 모른다. 어려운 대화를 시작하기에 앞서 입장을 식별하는 것이 매우 중요하다. 이와 함께 가능한 이해관계도 생각해야 한다(물론 여러분 각자의 입장과 이익도 잊지 말라!). **여러분**은 이런 것들을 보지 못할 수도 있기에 일반적으로 이를 식별할 때 조직 외부로부터 도움을 받으면 좋다.

표 5.1에 다양한 입장 및 관련된 관심의 예시를 들었다.

표 5.1 다양한 입장 및 관련된 관심

입장	관련된 관심
이번 분기에 피처 X를 릴리스해야만 한다	경쟁자 따라잡기 고객과의 약속 지키기 정시 출시와 관련된 평판 보호하기

입장	관련된 관심
기술 부채를 제거해야 한다	높은 품질의 제품 출시하기 개발자들을 행복하게 하기 새로운 기술 스태프 채용하기
인입되는 피처 요구의 버퍼링을 막아야 한다	딜리버리 예측성 높이기 팀의 처리량(throughput) 개선하기 업계 프랙티스 따라잡기
배포할 때 컨테이너를 사용해야 한다	배포 실패 줄이기 프로덕션 문제를 빠르게 진단하기 새로운 기술 학습하기
급여 등급 시스템이 필요하다	공평한 직원 처우 보장하기 법적 소송 피하기 스태프 유지하기
제인을 해고해야 한다	성능 문제를 빠르게 해결하기 문화와 가치 강화하기 스태프 예산 줄이기

대화 속에서 입장과 관심을 구분함으로써 여러분과 그룹의 나머지 사람들은 끝나지 않고 결실이 없는 논쟁의 늪에서 벗어날 수 있다.* 완고한 반대 입장이 나타나는 것을 보거나 여러분의 입장이 움직일 수 없는 상태가 됐다고 느껴지면 그런 입장을 야기한 사고의 이유와 관심을 식별하고 공유하도록 하라.

공동 창업자 세 사람 중 두 사람이 어떤 세일즈 전략을 도입할 것인지 격렬하게 논의한다고 가정하자. 한 사람은 기존 고객 안에서 확장하는 방식을 열렬히 선호하고, 다른 한 사람은 새로운 제품을 사용해 추가적인 시장을 개척하는 방식을 강력하게 지지한다. 세 창업자

---

* 신뢰의 대화에서 소개한 추론의 사다리를 기억하는가(그림 3.1)? 이와 같은 입장에 기반한 싸움은 결론의 차이를 초래하는 사고(관심을 포함해)를 공유하지 않은 채 일어나는 사다리 최상층으로부터의 많은 행동 지지를 포함한다. 이를 '결투의 사다리(dueling ladders)'라고 표현한 것은 적절하다.

중 나머지 한 사람이 우리가 그녀를 중재자로 초대할 때까지 조용히 두 창업자의 논의를 지켜봤다. 이 시점에서 그녀는 화이트보드에 차트를 하나 그렸다. 다른 두 창업자의 관심을 이해하는 새로운 방법이었다(표 5.2 참조). 수직축을 사용함으로써 그녀는 우리 모두에게 기존 고객과 신규 고객에게 잘 알려지고 사랑받는 피처들에서 리서치를 통해 개발한 완전한 신규 피처와 같은 선택지를 조합해 제공하는 것이 공통된 관심사임을 볼 수 있도록 했다. 논쟁은 생산적인 방향으로 바뀌었고, 이제는 이 조합이 어떤 것이며 이후에는 어떻게 조합해야 하는지를 논의하게 됐다.

표 5.2 제품 인사이트

	기존 고객	신규 고객
신규 제품	확보와 확장	신규 개척가
기존 제품	더 많은 사용	입증된 해결책

이유의 대화를 구체적으로 준비하려면 표 5.1과 같은 표를 만들어라. 입장은 여러분이 생각하기에 동료들이 지지하는 특정한 팀이나 조직의 목표다. 그리고 관심은 지지의 기반이 되는 더 넓은 원칙들을 기술한 것이다.

지지와 탐구 조합하기

2장에서 언급한 것처럼 우리는 선천적으로 일방적인 통제와 격렬한 지지를 하는 경향을 띤다. 즉 우리 관점이 어떤지 다른 사람에게 말하기만 하면 그들은 우리의 논리와 멋진 미사여구로 우리에게 동의할 것(왜냐면 우리가 옳으니 말이다)으로 생각한다. 아기리스는 대화에 집중하는 것이 이런 습관을 버리는 데 도움을 줄 것이며[5] 사람들을 위한 TDD 또는 입장이 아닌 관심과 같은 기법들은 투명성과 호기심에 대한 일방적인 지지로부터 우리를 멀어지게 할 것이라고 설명한다. 우리는 진실을 가진 유일한 존재가 아니다. 순수한 질문을 함으로써 다른 이들이 상황을 바라보는 방법을 이해할 수 있으며, 이를 통해 함께 새로운 해결책을 만들어 낼 수 있게 된다.

그러나 순수한 탐구로 너무 기우는 것 역시 문제다. 우리 중 한 사람이 동료인 세르기즈Sergiusz와 새로운 보고서에 사용자 입력을 받는 방법에 어떻게 접근했는지 떠올려보자. 제프리와 세르기즈 모두 각기 대화 분석을 했으므로 두 사람 모두의 생각에 접근(3열짜리 대화 분석)할 수 있다. 세르기즈와 제프리는 대화를 적고 생각을 기록했다(세르기즈의 생각은 왼쪽 열, 제프리의 생각은 오른쪽 열에 표시했다). 실제 대화는 가운데 열에 기록했다.

세르기즈와 제프리의 대화

주의: 가운데 열을 먼저 읽는다.

세르기즈의 생각과 느낌	세르기즈와 제프리의 대화	제프리의 생각과 느낌
우린 롭과 후속 미팅을 해야만 해. 하지만 다른 사람을 따라가는 건 유용하지 않은 것 같아.	세르기즈: 이 분석을 롭(Rob)에게 보내야만 할 것 같아. 우리가 제대로 된 걸 만들고 있는지 코멘트를 해줄 거야.	난 이것을 확신하지 않아. 세르기즈는 이 주제에 관심이 많지만 결국 이해관계자 중 하나일 뿐이니까.
음, 좋아. 어떻게 되는지 보자.	제프리: 왜 그렇게 얘기하는 거지?	내가 모르는 뭔가가 있을 거야. 난 롭의 팀과 진행한 초기 미팅에 불참했으니 말이야.

세르기즈의 생각과 느낌	세르기즈와 제프리의 대화	제프리의 생각과 느낌
롭이 이 보고서를 읽을 사람들을 관리한 것 같아.	세르기즈: 롭의 팀이 비슷한 보고서를 운영한다는 인상을 받았거든. 롭은 보고서가 어떤 형태여야 하는지 알 거야.	롭은 관리자가 아니라고 생각해. 단지 흥미가 있는 사용자일 뿐이지.
이건 논의가 아니라 대결이야. 순수한 질문이 아닌 것 같아.	제프리: 음, 다른 사람들도 흥미를 갖고 있어. 이 보고서는 누구를 위한 거야?	난 롭 위에 실질적인 결정을 하는 임원이 있었다고 생각해. 난 네가 이 보고서를 만들기 시작할 만큼 충분히 이해했는지 잘 모르겠어.
난 이게 우리가 논쟁해야 할 이슈라고 생각하지 않아. 우리는 피드백이 필요할 뿐이지, 보고서의 목적을 다시 검토하려는 게 아니라고.	세르기즈: 운영 관리자들을 위한 보고서야. 시스템이 원활하게 돌아가도록 유지하는 사람들 말이야.	조금 혼란스럽고 걱정되는데. 이들이 어떤 문제를 해결하고 싶어 한다고 생각하는 거지?
난 동의하지 않아. 하지만 네가 이렇게 생각한다면 우리가 피드백을 받을 방법을 결정할 수 있겠지.	제프리: 아니, 이건 예산을 통제하는 비즈니스 스폰서를 위한 보고서야. 이 보고서를 받고 그녀가 무슨 일을 할 것 같아? 애당초 우리가 이 보고서를 왜 만들고 있는 거지?	그냥 만들기만 하면 된다는 거야? 고객을 전혀 이해하지 못한 것 같잖아.
논점에서 완전히 벗어났어. 왜 계속 날 교차 검증하는 거지? 내가 나쁘게 보이게 만들고 싶은 건가? 회의든 뭐든 다른 데로 탈출하고 싶다.	세르기즈: 잘 모르겠어. 이 보고서가 그녀의 행동을 바꿀 것 같지는 않아.	그녀의 행동이 달라지지 않을 거라고? 그럼 이걸 왜 만들어야 하지? 이 부분에서 완전히 맞지 않는 것 같아. 우리가 같은 위치에 있다는 걸 확실히 할 좋은 기회야. 이 부분에 시간을 조금 더 쓸 수 있어서 다행이야.

위에서 볼 수 있듯 제프리는 스스로 일련의 질문을 함으로써 상황에 관한 상호 이해를 만드는 방향으로 가고 있다고 생각하는 반면, 세르기즈는 조작당했다고 생각하고 있으며 점점 제프리에게 숨겨진 의도가 있다고 생각한다. 이 대화는 전혀 의도하지 않았던 결과를 낳았다. 상호 학습의 증대는커녕 세르기즈의 불신과 두려움만 키웠다.

우리는 이를 **페리 메이슨 함정**Perry Mason Trap이라 부른다. 질문의 이유 혹은 질문의 뒤에 놓인 우리의 관점을 설명하지 않은 채 일련의 질문을 계속하면 대화 상대는 우리가 어떤 달갑지 않은 놀라움으로 자신들을 이끈다고 생각하게 된다. 마치 20세기 TV 변호사처럼 말이다 ("아하! 결국 당신은 밝은 분홍색 스포츠카를 몰았다고 인정하는 거군요. 범죄 현장에서 과속한 것으로 목격된 것과 같은 차량 말이죠!")

함정을 피하려면 여러분의 입장에 관한 지지와 대화 상대에 관한 탐구를 조합해야 한다. 피터 센게는 그의 책『학습하는 조직』(에이지 21, 2014)에서 이를 강조했다.[6] 지지와 탐구 조합하기를 능숙하게 사용하려면 수많은 연습을 해야 한다. 이 어려운 조합을 달성할 수 있는 몇 가지 접근 방식을 소개한다.

- "줄어든 매출을 맞추려면 채용 예산을 삭감해야 할 것 같습니다. 당신 생각은 어떻습니까? 예를 들어 예산을 삭감할 다른 영역이 있든지, 아니면 예산 삭감이 잘못된 대응 방법일까요?"
- "이 제품을 얼마나 다양한 방식으로 제공할 수 있을지 궁금합니다. 두 가지 방법을 생각해 봤는데, 한 가지는 홈 스크린에 두는 방법이고 다른 한 가지는 체크아웃 시의 부가 기능으로 두는 방법입니다. 다른 아이디어가 있을까요?"
- "몇몇 고객이 구현이 일정보다 늦어졌다고 말하는 것을 들었습니다. 일부 기능이 지연돼야 하는지 궁금합니다. 당신은

딜리버리 팀과 밀접하게 일하고 있으니까요. 이 상황을 어떻게 보십니까? 어떤 해결책을 제안해 주실 수 있을까요?"

지지와 탐구 조합하기가 주는 긍정적인 부수 효과는 여러분의 관찰과 아이디어를 대화에 포함하도록 여러분을 상기시킨다는 점이다. 추론의 사다리를 공유하는 것은 여러분이 더욱 큰 상호 학습을 시작하게 되면 놀랄 만큼 잊어버리기 쉽다. 일단 자신의 관점에 투명해지고 다른 사람의 아이디어가 궁금해진다면 갈등으로부터 훨씬 더 많은 가치를 창출할 수 있는 길 위에 있는 것이다.

준비하기: 공동 설계

계란을 직접 넣기

케이크 믹스cake mix를 발명한 직후, 초기 제조사* 중 한 기업이 한 가지 문제를 알아차렸다. **많은 가정주부가†** 케이크 믹스 구입을 거부한다는 점이었다. 경영진은 의아하게 생각했다. '이상하군. 박스에서 꺼낸 가루에 물만 추가하면 되는데, 왜 사람들은 가루의 무게를 재고 체로 치고 저어야 하는 복잡한 과정을 선호하는 거지?'

기업은 이 문제로 한참이나 골머리를 앓았다. 누군가 고객에게 실제로 **물어보자**는 그야말로 번득이는 아이디어를 내기 전까지 말이다.

---

* 던컨 하인즈(Duncan Hines)가 케이크 믹스를 최초로 발명한 것으로 널리 알려졌지만, 최근 연구에 따르면 피츠버그(Pittsburgh)의 피 더프 앤 선즈(P. Duff and Sons)가 실제 케이크 믹스를 만든 최초 회사로 밝혀졌다.[7]
† 다소 성차별적일 수 있는 단어, '가정주부(housewives)'를 사용한 점에 사과한다. 케이크 믹스가 발명된 20세기 중반에는 케이크를 굽는 사람 대부분이 가정주부였다. 당시 마케터들도 고객을 지칭하기 위해 '가정주부'라는 단어를 사용했다.[8]

조사 결과 케이크 믹스의 **너무 쉬운** 사용법이 오히려 문제라는 것을 알아냈다. 너무 간단해서 베이킹의 느낌이 들지 않은 것이다. 가정에 뭔가 달콤하고 맛있는 것을 제공했다는 자부심을 느끼고 싶어 하는 고객들은 케이크 믹스를 선호하지 않았다. 베이커리 선반에 진열된 케이크 중 하나를 집는 것과 마찬가지라고 생각한 것이다.[9]

해결책은 명확했다. 달걀 분말을 믹스에서 제거하고 신선한 달걀을 직접 준비해 깨 넣고 휘휘 저으라고 안내했다. 제품 상자 앞면에 인쇄된 '여러분이 직접 달걀을 넣으세요'라는 문구는 충분한 참여를 이끌었고[*] 고객은 실제 베이킹을 하는 느낌을 받았다. 제품은 불티나게 잘 팔렸다.[†]

더 나은 결정 구워내기

종종 팀들이 다양한 사항(프로세스, 추정, 도구 선정, 예산, 심지어는 누가 어디에 앉을지까지)에 관해 중앙화되고 비협의적인 방법으로 결정을 내리려고 시도하는 것을 본다. 효율성과 정당성을 추구하는 리더들은 근본적인 결정을 한 후 팀에 알리고 새로운 계획이 열정적으로 받아들여지길 기대한다. 하지만 케이크 믹스의 고객들이 그랬던 것처럼 팀 구성원들은 긍정적인 반응을 보이지 않는다. 최선의 반응이 체념 섞인 복종에 그치고 최악의 반응은 기대했던 것과 정반대의 모습이다. 무엇보다 가장 근본적인 결정, 즉 팀에게 동기를 부여하는 이유에 관한 정의를 포함하는 경우라면 완벽한 재앙이다.

---

[*] 케이크 믹스 상자 이야기는 다음 웹페이지에서 찾아볼 수 있다(https://www.thissheepisorange.com/office-psychology-let-your-poeple-add-an-egg/).

[†] 이는 잘 알려진 이야기로 우리는 제럴드 와인버그(Gerald M. Weinberg)의 『컨설팅의 비밀』(인사이트, 2004)과 뇌리에 박히는 문구인 '여러분이 직접 달걀을 넣으세요(add your own egg)'를 차용했다.[10]

결정의 크기와 관계없이 '계란을 직접 넣는' 팀 구성원들과 함께 공동 설계 프로세스를 이용하라. 프로세스는 다음과 같다.

- 가능한 한 많은 사람을 참여시킨다.
- 순수한 질문을 한다(2장 참조).
- 반대 관점을 도입한다.
- 논의 시간을 제한한다.
- 누가 최종 결정을 내릴지 결정하고 대화한다(의사 결정 규칙 이라고 부른다[11]).

먼저 앞 절에서 설명했던 기법(입장이 아닌 관심, 지지와 탐구 조합하기)들이 여러분의 공동 설계 논의에 매우 유용함을 관찰한다. 순수한 질문을 하면서 대답 속에 숨겨진 관심이 무엇인지 경청하고 탐구하라. 반대 관점을 도입할 때는 적절하게 지지하는 것을 기억하라. 이 두 가지를 할 수 있다면 부분적인 성공이라도 모두에게 적절한 정보를 제공하고 참여자들이 결정의 한 부분을 감당했다고 느끼게 할 수 있을 것이다.

공동 설계 프로세스는 민주주의나 만장일치와 같을 필요는 없다. 의사 결정 규칙에는 모든 사람이 결정에 동의해야 한다거나, 결정을 지지해야 해야 한다는 내용을 포함할 필요가 없으며, 타임 박스(논의에 정해진 고정된 시간)는 끝없는 논의로 늪에 빠지지 않을 것임을 보장한다. 핵심 요소는 참여('나는 결정의 한 부분을 담당했고 반대 의견도 제시했다')와 정보 흐름('내가 알던 것들을 공유할 수 있었다')이다. 우리는 이 프로세스를 따를 때 더 나은 결정을 내리고 의미 있는 내적 헌신을 얻어냄을 계속해서 본다.

공동 설계 점수 매기기

공동 설계를 위한 2열 대화 분석의 점수를 매길 때 앞서 언급한 목록의 다섯 요소를 확인하고 여러분의 대화 중에 해당 요소를 확인할 때마다 점수를 더하라. 관련 있는 사람을 가능한 한 모두 포함했는가? 순수한 질문을 하고 여러분의 관점과 일치하지 않는 관점을 독려했는가? 대화는 상호 합의된 제한된 시간 내에서 의사 결정 규칙에 따라 진행됐는가? 5점 만점 중 5점을 얻었다면 모든 사람의 내적 헌신을 얻어낼 만한 결정을 내리는 데 성공했다는 뜻이다.

모두를 만족시키기 위한 공동 설계

공동 설계는 형태가 다양하다. 두 그룹이 진행할 때도 있고 이백여 개 그룹이 진행할 때도 있다. 짧은 기간 진행되거나 몇 주에 걸쳐 진행되기도 하면서 크고 작은 결정을 내리는 것을 봤다. 그중 한 예로 우리와 함께 일했던 15명으로 구성된 엔지니어링 팀을 소개한다. 릴리스는 에러가 많았고 속도 또한 느린 팀이었다. 모든 구성원이 몇몇 자동화와 원칙이 도움 될 것이라는 데 동의했으며 개선된 프로세스가 어떤 형태인지에 관한 꽤 좋은 아이디어도 있었다. 새로운 배포 프로토콜을 설계하고 구현하는 것이 수월해 보였다.

하지만 케이크 믹스의 교훈을 기억하면서 우리는 팀 전체를 모아 현재 프로세스를 화이트 보드에 그린 뒤 마찰이 일어나는 부분이나 비효율적인 부분에 빨간색으로 표시했다. 타이머를 맞추고 이렇게 선언했다.

"보드에 프로세스가 그려져 있습니다. 여러분이 잘 동작하지 않는다고 말한 부분을 표시했습니다. 앞으로 20분 동안 변경에 관한 모든 제안을 듣겠습니다. 그리고 제안에 따라서 펜과 지우개를 사용해 단계를 업데이트하겠습니다. 타이머가 멈추면 보드에 그려진 게 무엇이든 간에 새로운 프로세스로 공표하고 모두에게 따르도록 요청할 것입니다. 문제가 생기면 2주 후에 모두에게 맥주를 한 병씩 사겠습니다. 자, 누가 먼저 시작하겠습니까?"

우리가 전혀 생각하지 못했던 것을 포함해 여기저기에서 아이디어가 쏟아졌다. 전에 알지 못했던 도구를 사용하는 것, QA나 시스템 관리와 같은 여러 전문가의 문맥적 의견 정보도 있었다. 게다가 우리가 기존 프로세스를 정확하게 이해하지 못하고 있으며 제대로 동작하도록 하려면 다이어그램에 몇 단계를 더 그려 넣어야 한다는 것을 알게 됐다. 고작 몇 분 만에 스스로 할 수 있다고 생각한 것보다 더 나은 설계를 보드 위에 만들어 냈다. 방 안에 있던 사람들 역시 자신이 설계의 한 부분이라고 느끼는 것 같았다. 그들은 열정적으로 새로운 시스템을 구현했다. 이전 프로세스보다 부드럽고 버그도 적을 것이 분명했다. 무엇보다 모두에게 맥주를 살 걱정을 할 필요가 없었다.

여러분의 팀에 동기를 부여하는 이유를 성공적으로 결정하는 데 있어 '직접 달걀을 넣는' 것은 핵심적이라고 생각한다. 이제 이것이 실제로 어떻게 동작하는지 확인해 보자.

대화: 이유 구축하기

일반적으로 기업들은 어떤 방식으로 목적을 정의하고 전략 결정 혹은 중요한 트랜스포메이션을 시작하는가? 경험에 따르면 이는 전형적으로 이사회나 리더들로 구성된 소그룹, 혹은 몇몇 경영진에 의해 부여된 태스크이다. 그들은 모종의 방법으로 모여 (이사회실이나 사무실 바깥 등) 논의와 논쟁 혹은 한 바탕 싸움을 한 뒤 돌아와서 미션 문구나 로드맵 또는 가치에 관한 정의를 제시한다. 그러면 기업의 나머지 사람들은 정중하게 환호를 지른 뒤 일하러 돌아간다.

앞 절에서 설명한 내용에 주의를 기울였다면 우리가 이런 접근 방식에 비관적이라는 사실이 그리 놀랍지 않을 것이다. 무엇보다 결정을 내리는 그룹은 그룹 밖의 구성원이 가진 중요한 정보가 없을 것이므로 대단히 취약한 결론을 내릴 것이다. 그리고 이 점이 더 중요할 수도 있는데, 기업 구성원 대부분은 그 결정에 투자를 거의 하지 않을 것이기에 결정을 쉽게 무시하거나 립 서비스 이상으로 받아들이지 않을 수 있다. 동기 부여조차 못하는 허울만 좋은 이유다.

문제는 이 절망적인 회의를 대체할 만한 실질적 대안이 없다는 점이다. 그룹 전체가 미션에 투표해야 하는가? 공감대가 형성될 때까지 논의를 계속해야 하는가? 제비뽑기라도 해야 하는가? 둘 혹은 셋 이상의 사람만 모여도 모든 방법은 다루기 어렵고 비효율적인 것으로 순식간에 탈바꿈한다.

바로 이것이 이유의 대화에 접근하는 방법으로 공동 설계를 지지하는 까닭이다. 앞에서 언급했듯 팀의 규모는 관계없다. 할 수 있는 한 모든 것을 포용하라. 대안적 관점들을 수용하고 순수한 질문을 사용해 지지와 탐구를 조합하라. 의사 결정 규칙을 수립하고 (적절하다면) 논의 시간을 제한하라.

어떻게 보이는가? 우리 고객 중 하나는 중요한 확장 이후 새롭게 조직을 이끌 가치를 수립하기 위해 이유의 대화를 강조했다. 고객의 조직은 새로운 성장 단계를 위해 기업의 방향을 재정립하는 전반적 목표를 세웠고 계획된 확장의 기반이 되는 비즈니스 인자들을 설명했다. 그리고 모두를 대상으로 그들의 관점에 대한 여론 조사에 심혈을 기울였다(소규모 인사팀에서 몇 개 사무실의 신규 인력으로 충당하기에 적지 않은 성과였다). 전체 직원의 60% 이상이 참여했고 100여 개 아이디어가 모였다. 좀 더 작은 규모의 그룹들은 이후 그 가치들에 대해 논의하고 논쟁했다. 퍼실리테이터들은 질문을 하며 모든 사람의 관점을 경청한다는 것을 보장했다. 정해진 논의 기간이 끝난 뒤 이사회는 회의를 열어 주요 아이디어를 리뷰하고 기업을 위한 세 가지 가치를 선택해 뜨거운 호응을 얻었다.

그와 동시에 회사 내에서 긴밀하게 협업하던 두 제품 관리자가 스스로 고유의 이유를 다듬었다. 우리를 만나기 전까지 그들은 거대한 피처 공장(1장 참조) 안에서 주문받는 사람처럼 일했다. 경영진의 요구를 필터링이나 피드백이 거의 없이 개발자들에게 전달했다. 신사적인 독려와 순수한 질문들을 사용해 그들이 훨씬 직접적인 지시 역할을 원한다는 것을 발견하도록 도왔다.

흥미롭게도 개발자들과 이해관계자들을 참여시키고 참여자들의 관심사에 집중하면서 두 사람은 더 많은 필터링과 제품 방향이 팀과 관리자들의 바람과 정확하게 일치하는 것을 알았다. 1~2주 만에 두 사람은 새로운 제품 방향을 정의하고 그것에 집중하는 새로운 목적을 사용하기 시작했다. 두 제품 관리자의 명확한 제품과 개인적인 이유는 기업의 이유 안에서 가치와 목적의 전체적 리뉴얼renewal과 조합돼 더 빠른 사이클 타임은 물론 극적인 고객 피드백의 증가와 불과 1개월 만에 신제품을 출시하는 결과를 낳았다.

이유에 관한 바비의 이야기(계속)

성찰하기와 개선하기

다리우스와의 대화에 점수를 매기면서 성찰해볼 시간입니다. 두 개 질문이 있었지만 순수한 질문이라기보다는 유도하는 질문이었습니다. 근무 시간을 옮겨야 한다는 제 입장을 인정하게 만들려는 질문이었습니다. 심지어 정말 좌절했던 마지막까지도 저는 다리우스와 그의 팀에 관한 부정적 관점을 공유하지 않았습니다. 그리고 다리우스가 초반부터 그랬던 것처럼 누군가가 저를 무시하거나 말을 막는다고 생각할 때 신경이 잔뜩 예민해져서 대응합니다. 이 역시 제가 주의해야 할 트위치 혹은 트리거입니다.

공동 설계와 관련해서 타임박싱은 잘했다고 생각합니다. 편하지 않은 시간은 자연스럽게 논의를 중단했기 때문입니다. 하지만 다른 면에서는 점수를 얻지 못했습니다. 다리우스의 팀원들을 포함할 수 있었지만 그렇게 하지 않았습니다. 저는 문서를 완벽하게 만들어야 한다는 다리우스의 의견을 무시했습니다. 우리에겐 상호 합의된 의사결정 규칙이 없었습니다. 제가 결국엔 CEO에게 이 상황을 보고해야 한다고 했기 때문입니다. 5점 만점에 1점이라니, 아주 좋지 않습니다.

대화를 개선하기 위해 더 호기심을 갖고 다리우스가 실제로 어떤 관점이었는지 알아보려 합니다. 제가 다리우스의 마음을 열 수만 있다면 더 나은 방법을 찾게 될지도 모릅니다. 제 말을 막는다는 생각이 들 때 소리부터 지르는 개인적 성향을 누르는 것도 분명 도움이 될 것입니다. 또한 다리우스에게 동기를 부여하는 것이 무엇인지, 예를 들어 그가 대화를 늘리는 것에 완강히 반대하는 이유 등을 이해할 수 있다면 도움이 될 것 같습니다.

개선된 대화

다리우스가 있는 곳으로 비행기를 타고 갔습니다. 얼굴을 보고 직접 이야기하면 훨씬 나은 대화를 할 수 있을 것 같았습니다. 비행기 안에서 개선한 대화의 양쪽에서 역할극을 했습니다. 현장에 도착해 다리우스의 팀원들을 미팅에 초대해 논의에 참여하게 하고 싶었지만 다리우스는 팀원들에게 오지 말라고 했습니다. 다리우스와 또 말다툼 하게 되는 것은 아닐지, 이번 출장도 아무런 소득 없이 끝나는 건 아닌지 걱정이 됐습니다.

바비와 다리우스의 개선된 대화

바비의 생각과 느낌	바비와 다리우스의 개선된 대화
내가 보기에 문제는 매우 분명해. 다리우스도 나와 같은 관점인지 확인해보자.	바비: 다리우스, 하드웨어와 소프트웨어 조율에 문제가 있다는 데 동의해?
좋아, 뭔가 잘못됐다는 점에선 같은 생각이네.	다리우스: 물론이지. 3개월이 지났는데도 새 제품을 출시하지 못했잖아.
내 입장을 공유하면, 그에 관한 이야기를 나눌 수 있을거야.	바비: 사실이야. 오랫동안 난 우리가 좀 더 많은 대화를 해야 한다고 생각했어.
여기 있는 모든 사람이 똑같은 얘기를 하고 있지. 대체 그게 뭐가 어렵다는 거지?	다리우스: 알아. 하지만 그게 우리에게 어려운 상황이란 걸 이해하지 못하는 것 같아.
	바비: 시차 때문일까?
아하, 다리우스의 팀에게 언어가 장벽이리라고는 생각지 못했어. 팀 구성원들이 영어를 잘하지 못한다는 그의 의견은 옳지만, 난 그들이 영어 실력을 늘리고 싶어한다고 생각했어. 이게 바로 팀 구성원들을 회의에 함께 참가시키지 않은 이유였어.	다리우스: 꼭 그렇지는 않아. 우린 너희 스케줄에 맞춰서 일할 수 있고, 자주 그렇게 하고 있어. 하지만 날 제외하고 우리 팀원들은 영어를 거의 못 해.
내가 다리우스의 입장을 명확하게 안 것인지 확실히 하자.	바비: 넌 우리가 대면 회의를 피해야 한다고 생각하는 거야? 미팅에 참가자들을 부르지 않은 것도 그런 이유인가?
처음 듣는 이야기는 아냐.	다리우스: 맞아. 우리가 널 더 이해하지 못하는 이상 이야기를 할 수 있는 부분이 없으니까. 자세한 스펙을 주면 우리가 제품을 만들 거야.

바비의 생각과 느낌	바비와 다리우스의 개선된 대화
다리우스 입장 뒤에 있는 관심 사항이 원지 확인해 보자.	바비: 그러려고 계속 노력했지만 그게 쉽지 않은 것 같아. 어째서 '자세한 스펙을 달라'라는 말을 반복하는 거야? 그렇게 해서 어떤 좋은 결과를 얻을 수 있지?
좋아. 난 분명히 이 관심 사항을 공유했어.	다리우스: 우리가 최대한 효율적으로 하드웨어를 만들 수 있겠지.
	바비: 그 점에는 논란의 여지가 없어. 우리 둘 다 효율성에 관심이 많으니까. 그렇지?
그녀는 확실히 효율성에 집중하고 있지. 이 나라에서 채용을 해서, 공장 가까이 하드웨어 설계자들을 두는 것도 그녀의 아이디어였으니.	다리우스: 물론. CEO도 효율성 말고 다른 이야기는 하지 않는 듯해.
작은 꾀가 하나 떠올랐어. 다리우스한테도 효과가 있을까?	바비: 흠, 스펙 문서를 좀 더 읽기 쉽게 만들면 효율성 재고에 도움이 될까?
더 좋은 스펙이 실제로 더 효율적일 것 같다는 말이로군.	다리우스: 물론이야. 우린 이쪽에서 요구 사항이 어떤 의미인지 논쟁하는 데 시간을 너무 많이 쓰고 있거든. 하지만 어떻게 그렇게 할 수 있을까?
여전히 문서 기반 대화를 고수해야 할 수도 있겠지만 번역가가 있다면, 이해를 가로막는 큰 장벽을 제거할 수 있을거야.	바비: 음, 사실 난 기술 번역가를 채용해서 스펙 문서를 너희 언어로 더 잘 번역되게 하려고 해.
와우, 지금 이 말은 내 관심과도 부합하는 것 같아.	다리우스: 마음에 들어! 화상 회의에서도 통역가한테 도움 받을 수 있을지 모르겠군.
	바비: 거기까지는 미처 생각 못 했어. 하지만 좋은 생각인 것 같아. 채용 광고를 같이 써 볼래?

우린 효율성이라는 공동의 관심사가 있다는 사실을 알게 됐습니다. 제품에 효율성을 더하는 것이 공유된 이유입니다. 여기에 집중해

우리 둘의 관심을 방해하는 대화를 해결할 만한 창의적 해결책을 찾았습니다. 이제 우리는 번역가에게 많은 도움을 받습니다. 그리고 하드웨어 팀의 언어를 말할 수 있는 새로운 엔지니어 한 명을 찾았고 그녀는 우리에게 그들의 언어를 가르쳐주고 있습니다.

이유의 대화 예시

테레사와 기술팀: 집중할 부문 선택하기

테레사Teressa는 이렇게 말했다. "오랜 기간 정상 궤도에서 벗어난 팀에 새로운 엔지니어링 리더로 고용됐습니다. 저는 팀이 새로운 방향에 내부적으로 헌신하길 바랐고, 회사는 팀이 비즈니스 우선순위에 따라 딜리버리 하길 원했습니다. 이에 개발자들, 제품 관리자들과 함께 이유의 대화 미팅을 소집해 합의하고 앞으로 나아갈 길을 공동 설계하기로 했습니다."

테레사와 기술팀의 대화

테레사의 생각과 느낌	테레사와 기술팀의 대화
우선 그라운드 룰을 분명히 하자. 모두에게서 정보를 얻고 마지막에 명확한 결정을 내려야 해.	테레사: 참석해줘서 고마워요. 지금부터 몇 시간 정도 팀 방향을 수립할 거예요. 모두 참석해서 아이디어를 제안해 주길 기대합니다. 하지만 필요하다면 제가 개입해 결정할 수도 있습니다. 화이트보드에 적힌 모든 것이 다음 달에 우리가 나아갈 방향이 될 것입니다. 다들 이해하셨죠?

테레사의 생각과 느낌	테레사와 기술팀의 대화
	엔지니어들: 네, 이해했습니다.
	제품관리자들: 좋아요.
주제를 정하는 것부터 시작해서 팀 전체가 논의에 참여하도록 하자.	테레사: 좋아요. 제품관리자들과 함께 일하면서 우리가 앞으로 맡을 수도 있는 다양한 아이템을 적은 스티키 노트를 준비했습니다. 우선 아이템을 전부 확인하고 검토할 가치조차 없는 것은 제게 알려주세요. 그리고 중요 아이템이 빠졌다고 생각되면 직접 추가해 주세요.
좋은 지적이야. 패트릭이 참여해서 기쁘군.	패트릭: 싱글 사인 온(Single Sign-On)이 빠졌습니다.
	테레사: 좋아요, 추가하세요. 또 다른 의견은 없나요?
쿠엔틴의 의견에 동의해. 하지만 뭔가 놓친 듯해. 특히 난 이제 막 팀에 합류했으니까.	쿠엔틴: 저 위에 있는 테스트 자동화는 프로젝트가 아니라 일상적인 코딩 업무의 한 부분이어야 하지 않나요?
지지와 탐구가 여기에서 효과적일 것 같은데.	테레사: 일리가 있네요. 다른 분들 생각은 어떤가요? 다들 고개를 끄덕이니, 쿠엔틴이 지적한 아이템은 빼도록 하겠습니다. 다른 의견이 있나요?
좋은 관찰이야. 로베르타도 논의에 참여하고 있어.	로베르타: 거의 같은 사용성 변경이 3개 있습니다.
이제 분류 기준 쪽으로 넘어가자.	테레사: 잘 관찰했네요. '사용성'이라는 타이틀로 그루핑하도록 하죠. 또 다른 어떤 분류 기준이 필요할까요?
	(잠시 논의가 이어진 후 여섯 가지 분류 기준이 만들어졌다.)

테레사의 생각과 느낌	테레사와 기술팀의 대화
팀 규모가 작아서 세 영역을 넘으면 안 돼. 이게 내가 명확히 설정하고 싶은 제한 사항이야. 고객 이탈을 막으려면 반드시 사용성을 개선해야 하지만 순수하게 다른 아이디어들도 궁금해.	테레사: 여섯 가지 분류 중 다음 달에는 세 가지 기준에만 집중하고 싶습니다. 우리 역량이 제한돼 있으니까요. 사용성은 매우 중요한 것처럼 보이는데 다른 두 가지는 확실하지 않네요. 여러분은 세 가지로 무엇을 선택하겠어요? 여러분의 의견이 나와 다른 것에 매우 관심이 많아요.
	샘: 저는 자동화, 온보딩 도입, 가격 단순화를 선택했습니다. 세 가지 모두 운영 비용을 절감하는 것들이에요.
	로베르타: 사용성을 선택하지 않은 이유는 뭐죠?
	샘: 단순해요. 비용 절감과 관련이 없어서예요.
여기서 좀 궁금해지는군. 비용 절감과 관련해 내가 모르는 강력한 원인이라도 있는 걸까?	테레사: 다른 분들 생각은 어때요? 우리가 다음 달에 집중해야 할 분야가 비용인가요?
나 역시 같은 생각이야. 동의하지 않는 사람이 있을까?	패트릭: 제 생각은 달라요. 비용이 중요한 문제이긴 하지만 매출을 더 높여야 해요.
흠, 우린 이제 막 100만 달러를 투자받았어. 이 생각은 아닌 것 같아.	샘: 회사는 늘 현금을 보유하고 있어야 해요. 정신력으로만 경기할 수는 없어요.
	로베르타: CEO는 어제 잠재 고객을 발굴해야 한다고 했어요. 사용자들이 형편없는 사용성으로 수없이 많은 클릭에 겁먹지 않을 때 잠재 고객으로 전환된다는 건 우리 모두 알고 있죠.

테레사의 생각과 느낌	테레사와 기술팀의 대화
결정을 내리고 논의를 다시 정상 궤도로 돌릴 시점이야.	테레사: 좋은 논의예요. 이런 내용을 논의할 수 있어서 좋군요. 잠시 참견 좀 해야겠네요. 샘, 미안해요! 다음 달에는 자동화와 같은 순수 비용 절감 아이템은 제외할게요. (자동화 아이템을 보드에서 떼며 말을 이었다.) 신규 판매를 최우선으로 하고, 이를 방해하는 불편한 비용은 즉시 제거하도록 하죠. 쿠엔틴: 온보딩 도입은 어떻게 할까요? 이건 고객 전환을 돕는 동시에 운영자들을 위한 셋업을 원활하게 만들어 주는데요. 테레사: 매우 좋은 지적이네요! 샘, 어떻게 생각해요?

테레사는 이런 방식으로 몇 시간에 걸쳐 회의를 주재했고 결과적으로 모든 팀원이 동의하지는 않았지만 적어도 그룹의 선택 기반이 되는 이유를 이해했다. 팀 구성원 모두 보드에 남아있는 세 가지 영역에서 기꺼이 일할 준비가 됐고, 여전히 동의하지 않더라도 다른 세 가지 영역이 빠졌는지 이해했다. 테레사는 순수한 질문에 지지와 탐구를 조합해서 사용함으로써 정보가 자유롭게 흐르도록 했고 모든 사람이 논의에 참여하도록 했다. 시간제한과 의사 결정 규칙을 초반에 언급함으로써 시의적절한 결정을 보장했다. 이제 팀은 달릴 준비가 됐다.

테런스, 배리, 그리고 빅터: 제품 방향 변경하기

테런스Terrence의 말이다. "저는 캐주얼 온라인 게임을 담당하는 제품 관리자입니다. 조금 전 경영진에게 신규 게임 개발에 관한 계획을 보고했습니다. CEO인 배리^{Barry}, 최고 디자이너인 빅터^{Victor}와는 회의실에 남아 좀 더 얘기를 나눴습니다. 썩 좋은 징조는 아닙니다."

테런스, 배리, 빅터의 대화

테런스의 생각과 느낌	테런스, 배리, 빅터의 대화
프로세스를 간단하게 만들라고 한 건 당신이잖아!	빅터: 신규 게임 개발 프로세스를 자동화하면 안 돼!
배리까지 빅터에게 동의할 줄은 몰랐어. 상황이 심각해졌는걸.	배리: 맞아. 당신의 자동화 계획은 게임성은 물론 품질에도 위험을 줘.
지지와 탐구를 통해 내 입장을 찾아야겠어.	테런스: 진정하세요. 좀 혼란스럽네요. 단순한 제품 디자인 경험이 반복에 도움이 될 것으로 생각하는데 제가 놓친 게 있을까요?
	빅터: 물론 우린 더 나은 디자인 프로세스를 원해. 그렇지만 버튼 하나로 게임을 통째로 배포해 버리는 프로세스는 아냐.
계속 물어보자. 무엇에 관심을 두고 있는 거지?	테런스: 여전히 혼란스럽네요. 게임은 실 사용자에게 바로 배포되는 게 아니라 내부에만 배포되는데요. 그러면 우리가 더 빠르게 테스트하고 개선하는 데 도움이 되지 않을까요?
아하, 이게 문제군.	배리: 그 말은 맞아. 우리 프로세스에서 중요한 부분은 오프라인 스토리보딩과 경험이야. 이 계획의 버튼은 디자이너들과 프로그래머들에게 디자인과 코드를 너무 일찍 커밋하게 할 우려가 있어.
디자이너들이 오프라인에서 일하고 싶어 하는 줄은 전혀 몰랐어.	테런스: 알겠습니다. 현재 프로세스가 다소 느리더라도 가치가 있다는 말씀이군요?

테런스의 생각과 느낌	테런스, 배리, 빅터의 대화
	빅터: 맞아. 프로세스 초반에 게임에 관한 느낌을 잡을 필요가 있어.
	배리: 그 결과 창의적이라고 판단되면 속도를 올리고 자동화할 수 있어.
내가 새롭게 이해한 것들을 확인해 보자. 이들은 자동화를 원하지만 그건 운영자에 관한 것이지 디자이너에 관한 것은 아냐. 맞지?	테런스: 이제 알 것 같네요. 새로운 게임의 배포와 관련된 기계적 업무들을 제거하는 것에 관심을 공유했지만, 초기 크리에이티브 단계는 계속 오프라인에서 의견을 반영할 수 있도록 유지돼야 한다는 거죠.
	빅터: 아주 정확해. 우리의 차별점은 설계에 시간을 들인다는 거야. 매주 두 개 혹은 세 개의 형편없는 게임을 출시하는 경쟁자들과 다른 점이지.
그렇군. 오프라인 업무의 필요성을 간과했어. 하지만 자동화의 가치에 관해서는 내가 옳았어.	배리: 난 누구보다 먼저 비용과 지연을 줄여야 한다고 말할 거야. 그렇다고 해서 재미와 오리지널리티까지 잘라내지는 않을 거야.
좋아, 여기에서 해결책을 시도해 보자. 과연 자동화가 필요한 영역에 대한 공감대와 일치할까?	테런스: 양보다 질을 강조해야 한다는 점에 전적으로 동의해요. 그렇다면 새로운 배포 메커니즘을 크리에이티브 영역이 아니라 오퍼레이션 영역에서만 적용해볼 수 있을까요?
	빅터: 괜찮을 것 같아. 디자이너들이 근처에 오지 않게만 해 줘.
배리가 동의했군. 품질에 타협하지 않는 비용 절감.	배리: 자동화를 통해 스크립트를 실행하는 시스템 관리자들의 무모한 수고가 줄어들겠군, 그렇지?
	테런스: 그렇습니다. 계획을 수정해서 오늘 오후에 제출할게요.

테런스는 그와 경영진이 정렬된 이유를 갖고 있다고 생각했지만 이번 경우는 전혀 다르다는 것을 알았다. 그는 공통의 관심사에 집중하고 지지와 탐구를 조합하면서 결국 정렬이 틀어진 원인을 발견했다. 그리고 세 사람은 게임 디자인 프로세스에서 자동화를 적용할 적절한 영역에 대한 공통의 이해를 다시 정렬할 수 있었다.

케이스 스터디: 이유에 매몰되다

지식의 바다

미셸Michelle은 데이터의 바다에서 헤엄치고 있었다. 몇 년 동안 고객이 그리 많지 않은 한 소규모 스타트업에서 일한 뒤, 전 세계에 수백만 명의 사용자를 두고 세계에서 가장 큰 시장 중 하나에서 일하는 팀에 합류했다. 제품 관리자인 미셸은 마치 천국에 온 느낌을 받았다. 리서치에 사용자들을 끌어들일 일도, 발을 동동거리며 기도하는 듯 새로운 피처들을 릴리스할 일도 없었다. 이제 미셸은 데이터를 파고들어서 실제 돈을 지불하는 고객들의 클릭과 구매를 바탕으로 개선할 기회를 찾는 일을 할 수 있었다.

일주일간의 오리엔테이션이 끝난 뒤 첫 며칠 동안 미셸은 자사에서 제공하는 다양한 제품군을 조사하기 시작했다. 폭넓게 사용되는 리테일 서비스에서 여러분이 기대하듯 몇 가지 '대표whale' 제품들은 대단히 인기가 있었다. 훨씬 덜 찾는 '롱 테일long tail' 제품들은 개별적으로 판매되지는 않았으나 전체 판매량은 대표 제품을 능가했다. 미셸은 제품 데이터베이스를 반복해서 분류하고 쿼리를 던짐으로써 패턴과 가설들을 만들었다.

미셸은 또한 자신의 팀을 알게 됐다. 소규모의 노련한 엔지니어들로 구성된 팀이었다. 팀원들을 알게 된 건 얼마 되지 않았지만 높은 신뢰와 낮은 두려움으로 촘촘히 짜여 매우 잘 기능한다고 말할 수 있었다. 사실 그들이 제공하는 서비스의 가시성이 매우 높음에도 불구하고 미셸은 자신의 팀 구성원이 대담하게 추천 엔진과 같은 핵심 컴포넌트에 중요한 변경을 적용하고, 기꺼이 실험하며 잘못됐을 때는 즉시 복원하는 것을 보고 놀랐다. '내가 있을 곳은 여기야. 뭔가 정말 빠르게 개선할 수 있을 거야.' 미셸은 생각했다.

예상치 못했던 도전

미셸은 자신이 실행했던 거의 모든 쿼리의 결과로부터 하나의 가설을 도출했다. 그녀는 많은 제품이 중복돼 있다고 확신했다. 결국 제품들은 일반 사용자들이 간단한 한 가지 유효성 검사를 거쳐 입력한 것이고, 어떤 사람에게는 '빨강'이 다른 사람에게는 '버건디' 혹은 '체리'일 수 있었다. 이 가설은 로컬의 집계된 데이터베이스에 던지는 쿼리만 들고서 해결할 수 없었다. 프로그램을 만들어 대규모 서버 팜에 실행해 줄 엔지니어가 필요했다. 그래야만 그녀의 가설을 페타바이트 petabyte 규모의 데이터에서 확인할 수 있었다. 가설이 맞는다면 더 많은 효과적 마케팅 그리고 추천과 함께 제품을 조합하고 세일즈를 매우 크게 늘릴 기회들을 열어줄 것이었다. 미셸은 자신 있게 엔지니어들이 있는 자리로 향했다.

"앨런, 안녕하세요." 미셸은 방해해도 상관없을 것 같이 보이는 한 개발자에게 말을 걸었다. 그는 점심을 먹고 있었기 때문이다. "중복된 제품들을 찾기 위해서 큰 쿼리를 하나 돌려보고 싶은데요. 이게 제가 로컬 환경에서 실행해 본 쿼리고요. 제 요청을 앨런의 백로그에 넣어 두고 이번 주 후반 정도에 만들어봐 주실 수 있을까요?"

앨런은 음식 씹던 것을 멈추고 미셸을 쏘아보듯 심드렁하게 쳐다

보며 물었다. "왜요?"

미셸이 대답했다. "아, 우리가 동일한 제품들을 조합하면 추천은 훨씬 더…."

앨런이 다시 말했다. "물어본 게 그게 아닌데요? 저는 '왜?'라고 물었죠."

"지금 말씀드리고 있는데요. 일단 중복된 제품들이 뭔지 알게 되면 그 제품들을 통합해서…."

앨런은 먹던 피자를 손으로 들어 흔들어 보이며 말했다. "제 말을 듣지 않는 것 같은데요. 저는 왜 우리가 중복 여부를 확인해야 하는지 묻는 거예요." 미셸은 당황해서 말을 멈췄다가 대답했다.

"그걸 알면 고칠 수 있기 때문이지요! 명확하지 않나요?"

앨런이 말을 이었다. "아니, 그렇지 않아요. 이 일의 가치가 어느 정도인지 말해주기 전에 난 그 일을 하지 않을 겁니다." 마지막으로 피자를 한 입 베어 문 앨런은 에디터를 열고 타이핑을 시작했다. 대화는 명확하게 끝났다.

미셸은 적잖이 충격을 받았다. 개발자들과 이렇게 직접적인 어려움을 겪은 적은 없었다. 하지만 생각해보니 앨런의 말이 옳다고 할 수밖에 없었다. 미셸은 중복을 고치는 작업이 앨런이 지금 하는 작업보다 중요한 이유를 정확하게 말할 수 없었다. 단지 자신에게만 옳게 보일 뿐이었다. 미셸은 이유를 알아내서 앨런이 납득할 만한 이유를 주기로 했다.

이유가 이긴다

미셸은 책상으로 돌아가 앨런의 질문을 생각하기 시작했다. '너라면 의도적으로 중복된 시스템을 만들지 않을 거야, 그렇지?' 그녀는 생각했다. '하지만 그렇다고 해도 그게 그리 해롭거나 우리가 수정할 수 있는 다른 것을 고치는 것보다는 판매에 악영향을 미칠 것 같지도 않아. 엔지니어링의 도움이 필요한 값비싼 쿼리를 실행하지 않고 어떻게 그것이 사실이 아님을 증명할 수 있을까?'

그때 아이디어가 하나 떠올랐다. 최상위 50개 '대표' 제품은 시장 매출에 큰 부분을 차지하고 있으며 매우 중요하기 때문에 미셸은 제품들의 매출 정보를 랩톱에 저장해 뒀다. 이들 중 하나 이상이 중복으로 고통을 받는다면? 빠르게 계산해 본 결과 머릿속을 가득 채웠던 의문이 시원하게 풀렸다. 중복 비율을 매우 낮게 잡아 계산한 추정치임에도 가장 인기 있는 제품 중 몇 개만 통합하면 팀 전체 분기 목표를 상회하는 매출을 올릴 수 있다는 결과가 나왔다.

미셸은 앨런의 자리로 뛰어가서 키보드를 손가락으로 살짝 두드렸다. "봐요, 이게 바로 그 쿼리가 필요한 이유예요." 미셸이 소리쳤다.

앨런은 계산 결과를 보고 미셸을 올려다봤다. "이거 분명한 거죠?" 앨런이 놀라서 물었다. "왜 아직도 이 일을 하지 않고 있는 거죠?"

미셸이 대답했다. "아무도 확인할 생각을 못 했을 거예요. 제가 충분한 설명을 한 걸까요?"

"물론이죠!" 앨런이 환하게 웃으며 대답했다. "지금 진행 중인 프로젝트는 접을게요. 오늘 퇴근 전까지 이 쿼리를 돌려야겠어요."

앨런은 중요한 중복을 찾아냈을 뿐만 아니라, 이를 해결할 수 있는 여러 가지 빠른 해결책도 동시에 찾아냈다. 모든 엔지니어가 참여해 변경 내용을 코딩하고 테스트하고 배포했으며, 이는 매출과 고객 만족도에 즉각적인 영향을 미쳤다. 기업은 이제 중복 제거 업무 전담 팀을 꾸려서 운영하고 있으며 미셸과 앨런이 바라봤던 이득을 그대로 유지하고 있다. 이와 같은 긍정적 변화는 미셸과 앨런이 함께 흥미롭고 동기 부여가 되는 이유를 찾아냈기에 가능한 것이었다.

결론: 이유의 대화 적용하기

5장에서 여러분은 **입장**에서 **관심**으로 대화를 풀어나가는 방법, **지지**와 **탐구**를 조합함으로써 투명성과 호기심을 갖고 대화해 나가는 방법, 팀과 **공동 설계**를 통해 결정하는 방법 등 앞서 설명한 기법들을 조합해 동기 부여하는 이유를 여러분의 팀과 식별함으로써 그들이 내부적으로 헌신하도록 하는 방법을 학습했다. 공동 설계로 만들어 낸 이유에 통합됨으로써 여러분과 여러분의 동료들은 끝나지 않는 논쟁 대신 생산적 충돌을 할 수 있게 될 것이다. 이는 대화의 전환에 있어 핵심 단계다. 이유의 대화는 다음의 경우를 포함해 다양한 방법으로 사용할 수 있다.

- **경영진 리더**는 스스로 생각하지 못했던 팀의 목적과 조직 목표에 기술 측면 혹은 제품 측면으로 공헌할 방법을 찾아볼 수 있다.
- **팀 리드**는 자신이 이끄는 팀에 어떤 기술적 지름길을 선택할지, 혹은 어떤 피처를 우선해야 하는지 등에 관한 효과적인 가이드를 제공할 수 있다. 이때 이미 합의되고 상호 이해된 팀과 기업의 목표를 사용해 자신의 결정을 설명할 수 있다.
- **개인 기여자**는 팀 프로세스나 방향 변경을 견디기 위한 자신의 테스팅, 배포, 코딩 경험을 공유함으로써 자신과 다른 사람들의 내적 헌신을 통해 더 나은 결정을 할 수 있다.

6장

헌신의 대화

이 책에서 처음으로 '더 잘 실행하는' 방법을 이야기하고자 한다. 6장에서 소개하는 도구를 사용하면 팀이 효과적이고 믿을 만한 헌신을 하도록 할 수 있다. 일반적으로 실행은 문제가 있는 팀을 진단할 때 가장 먼저 듣게 되는 염려다. "프로세스가 형편없어서 속도가 느려집니다.", "사용자들은 몇 개월간 아무런 개선점을 보지 못했습니다.", "우린 많은 것을 끝내지 못했습니다." 그렇다면 우린 왜 그렇게 오랫동안 이런 문제를 말하기 위해 기다렸는가?

이후 자세히 설명하겠지만 이유는 이렇다. 처음에 신뢰를 쌓지 못하고 두려움을 줄이지 못하고 이유에 합의하지 못했다면 실행한들 잘못된 결과를 더욱 빨리 가져올 뿐이다. 이는 1장에서 논의했던 소프트웨어 공장의 실패 모드와 일치한다. 세밀한 계획과 엄격한 책임 분리는 통제와 정밀함의 환상을 심어주지만 실제 딜리버리는 팀의 잠재력 고갈로 실패하고 만다. 근본 요소들이 누락돼 있기 때문이다. 경영진은 계획이 명확해 보이는데도 딜리버리에 실패하는 것에 당황한다. 팀 리드는 팀 구성원에게 설명조차 할 수 없는 불가능한 데드라인을 맞추려고 고군분투한다. 개인들은 야근과 주말 근무 그리고 새로운 고용주라는 두려움에 사로잡힌다.

좋은 소식은 이제까지 학습한 여러 교훈을 적용함으로써 6장에서 설명할 기법을 사용해 효과적이고 믿을 만한 헌신을 만들 수 있다는 것이다. 열정적이고 자율적인 팀들은 이 헌신을 환영할 것이며, 개인 대화 툴킷에 이 도구들을 추가한 후에는 아래 내용을 수행할 수 있을 것이다.

- 핵심 단어와 구문들을 식별하고 **핵심 요소의 의미에 동의**한다. 이를 통해 모든 사람이 동일한 방식으로 팀 헌신을 이해한다.
- **워킹 스켈레톤** Walking Skeleton을 사용해 일련의 헌신을 위한 프레임워크를 제공하고 각각의 진척을 보여준다.
- 1장부터 5장까지 학습한 도구 및 기법들을 조합해 일반적인 실수를 피하면서 **여러분의 헌신을 정의하고 합의**하라.

준수와 헌신

"헌신을 결정하기 전에 범위를 명확히 하고 새로운 도구에 관한 연구를 할 수 있어서 좋았다." 한 팀의 시스템 관리자인 비앙카Bianca의 말이다. 비앙카는 팀에서 최근 최소 다운타임에 완료된 새로운 컨테이너 관리 시스템 도입과 관련된 회고에서 이렇게 말했다. "우린 무엇을 해야 하는지 알았고 어떻게 접근해야 하는지도 알았다. 그래서 우리는 딜리버리에 헌신할 수 있었고 새로운 시스템은 매우 기발했다."

다른 팀의 개발자인 카를로스Carlos는 관리자들의 애자일 방법론 도입 시도를 신뢰하지 않았다. "관리자들은 우리가 일하는 방식을 바꾸고 싶다고 말했다. 하지만 그들은 데드라인을 맞추는 데만 관심이 있었다. 관리자의 요청대로 일하겠지만 몇 달 안으로 위기가 발생하고

200

모든 애자일 요소는 사라질 게 분명하다." 카를로스는 짝 업무, 테스팅, 추정과 같은 학습 참여 계획을 따르고 있지만 실제로는 일상 업무의 습관을 바꿀 의지가 전혀 없다.

비앙카의 코멘트에서 우리는 그녀가 성공적인 헌신 대화의 한 부분이었음을 확인한다. 헌신의 대화에서 모든 사람은 프로젝트의 '종료'가 무엇을 의미하며, 거기에 어떻게 다다를지 함께 정의하고 헌신한다. 하지만 카를로스는 단지 헌신하기만 했다. 비앙카는 자신이 무엇에 참여했는지 알았고 컨테이너 시스템 교체의 한 부분이 됐다. 카를로스의 관리자들은 그저 결정을 내려놓고 애자일 메소드 사용을 시작하라는 명령을 내리기만 했다. 비앙카는 팀의 새로운 프로세스 도입을 뒤에서 도왔지만, 카를로스는 지시를 따르지 않아도 될 때까지 그저 기다렸다.

'헌신commitment'에 관해 항상 듣는다. 팀은 주로 데드라인에 헌신하지만 다른 헌신도 존재한다. 경영진은 하위 부서에 전문성 혹은 무결성과 같은 추상적인 이상과 가치에 헌신하도록 요구한다. 규제 감독관은 기업에 매우 구체적인 행동, 예를 들어 근무 5일 이내에 운영 절차 관련 문서를 작성하라고 할 수도 있다. 우리는 스스로 사람들에게 기꺼이 '거부하고 헌신할 의향'이 있는지 자주 물었다. 왜 이런 헌신을 요구하는가?

헌신의 대안인 '준수compliance'를 피하고 싶기 때문이다.

준수는 지시받은 일을 하는 것이다. 처음엔 그다지 나쁘지 않아 보인다. 사실 많은 근무 장소에서 준수는 바람직한 행동이며 안정적이고 효과적인 프로세스가 지속되도록 한다. 그러나 프로세스가 불안정하면, 다시 말해 창의성이 필요하거나 팀이 알려지지 않은 장애물을 식별하고 극복해야 하는 상황에서 준수는 반드시 실패한다. 그리고 애자일, 린, 데브옵스 개발 메소드들은 정확히 새로운 도전을 받아들임으로써 새로운 비즈니스 가치를 만들어야 하는 상황을 해결하고자 고안됐다.

헌신이 없는 준수는 행동에 그칠 뿐이다. 멀리 서서 바라보면 같은 것처럼 보일 수 있다. 하지만 팀 구성원은 뭔가 빠졌다는 것을 안다. 준수는 보여주기다. 헌신이란 온전히 여러분 스스로를 참여시키는 것이다. 준수는 그저 공간을 채우는 것이고 헌신은 참여하는 것이다. 준수는 반복되는 일상 태스크를 하기엔 충분하다. 하지만 변화를 만들고 개선하고 가속하려면 헌신이 필요하다.

헌신은 어디에서 오는가? 사람은 개인적인 이유가 있어야 헌신할 수 있다. 헌신은 누군가가 겪는 개인적 문제 때문에 생겨난다. 제프리에게 테스팅 관련 교육을 받는 한 개발자는 금요일에 마지막 버그 다섯 개를 수정하는 것이 아니라 정시 퇴근이 동기를 부여한다고 했다. 다른 누군가에게 헌신은 숙달의 문제다. 특정 기술이 경쟁력 있는 전문가의 필수 조건이라고 생각하기 때문에 기술 숙달에 모든 노력을 기울인다. 이처럼 특이하고 개인적인 이유에서 기인한 헌신은 매우 중요하다. 하지만 특성상 이들은 계획하거나 의존하기 어렵다. 팀의 모든 구성원은 물론 사람들 대부분 이런 방식으로 헌신할 수는 없을 것이다. 좋은 소식은 모든 팀과 개인이 함께 헌신을 모색하는 매우 성공적인 방법이 있다는 점이다. 이후 설명할 헌신의 대화에서 이를 요청할 수 있다.

성공적인 헌신의 대화는 지금까지 설명한 다른 대화 위에 만들어진다.

여러분의 팀이 **신뢰 수준이 낮다면** 구성원들은 카를로스처럼 행동할 것이다. 이들은 프로세스를 따르기는 하겠지만 실제로는 아무것도 바꾸지 않는다. 헌신을 요구하는 것과 정렬된 스토리가 없는 한 카를로스와 같은 사람들은 기본적으로 냉소적 신념을 가지며 비생산적 행동을 한다. 이들은 이렇게 말한다. "우리가 열심히 일해서 성과를 낸다면 관리자들은 다음번에 더 열심히 일하라고 할 게 분명합니다."

여러분의 팀이 헌신을 이행하지 않아 **지독한 두려움**에 빠져 있다면 명확한 지시를 따르면서 심각한 수준의 위험만은 피하려고 할 것이다. 결국 뭔가 문제가 생겨도 자신들은 잘못이 없다고 여긴다. 비상식적인 뭔가를 지시한 누군가의 잘못이라고 생각한다. 이런 심리적 방어선을 선택한 사람들에게는 마이크로 매니징이 훌륭한 해결책이다. 한 사람은 세부 지시 내리기 좋아하고, 다른 사람들은 정확하게 지시받은 대로 하길 좋아한다. 결과는 일반적으로 크게 흥미롭지 않다. 그렇지만 편안하긴 하다. 어디로도 가지 않으니 말이다.

여러분의 팀이 헌신을 위한 **이유를 설계하는 과정에서 배제**됐다면 이유를 완전히 이해하지 못하거나 신뢰하지 않을 것이다. 자신들의 의견을 반영하고 제안의 모든 약점과 단점을 찾아낼 기회조차 없었다면 어떻게 해당 계획이 다가올 어려움을 이겨내고 결과를 전달할 수 있다고 신뢰할 수 있겠는가? 팀 구성원들은 이렇게 말할 것이다. "경영진이 무엇을 시키든 그대로 하고 실패하길 기다리는 게 훨씬 안전합니다."

모든 장애물을 극복했다면 헌신의 대화를 할 충분한 준비가 된 것이다.

헌신에 관한 맨디의 이야기

저는 맨디Mandy입니다. 중간 규모의 소프트웨어 회사에서 제품 관리자로 일하고 있습니다. 뛰어난 스킬을 지닌 디벨로퍼 릴레이션Developer Relations 팀은 새로운 API application programming interface (프로그래머들이 우리 서비스와 상호 작용을 자동화할 때 사용하는 방법)를 만드는 중이고 마케팅 부서는 이를 홍보하기를 고대하고 있습니다. 저는 지난 스프린트 계획 세션에서 팀이 딜리버리 날짜를 추정해 마케팅 부서를 지원하도록 했지만, 결과는 충격적이었습니다. 대화 중 일부를 기록하고 분석해 저와 팀이 확고한 데드라인에 대한 합의와 헌신하는 데 도움을 얻고자 합니다.

맨디와 개발자들의 대화

주의: 오른쪽 열을 먼저 읽고 위로 다시 돌아가 오른쪽 열에서 왼쪽 열 순서로 읽는다.

맨디의 생각과 느낌	맨디와 개발자들의 대화
모두 버전 2를 기다리고 있어. 버전 1은 너무 오래됐어.	맨디: 좋아요! 추정해야 할 다음 아이템은 API 버전 2예요.
그리 좋게 들리지 않는군.	제크: 맞아요. 문자열 조각의 길이는 얼마나 되나요?
마케팅 캠페인을 시작하기 전에 버전 2의 추정을 확보할 수 있으리라 생각했는데…. 위험한 상태인가?	맨디: 네? 그건 이번 스프린트에서 끝내기로 했던 것 같은데요.
이건 말도 안 돼.	자비어: 그렇게 되긴 힘들 거예요. 기반 데이터가 처음부터 검증을 통과하지 못한다는 걸 지금 막 알게 됐어요.

맨디의 생각과 느낌	맨디와 개발자들의 대화
모든 고객이 API를 사용하고 있다면 데이터는 확실할 수밖에 없어.	맨디: 그래요? 그러면 버전 1은 어떻게 동작하고 있는 거죠?
고객들이 우리에게 원하는 게 새로운 API에서 완전히 검증된 데이터를 제공하는 것인지 확신할 수가 없어. 이미 많은 클린업 스크립트가 있잖아.	왈터: 버전 1은 타당성을 보장하지 않지만, 버전 2는 보장하기로 돼 있어요.
버전 2는 이전 버전을 좀 더 치밀하게 정리한 것뿐이라고 생각했는데 더 복잡해진 이유는 뭐지?	자비어: 복잡한 테스트 케이스도 많아요. 몇 가지 테스트를 해보기 전까지는 추정이 어려워요.
시간이 다소 걸려도 개발팀에게서 헌신을 얻을 수 있을지도 몰라.	맨디: 그렇다면 실제로 언제쯤 준비가 될 것 같아요?
이건 도저히 받아들일 수 없어.	제크: 알 수 없어요. 불확실성이 너무 많아요.
정말 심각한 문제로군. 이런 이야기를 듣고 싶은 사람은 아무도 없을 거야.	맨디: 정말요? 마케팅 부문 친구들이 들으면 그리 좋아할 것 같진 않네요.

이번 아이템이 우리가 사전 스프린트 미팅에서 했던 다른 것과 같이 단순한 추정일 것이라 여겼습니다. 그런데 그건 정말 착각이었습니다! 팀은 새 버전에 완전히 부정적이었고 추정하는 것 자체가 너무 어렵다고 생각하는 것에 놀랐습니다. 추정하지 못하면 마케팅 일정은 그야말로 엉망진창이 될 것입니다. 그들은 우리가 계획을 세우려면 헌신이 필요하다는 것을 모르는 걸까요?

준비하기: 의미에 합의하기

제프리는 스스로 아주 명확하다고 생각했다. "새 로그인 스크린은 금요일까지 완료되겠죠?" 월요일 아침 계획 세션에서 제프리가 물었다.

"물론이죠. 로그인 스크린은 5일로 추정했고 그때까지 완료하지 못할 이유가 없어요." 개발자들이 답했다.

다음 주 월요일, 그룹은 모여서 지난주 진척을 리뷰했다. 제프리가 말했다. "새 로그인 페이지는 프로덕션에서 동작하지 않는군요. 예정 과 달리 지난 금요일에 완료되지 않은 이유는 뭘까요?"

대답이 돌아왔다. "계획대로 일을 마치긴 했어요. 코드는 라이브에 배포됐고 테스트 케이스도 모두 통과했어요. 하지만 싱글 사인 온 통합이 아직 진행 중이라 그 기능을 비활성화해 뒀습니다. 지금은 고객 팀이 내용을 확인하고 있어요. 작업은 완료입니다. 단지 활성화되지 않은 상태일 뿐이죠." 이 헌신에서 전형적인 문제를 보고 있다. 우리 는 완료의 의미를 합의하지 않았다.

이 팀이 보여준 헌신의 대화는 매우 간단한 형태다. 하지만 제프리 는 이를 적절히 준비하지 못했다. '완료'라고 말했을 때 그것이 자신 에게 어떤 의미인지 알았고 명백하게 머릿속에 있었다. 하지만 그 헌 신으로부터 무엇을 원하는지에 관한 생각을 수집하고 표현하지 않았 다. 제프리가 원한 것은 '해당 기능의 실제 사용이 금요일에 가능한 가?'에 관한 답이었다. 그러나 제프리의 질문은 "완료되겠죠?"였다. 첫 번째 질문을 더 구체적으로 할 수 있었지만 그렇게 하지 않았다. 아니면 다음과 같은 내용으로 두 번째 질문을 던질 수도 있었다. "고 객이 5일 후에 어떤 것을 사용할 수 있게 될까요?"

이런 종류의 오해에 우리가 제안하는 처방은 헌신의 대화 이전, 그 리고 대화를 진행하는 동안 참여자들이 사용하는 언어를 세심하고 명 확하게 정렬하는 것이다. 로저 슈버츠[Roger Schwarz]는 『Smart Leaders, Smarter Teams(현명한 리더, 현명한 팀)』(Jossey Bass, 2013)에서 이렇 게 말했다. "명확한 예시를 사용해 중요한 용어들이 의미하는 바에 합 의해야 한다."[1] 모든 어려운 대화에 효과적인 슈버츠의 조언은 헌신의 대화에서 특히 위력을 발휘한다. 오해로 인한 비용이 매우 크기 때문이다. 헌신해야 할 대상이 무엇인지 세세하게 명료화하지 않고 완료 시점까지 사소한 오해라도 남기면 수주 혹은 수개월 뒤에 모든 노력이 수포가 된다. 제프리와 그의 팀에 일어난 일이 바로 그렇다.

제프리의 일화에서 우리는 팀이 애자일, 특히 스크럼 팀에서 사용하는 단일한 공식적 완료 정의DoD, Definition of Done에 동의해야 한다고 하지 않았다. 우린 확실히 하나의 완료 정의가 크게 도움 된다고 생각한다. 하지만 단일한 완료 정의는 헌신과 관련된 잘못된 대화의 출구를 보장하지 않는다. 예를 들어 팀은 '완료'의 의미를 '모든 단위 테스트를 통과하고 제품 관리자가 기능을 확인하며 코드를 프로덕션에 배포한다'로 정의할 수 있다. 이 정의에 따르면 제프리 일화의 로그인 스크린은 완료된 것이다. 문제는 항상 사람의 차이에서 발생한다. 제프리가 '완료'라는 질문을 던졌을 때 그의 생각은 개발자들에게 각각 다르게 받아들여지고, 이와 같은 정렬의 오차를 드러내기 위한 유일한 해결책은 다음 질문과 같다. "당신이 말하는 '완료'는 정확하게 무엇을 의미합니까?"*

'완료'는 단 하나의 중요한 단어이며 헌신의 대화를 위해 여러분이 논의하고 명확하게 하기 원하는 의미다. 하지만 다른 것도 많은 것 같다. 예를 들어 가격 계산과 같은 복잡한 소프트웨어 피처의 목표 행동을 묘사하기는 매우 어렵다. "가격은 제곱미터당 5달러입니다. 그래닛 피니시를 선택하면 6달러입니다. 멤버십 가입자는 10% 할인을 받습니다. 목요일에는 15% 할인을 받습니다. 그리고…" 이 경우 특별 케이스가 누락되거나 세부 내용에 착오가 쉽게 일어난다. 다행히 고즈코 아직Gojko Adžić의 '예시를 통한 명세SBE, Specification By Example'3와 같

---

* '완료'와 같은 개념이 사람의 뇌 안에서는 잘 정의되지 않는다는 결과를 내놓은 심리학 연구가 있다. 사람은 예시를 통해서만 의미를 정렬할 수 있다. 예를 들어 시계가 가구인지 아닌지 열 명에게 물어봐라. 정말 다양한 답을 얻게 될 것이다. 더 자세한 내용은 그레고리 머피(Gregory Murphy)가 쓴 『The Big Book of Concepts』(Bradford Book, 2004)를 참조하라.2

은 기법을 활용할 수 있다. 기능이 사용되는 실제 케이스에 관해 구조적 방법으로 논의함으로써 모든 구성원 기능 동작 방식에 완전히 정렬될 수 있다.

여러분이 프로세스나 문화적 변화에 헌신을 요청하는 경우라면 구체적인 예시를 사용해 언어의 의미를 정렬하는 것이 중요하다. 전 세계 수백 개 도시에서 하우스 콘서트를 운영하는 스타트업인 소파 사운즈Sofar Sounds는 'DIY Do It Yourself'의 의미를 둘러싸고 이런 어려움을 겪었다. 처음 참가자들은 이벤트를 개최한 조직을 지원하려고 모자에 돈을 넣었고 음악가들은 공연 대가를 받지 못했다. 아무런 형식이 없는 DIY 경험이었다. 소파 사운즈는 티켓 가격 고정 정책을 마련하고 에어비엔비Airbnb와 제휴를 맺고 티켓을 판매하면서 수없이 분산된 커뮤니티에 자신들의 지속적인 DIY 정신에 관해 소통하고자 노력했다. 소파 사운즈는 추가 수입으로 연주자들에게 약간의 보수를 지급하고 추가 프로모션을 진행할 수 있었다. 하지만 이 언어는 많은 아티스트에게 다른 의미로 받아들여졌다. 아티스트들은 자신의 보수가 적은 반면, 티켓 판매 수익의 상당 부분이 중앙이나 원거리 홈 오피스로 흘러간다고 생각했다. 이런 현상은 '스스로 하는 것Do It Yourself'이라기 보다는 '그들을 위해 하는 것Do It for Them'으로 보였다. 소파 사운즈가 이벤트 수입과 비용에 관한 세세한 예시를 제공한 후에야 비로소 반대를 극복할 수 있었다. 수입의 상당 부분이 프로모션이나 장비 개선 등 지역 활동에 쓰인 것을 보여줌으로써 이벤트들이 여전히 DIY 활동이라는 것을 증명했다. 그리고 공동의 이해가 생긴 뒤에 그들은 계속해서 쇼에 공연자들이 헌신할 수 있도록 했다.[4]

헌신의 대화를 준비한다면 어떤 용어나 개념이 오해받기 쉬운지 고려하고, 여러분의 팀과 명확하고 세세하게 논의하라. 필요하다면 핵심 용어와 문구의 합의된 정의를 용어집이나 포스터에 담아라. 그리고 헌신의 대화 시작 시점에 정의들을 되짚어보자.

합의 점수 매기기: 공유된 의미 분수

의미에 관한 합의를 얼마나 잘하고 있는지 확인하고 싶다면 대화에서 가장 중요한 단어들에 동그라미를 치고, 각 단어의 정의에 관해 여러분과 대화 상대가 공통된 이해가 된 것인지 검증함으로써 점수를 매겨라. 중요한 단어들은 주로 논의하는 액티비티의 핵심 요소를 가리키는 명사('사용자', '가격', '선호', '구독') 또는 해당 요소 간 상호 작용을 기술하는 동사나 형용사('안전한', '유효한', '인증하다', '구매하다')로 표현된다. 채점한 결과를 사용해 분수를 만들어라. 의미가 확정되고 공유된 단어의 수가 분자, 중요한 단어의 전체 수가 분모가 된다.

$$\frac{\text{의미가 확정되고 공유된 단어의 수}}{\text{중요한 단어의 전체 수}}$$

준비하기: 워킹 스켈레톤

약속promise은 사실 쉽게 만들어지고 쉽게 깨지는 보잘것없는 것이다. 헌신은 약속 이상이다. 신념과 지식에 기반해 만들고, 창의성과 스킬로 실행하는 것이다. 다음 두 가지를 할 수 있다면 강력하고 자신감 있는 헌신을 만들 수 있다. 하나는 각각의 헌신을 가능한 한 작게 만드는 것이고 다른 하나는 여러분의 작은 헌신을 거듭해서 쉽게 전달할 수 있도록 하는 것이다. 워킹 스켈레톤 기법을 사용하면 두 가지를 모두 할 수 있다.

알리스테어 코크번은 1990년대에 그가 초기 반복 전달팀에서 관찰한 반복적 패턴을 기술하기 위해 '워킹 스켈레톤'이라는 용어를 만들었다. 코크번의 책 『Agile 소프트웨어 개발』(피어슨에듀케이션코리아,

2002)에는 한 프로젝트 디자이너가 들려주는 다음과 같은 이야기가 등장한다.

> 우리는 매우 큰 프로젝트를 해야 했다. 하나의 고리ring를 따라 서로에게 메시지를 전달하는 시스템으로 구성된 프로젝트였다. 다른 테크니컬 리드와 나는 첫째 주 이내로 시스템을 연결해 단일 널 메시지를 링 고리 주위를 따라 돌 수 있게 하기로 했다. 이런 방식으로 최소한 우린 동작하는 고리를 만들었다.
>
> 다음으로 우리는 매주 끝자락에 어떤 새로운 메시지가 있든, 한 주 동안 어떠한 메시지 처리가 개발됐든, 고리가 영향을 받지 않고 지난주의 모든 메시지를 실패 없이 전달하도록 했다. 우린 이처럼 통제된 방식으로 시스템 규모를 키웠고 다른 팀들을 동기화했다.[5]

위 이야기에서 메시지를 전달하는 '고리'가 워킹 스켈레톤이다. 실제 스켈레톤과 같이 시스템에 의미 있는 구조를 제공하며 이를 통해 최종적으로 의도된 형태를 가늠할 수 있다. 즉, 스켈레톤을 보면 대상이 물고기에 속하는지, 개구리에 속하는지 즉시 알 수 있다. 심지어 대상이 어떤 종species인지 모르더라도 말이다. 고리 시스템에 대한 위 이야기에서 여러분은 빠르게 이 시스템에 네트워크 사이의 통신을 포함한다는 것을 알 수 있다. 하지만 실제 스켈레톤과 달리 고리 시스템은 '걸어' 다닌다. 왜냐하면 실제로 기능을 수행하며 최초에는 사소한 것일지라도 메시지를 전달하기 때문이다.

워킹 스켈레톤이 가진 두 가지 특성, 즉 구조와 기능으로 딜리버리를 위한 헌신과 메커니즘을 기술하는 언어를 제공한다. "금요일까지 고리를 따라 지불 메시지를 전달하겠습니다. 메시지가 아직 검증되지 않았지만요." 이는 팀이 각 변화를 지속적으로 작고 즉시 전달할 수 있도록 유지한다. 빈 메시지에서 시작해 점진적으로 내용, 부가적인 유형, 라우팅을 포함하면서 최종 시스템까지 갈 수 있다.

현대 소프트웨어 설계의 경우 워킹 스켈레톤은 브라우저의 클라이언트 측 인터페이스에서 자주 나타난다. 인터페이스는 데이터베이스와 적절한 서드 파티와 통합된 간단한 백엔드 시스템과 통신한다. 한 예로 런던에 기반을 둔 스타트업인 언메이드^{Unmade}는 의류 회사들의 소매와 제조 운영을 통합하는 소프트웨어를 사용해 기업들이 맞춤 의류를 제공하도록 돕는다. 최근 한 프로젝트에서 언메이드의 워킹 스켈레톤은 헐벗은 사용자 인터페이스(몇 가지 컬러 피커 수준이었다)와 기본 출력 파일이 단일 포맷(사이즈나 핏과 같이 몇 가지 인수들의 값이 정해진)으로 의류 제조업자들에게 전달됐다. 이처럼 단순해도 사용자들이 선택한 색상의 실제 옷을 만들기에는 충분했다. 이 단순한 인터페이스에 언메이드는 더 많은 맞춤 옵션, 크기, 포맷을 스프린트마다 추가함으로써 점점 더 나은 의류를 생산하면서 프로젝트를 정해진 기간에 마무리했다.

이 이야기와 함께 워킹 스켈레톤을 만들 때 고려해야 할 두 가지 제약 사항이 있다.

1. **팔과 다리를 빼놓지 말라.** 불완전한 스켈레톤은 차라리 없는 게 낫다. 언메이드 시스템은 실제 셔츠나 바지를 만들 수 없어서 소위 맞춤 선택이나 산출물 파일 제작 기능을 완전히 제거했다면 그들의 헌신을 보여주기 위한 프레임워크로서는 아무런 쓸모가 없었을 것이다. 실제 의류를 보지 못하거나 입어볼 수 없다면, 어떻게 내부 고객과 외부 고객이 딜리버리마다 가치가 더해지고 있으며 헌신이 지켜지고 있음을 검증하겠는가?

2. **워킹 스켈레톤과 최소 기능 제품**^{minimum viable product, MVP}**을 혼동하지 말라.** 한 가지 크기의 옷만 판매하는 의류 매장에서는 아무

도 물건을 사지 않을 것이다. 이런 이유로 언메이드가 만든 첫 번째 스켈레톤은 상업적으로 판매 가능한 제품과 완전히 동떨어져 있다. 하지만 워킹 스켈레톤을 통해 성공적으로 최종 소프트웨어 시스템의 모든 요소를 실행함으로써 커다란 자신감을 만들고 궁극적 목표를 달성할 수 있도록 환상적으로 동작하는 딜리버리 메커니즘을 제공했다. 여러분은 스켈레톤에 피처들을 붙여 나가는 과정의 어딘가에서 하나의 MVP를 만들고 사용하길 원할 것이다. 하지만 첫 번째 스켈레톤은 그보다 훨씬 단순해도 좋다.

대상이 소프트웨어가 아니라면 어떻게 헌신할 수 있을까? 워킹 스켈레톤은 적절히 수정해 적용하면 어느 분야에서든 여전히 유용하다. 일반적인 데브옵스 패턴은 먼저 시스템 특성(예를 들어 메모리 사용량 등)에 관한 정보를 모니터링하고 게시하는 데서 시작해 이를 워킹 스켈레톤으로 사용한다. 그런 다음 지표를 5%, 그다음은 10% 등으로 줄이는 것을 목표로 작은 헌신을 통해 지표를 깎아내린다. 다른 예시도 있다. 우리는 월간 경영 스터디 그룹을 워킹 스켈레톤으로 사용해서 기업이 관리의 새로운 방법을 조사하도록 돕는다. 변경을 하나씩 차례로 소개하면서 스터디 그룹 세션에서 서로 진척 사항을 평가하도록 한다.

쉬어 가기: 기울어진 슬라이더

그림 6.1의 기울어진 슬라이더는 헌신을 만들 때 완전한 예측성과 전체적인 생산성 사이에서 팀이 만드는 트레이드 오프를 묘사한다. 예측성이 아주 높은 조직의 예는 나사(NASA)다. 나사는 대단히 신뢰성이 높고 안전에 치명적인 소프트웨어를 행성이나 위성의 모션에 따라 설정된 엄격한 데드라인에 맞춰

딜리버리 하지만 생산성은 다른 대부분 개발자에 비하면 마치 살얼음 같다. 개발자 한 명당 연간 작성하는 코드가 겨우 수백여 줄에 지나지 않는다.[6]

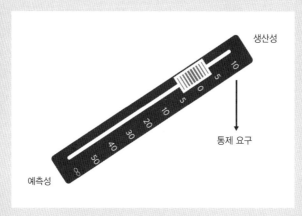

그림 6.1 기울어진 슬라이더

반면 매우 작은 개발팀으로 구성돼 정식 서비스를 출시하지 않은 몇몇 스타트업은 믿을 수 없을 만큼 생산적이다. 이들에게는 프로세스란 거의 존재하지 않으며 그들의 (존재하지 않는) 사용자들을 귀찮게 한다는 두려움 없이 우선순위를 변경한다. 하지만 이 스타트업들은 로드맵이나 데드라인이라는 말을 들어본 적이 없으며 전형적으로 이들의 딜리버리는 예측이 어렵다.

어떤 기업은 슬라이더의 양 끝에 있고 어떤 기업은 슬라이더 위 어딘가에 위치한다. 슬라이더를 필요한 만큼 예측성의 방향으로 움직이는 것은 더 많은 프로세스와 더 많은 계획 그리고 덜 부서지는 코드를 의미한다. 슬라이더를 필요한 만큼 생산성의 방향으로 움직이는 것은 몇몇 추정과 계획 수립의 포기를 의미하며, 빠른 반복과 피드백을 통해 오류를 수정하는 방법을 선호하는 방식으로 일하게 될 것이다.

슬라이더의 가장 독특한 측면은 슬라이더가 기울어져 있다는 점이다. 여러분의 팀을 예측성의 방향으로 끌어당기는 중력이 존재하기 때문이다. 이 힘은 통제에 대한 인간의 자연스러운 욕구다. 실제로 일반적인 실수는 여러분이 슬라이드에서 생산성의 끝 쪽에 가까운 메소드를 사용해 통제할 수 있음에도 불구하고 공식적 요구 사항과 변경 관리와 같은 통제 메소드를 적용하는 것이다.

기울어진 슬라이더를 사용해 적절한 환경에서 헌신의 대화가 이뤄지게 할 수 있다. 만약 여러분이 제안한 헌신이 특정 데드라인에 맞춰 모종의 피처 딜리버리나 업무 종료를 포함한다면 팀의 기울어진 슬라이더가 현재 어디에 설정됐는지 확인하라. 예측성의 끝에 가까운가 아니면 생산성의 끝에 가까운가? 그도 아니라면 가운데 어디쯤 머물러 있는가? 팀 구성원과 대화를 통해 현재 상태에 대한 여러분의 시각을 정렬하라. 현재 상태에서의 어떤 트레이드 오프를 만든다고 내포하는가? 현재 상태가 팀의 속도에 어떤 의미가 있는가? 산출물의 품질은 어떠한가? 결과의 예측성은 어떠한가? 이상적으로 헌신의 대화를 시작하기 전에 이런 질문에 대한 하나의 공통된 시각을 가져야 하며, 이를 통해 여러분은 기대한 수준의 생산성과 예측성에 맞춰 계획을 조정할 수 있다.

대화: 헌신하기

지금까지 구축한 대화 스킬을 사용해 성공적인 헌신의 대화를 위한 단계는 쉽게 요약할 수 있다. 우선 대화에서 사용할 단어의 의미에 관해 합의한다. 사람들을 위한 TDD, 일관성 부수기와 같은 기법을 사용해서 오해나 두려움을 극복할 수 있다. 다음으로 워킹 스켈레톤을 사용해서 앞으로 나갈 하나 이상의 작은 단계를 정의하고, 대화 상대와 각 단계에 관한 헌신에 합의하라. 마지막으로 명확하게 헌신을 확정하라. 대화에 참여한 모든 사람에게 헌신을 재언급하고 받아들이도록 물어보거나 보드 혹은 위키 페이지 등에 공개적으로 포스팅할 수도 있다.

성공적인 헌신의 대화를 위한 3단계는 다음과 같다.

1. 헌신의 **의미**에 관해 합의하라.
2. 헌신해야 할 **다음 결과**에 관해 합의하라.
3. 헌신을 재확인하라.

헌신의 대화를 가로막는 장애물들

앞서 설명한 3단계는 매우 직선적이다. 하지만 장애물들이 여러분의 길을 가로막을 것이다.

첫 번째 장애물은 **문화적**이다. 자발적 헌신이 가치 있다는 것은 여러분이 처한 환경에서는 위협적이며 환영 받지 못할 수도 있다. 이럴 때는 준수가 환경을 지배한다. 관리자들은 그들에게 필요한 것은 단지 스태프들이 자신의 명령에 따르는 것으로 충분하다는 환상을 선호하기 때문이다. 결국 관리자들은 기계에 헌신을 요구할 필요가 없다. 그리고 사람을 일종의 기계로 여기는 사고방식은 1장에서 언급했듯 관리 업무를 더욱 간단하게 만든다. 팀 구성원이 여러분을 신뢰하지 않는다는 사실과 맞닥뜨리지 않거나, 구성원들(즉, 기계들)이 일을 못할까 봐 걱정할 필요가 없거나, 불완전한 사람들이 가진 다른 엉망진창의 문제들이 일어날 걱정을 할 필요가 없기 때문이다.

사람들이 지시받은 일만 한다는 것을 확신할 수 있다면 관리는 실제로 더욱 쉬워진다. 개발자들을 언제든 교체할 수 있는 자원, 다시 말해 한 사람이 언제든 다른 사람을 대체할 수 있다고 생각한다면 스태프 관리가 한층 쉬워진다. 심지어 한 엔지니어가 자신의 시간을 둘, 셋 혹은 더 많은 프로젝트에 효율적으로 나눌 수 있다고 생각한다면 스태프 관리자는 훨씬 편해진다. 하지만 사람은 그렇지 않다. 또한 이를 인정하는 만큼 경영 문화가 악화될 수도 있어서 우리에게 무시하기 쉬운 대인 관계 문제에 직면하도록 강제한다.

여러분이 헌신에 관한 문화적 편견이 있다고 의심되거나 그런 편견이 깔린 저항과 만난다면 헌신의 대화를 위한 준비가 부족하다는 뜻이다. 다시 5장으로 돌아가 저항의 기반이 되는 신뢰, 두려움, 이유의 문제를 **먼저** 해결하라. 그러고 나면 대화 자체가 훨씬 쉬워졌다고 스스로 느끼게 될 것이다.

역설적이게도 두 번째 장애물은 팀이 사용하는 **기존의 헌신 프로세스**다. 이는 스프린트 계획, 상세 디자인 문서, 혹은 단순히 상사가 데드라인을 제시했을 때 고개를 끄덕이는 것일 수도 있다. 어떤 방법을 사용하든 여러분의 팀은 너무나도 편안함을 느낄 것이며, 너무나도 익숙해서 명확하지 않은 언어와 전체적으로 공격적인 데드라인을 받아들이지 않을 것이다. 이를 위해서는 여러분이 생각하는 모든 옵션과 생산성 그리고 내부로 향하는 투자와 외부로 향하는 투자에 관한 헌신의 대화에 모두를 참여시켜야만 한다.

여러분의 경험이 이와 유사하다면 그 상황에서 공동 설계를 적용해 팀 구성원이 각자 적합한 헌신의 대화를 공동으로 설계하고 개최하는 데 참여하도록 하라. 이후 7장에서 설명할 직접적 기회주의Directed Opportunism의 브리핑briefing 구조를 사용하면 도움받을 수 있을 것이다. 이 구조를 사용해 여러분의 팀은 헌신을 형상화할 때 어떤 제약조건과 자유를 실행할 수 있는지 식별할 수 있다.

마지막 장애물은 **부분적 수용**partial acceptance이다. 여러분이 어떠한 노력을 했는지와 관계없이 그룹의 몇몇 구성원은 준수 모드에 사로잡혀서 무관심, 환대 혹은 단순히 순수한 고집 때문에 헌신에 몰입하지 못할 것이다. 다행스러운 것은 모든 사람의 헌신이 필요하지는 않다는 점이다! 순수한 시도를 하기 위해 내적 헌신을 가진 개인 혹은 그룹만으로 충분하다. 이들이 몇몇 성공 지표를 달성한다면 대변인이나 에반젤리스트가 돼 다른 사람들로부터 헌신된 시도를 양성할 것이다. 우리는 초기 최소 몇 명의 헌신한 개인이 변함없는 노력을 투입하는 것만으로 성공한 문화 혹은 프로세스 트랜스포메이션 프로젝트를 본적이 단 한 번도 없다.

여러분이 이와 같은 장애물을 뛰어넘어 원활한 헌신의 대화를 했다면 정말 기분 좋게 느껴질 것이다. 몇 년 전 진행했던 팀 회의 중 하나가 떠오른다. 정말 더웠던 어느 여름, 찜통같은 회의실에서 긴 프로젝트를 계획하던 중이었다. 모두가 전체 미팅에서 공방을 벌였고 우리가 만들고자 한 큰 헌신을 위한 수많은 작은 단계를 정의했다. 추정한 내용을 화이트보드에 모아서 전체 딜리버리 날짜를 약 5개월 후로 잡았다. 누구도 충분한 헌신이 무엇인지에 관해 코멘트를 하려고 들지 않았다. 적막을 깨고 용기 있는 엔지니어 한 명이 뒤에서 물꼬를 텄다.

"맙소사, 지금은 다들 아무것도 두려워할 필요가 없어. 우린 태스크에 관해 알고 있고 태스크를 하나하나 떼어놓고 보면 단순한 데다 해낼 수 있는 것들이야. 이 태스크들을 정해진 날짜까지 아니, 사실은 그보다 빠르게 끝내지 못하면 우린 다른 일을 해야만 해."

팀을 둘러봤다. 모두가 태스크들을 반드시 달성할 수 있다고 동의한 듯 편안해 보였다. 그리고 우리는 함께 헌신한 팀이 됐다.

헌신에 관한 맨디의 이야기(계속)

성찰하기와 수정하기

제 대화를 성찰하고 점수를 매기면서 이해해 보기를 시작했습니다. 성찰하는 과정에서 두 개 질문을 찾았고, 제 생각에 두 질문은 모두 순수한 질문이었습니다. 저는 정말로 버전 2가 버전 1보다 복잡한 이유와 해당 피처가 언제 실제로 사용할 수 있는지 알고 싶었습니다. 반면 대화의 왼쪽 열을 보면 개발자들이 하는 말을 굉장히 많이 의심했습니다. 그리고 그 의심을 전혀 공유하지 않았습니다. "정말요?"라는 말을 놀라거나 기쁘지 않았을 때 여러 차례 말한 것을 찾아냈는데 이것은 텔처럼 보였습니다.

의미에 관한 합의는 어떨까요? 주제와 관련해 특별히 중요하게 보이는 다섯 개 단어를 찾았습니다. '추정', '완료', '검증', '복잡한 테스트 케이스', '준비'였습니다. 왼쪽 열에 나타나는 저의 의심은 개발자들이 단어에 어떤 의미를 부여하는지에 관한 것이었지만, 관련 질문을 하지 않았고 의미를 구체적으로 명시하지 않았습니다. 그래서 이 부분은 5점 만점에 0점이라고 생각합니다.

수정과 개선을 위해 제 의문을 더 잘 공유하기로 했습니다. 우리가 의미에 관해 합의하지 못했을 때 이를 알아차리고 걱정을 억누르는 것이 아니라 바로 표현하도록 노력할 수 있을 것입니다. 분명 제가 더 명확한 헌신을 만들어낼 수 있을 것으로 생각합니다. 최소한 그렇게 되길 바랍니다!

개선된 대화

디벨로퍼 릴레이션스 팀의 기술 리드인 데이비드를 찾았습니다. 우리가 함께 하나의 헌신을 만들어서 팀과 다른 사람들이 신뢰할 만한 헌신을 만들어낼 방법이 있는지 확인하고 싶었습니다.

맨디와 데이비드의 개선된 대화

맨디의 생각과 느낌	맨디와 데이비드의 대화
	맨디: 팀이 새로운 API를 추정할 때 보인 반응에 너무 놀랐어요.
꿈이 아니야. 뭔가 잘못됐어.	데이비드: 네, 저도 그랬어요. 팀이 그런 걱정을 한 게 이번이 처음은 아니에요.

218

맨디의 생각과 느낌	맨디와 데이비드의 대화
데이비드의 관점이 궁금해. 문제가 있다고 생각할까?	맨디: 그 걱정에 관해 좀 더 이야기해줄 수 있을까요? 데이비드는 어떻게 생각해요?
흠, 이상하군. 3월 4일이라는 날짜는 어디서 튀어나온 걸까?	데이비드: 생각보다 훨씬 어려워요. 마케팅에서는 그 피처를 3월 4일까지 예외 없이 원한다고 했죠. 팀은 그때까지 완료할 수 있을지 확신하지 못하고 있어요. 저도 마찬가지고요.
데이비드가 좀 더 얘기해 줄 수 있을까?	맨디: 그런 일이 있는 줄은 몰랐어요. 그리고 이상하게도 날짜가 너무 구체적인데요.
아, 이제 알겠어. 누구도 내게 3월 초라는 말을 하지 않았지. 하지만 그런 요청이 진행됐다는 걸 알겠어.	데이비드: 저도 그렇게 생각했어요. 그러다 마케팅에서 만든 좌석 계획을 봤어요. 마케팅에서는 홀을 빌려 모든 고객을 초대했어요. 노래하고 춤추고 완전히 새로운 API 출시를 보여주려고 말이죠.
팀이 합의하기 전까지 해당 피처는 헌신되지 않았다는 것을 데이비드에게 상기시켜야겠어. 마케팅 목표와는 얼마나 차이가 있을지 궁금한데?	맨디: 좋은 소식은 마케팅 부서에서는 실제로 아무것도 약속하지 않았다는 점이네요. 팀이 수용할 만한 합리적 데드라인은 언제쯤일까요?
이런 맙소사. 너무 오래 걸려. 클라이언트가 준비돼야 한다는 말의 의미를 모르겠어.	데이비드: 6월 전에는 불가능해요. 7월이면 훨씬 낫겠네요. 클라이언트가 준비되기 전에 데이터에 수많은 필터링이 필요해요.
'클라이언트가 준비된다'라는 말은 필요하지 않은 것 같아. 그냥 '데모하기에 충분'하면 돼.	맨디: '클라이언트가 준비된다'라는 건 무슨 말이죠?
아, 우린 용어에 관해서는 동일하게 이해했지만 헌신에 관해서는 이해가 달랐구나.	데이비드: 확실히 모든 검증이 완료돼야 하고 엣지 케이스에 관한 모든 테스트 케이스도 필요해요. 클라이언트에게 나쁜 데이터를 전달할 수는 없어요.

맨디의 생각과 느낌	맨디와 데이비드의 대화
이 구분은 중요해. 필요한 게 무엇인지 정리할 수 있다면 분명 데이비드가 범위를 단순화할 수 있는 방법을 찾아낼 수 있을 거야.	맨디: 우리가 같은 이야기를 하고 있는지 확신이 안 서요. 우리에게 필요한 헌신은 오늘 점심에 데이비드가 말한 것과 같이 세일즈 피치나 투자자 방문 등에서 보여줄 수 있는 것들이잖아요. 데이비드가 이해하고 있는 것과 같은가요?
좋아. 이제 그도 감을 잡았어.	데이비드: 제 생각도 같아요. 우린 기본 워크플로우만 보여주면 돼요. 완전히 통합돼 동작하는 게 아니라.
제약 사항을 공유해야겠어. 우린 고객 데이터가 부주의하게 공개되지 않도록 해야 해. 그렇지 않으면 규제 기관이 우릴 물어뜯을 거야.	맨디: 맞아요. 제약을 줄인 게 도움이 될까요? 실제 데이터를 리스크에 처하지 않게 하면서도 합리적인 지름길을 택할 수 있을 거예요.
정말 좋은 방법이군. 특히 더미 데이터를 쓰는 부분이 맘에 들어.	데이비드: 음, 처음엔 검증 단계를 뛰어넘을 수도 있을 거예요. 우리가 이미 알고 있는 더미 데이터를 사용해서 간단하게 표시할 수도 있겠네요.
우리가 헌신에 관한 장애물을 정리했는지 확인하자.	맨디: 그 두 가지 범위 변경은 모두 문제없을 거예요. 그렇다면 3월 4일까지 확실한 헌신을 하는 데 문제가 도움이 될까요?
이제 확실한 것 같아.	데이비드: 검증 단계나 실제 데이터 사용 부분을 제외하면 어떻게든 방법을 찾을 수 있을 거예요. 오늘 오후에 팀에게 물어보고 내일 아침까지 내용을 공유할게요.

시간과 범위에 관해 데이비드와 합의하고 싶었습니다. 하지만 데이비드는 먼저 여러 가지를 명확하게 해야 했습니다. 팀이 걱정하는 이유, 마케팅 날짜와 그 날짜를 고른 이유, 타깃을 달성하는 데 있어 팀의 업무에 걸린 제약 사항들이었습니다. '클라이언트가 준비되면'이라는 말의 의미를 분명히 함으로써 충분한 헌신을 얻는 데 도움

이 됐습니다. 여기서 헌신이란 외부 제약 사항(3월 4일까지 딜리버리 하는 것)은 물론 내부 제약 사항(고객 데이터를 노출해서는 안 되는 것)을 만족시키는 것이었습니다. 저는 데이비드와 진행한 대화의 방식이 정말 마음에 듭니다.

헌신의 대화 예시

내시와 시스템 관리자들: 워킹 스켈레톤 설계하기

내시[Nash]는 말했다. "저는 주요 리테일러 IT 부문의 비기술 임원입니다. 전 세계 7개 국가에 새로운 사이트를 구축해 이번 분기에 출시한 새로운 제품을 지원해야 합니다. 현재 기술팀은 새로운 온라인 서비스 런치에 6개월을 추정했는데 그건 너무 느립니다. 가장 큰 병목은 서버를 설치하는 것이라고 합니다. 저는 시스템 관리자 그룹을 만났습니다. 그룹에는 압둘[Abdu], 베카[Becca], 몰리[Molly]가 속해 있으며 개발팀에서 일하고 있습니다. 제 목표는 이 사이트들을 빠르게 운용할 방법을 알아내는 것입니다!"

내시와 시스템 관리자들의 대화

내시의 생각과 느낌	내시와 시스템 관리자들의 대화
이슈를 꺼내자. 먼저 내가 가진 정보가 정확한지 확인하고 싶어.	내시: 엔지니어링 리드의 말에 따르면 새 사이트 일곱 개는 빨라야 2월에 운영할 수 있다고 하던데요. 그런가요?
좋아. 나쁜 소식은 사실이었네.	베카: 맞아요. 그게 최선의 추정입니다. 우리는 그때까지 모든 서버를 프로비저닝할 수 있어요.

내시의 생각과 느낌	내시와 시스템 관리자들의 대화
더 빠르게 할 수 없다는 게 짜증이 나는군. 기술적으로는 확실히 가능한 걸까??	내시: 아, 너무 답답하네요! 문제는 2월이면 3개월 정도 늦은 시점이라는 거예요. 11월, 아무리 늦더라도 크리스마스 전에는 모든 사이트가 운영돼야 해요. 타깃을 달성할 수 있는 다른 방법이 있을까요?
최소한 몰리가 내 동기를 믿어주니 기쁜걸.	몰리: 당신을 신뢰하고 저 또한 우리가 할 수 있다고 말하고 싶지만 불가능해요. 백업만으로도 몇 주는 걸리거든요.
너무 비효율적으로 들려. 왜 이에 대한 아무런 대응도 안 했는지 궁금해.	압둘: 수동 설정은 말할 필요도 없어요. 프로세스가 투박해도 어쨌든 동작할 것이란 점은 알죠.
뭔가 회피 방법이 있을 것 같아. 내 생각이 맞는지 확인해야겠어.	내시: 기술 쪽은 문외한이지만 자동화를 할 수 있을 것처럼 들리는데, 혹시 제가 뭔가 놓친 게 있을까요?
내가 생각했던 게 바로 이거야. 내부 장벽이 왜 이렇게 높은 거지?	베카: 맞아요! 서버를 빠르게 반복적으로 설치할 수 있는 도구가 많아요. 하지만 IT 보안 정보 부서가 해당 도구들을 승인해 주지 않았어요.
워킹 스켈레톤을 동작시킬 방법이 될 거야.	내시: 그 대상은 현재 운용 중인 사이트들인 거죠? 내부 서비스들을 먼저 빠르게 구성한 다음에 일반적인 승인을 거쳐 패치 관리나 백업을 추가할 수도 있을까요?
	압둘: 물론이죠. 하지만 그게 어떻게 도움이 될까요?
작은 헌신을 계속 달성하면 많은 확신과 자신감을 만들 수 있어.	내시: 일단 사이트가 올라가면 개발자들은 코딩과 배포를 더 일찍 시작할 수 있어요. 그리고 마케팅에 실질적인 진척을 보여줄 수 있죠.

내시의 생각과 느낌	내시와 시스템 관리자들의 대화
몰리의 말이 맞아. 하지만 내가 도울 수 있을 거야.	몰리: 하지만 그렇다고 데드라인을 달성하는 건 아니에요. 내부에서는 빠르게 움직일 수 있지만 서버를 실제 운용 상태로 만들려면 여전히 여러 단계를 거쳐야 하니까요.
	내시: 그 점은 내가 걱정할게요. 정기적이고 가시적인 진척을 보여주면 승인 과정도 훨씬 수월해질 거예요. 예를 들어 새 도구를 활용해서 베어본 머신을 이번 주 안으로 배포할 수 있을까요?
생각했던 것보다 훨씬 좋은데!	압둘: 네, 사실 7개국에 전부 배포할 수도 있어요.
멋져! 베카도 감을 잡았어. 이런 계획이 있으면 기술적으로 최적화할 수 있는 부분을 찾아내거나 마케팅을 이해시키기에도 도움이 될 거야.	베카: 같은 생각이에요. 그에 더해 로드맵을 정리할 수 있을 것 같아요. 로드맵은 점진적인 셋업에 새로운 도구를 사용해 다음 2개월 동안의 주별 진척 예상을 보여줄 거예요. 그 이상은 확실하지 않아요. 그리고 그때까지 끝날 것 같지도 않아요.
내 생각엔 우리 모두 정렬이 된 것 같아. 계획과 헌신에 관해 마지막으로 확인하자.	내시: 그럴 필요 없어요. 하면서 계획을 수정하면 돼요. 새로운 셋업 방법을 사용하면서 더 많은 것을 배울 거예요. 여러분 모두 주간 딜리버리를 포함한 2개월짜리 부분 로드맵을 제공하는 것에 확실히 헌신한다고 이해해도 될까요?
크리스마스까지 확실한 딜리버리를 확신하진 못했지만, 명확한 실행 계획을 가진 분명히 헌신한 팀을 얻었다는 건 굉장히 좋은 대안이지.	모두: 네!

내시는 물론 7개국 전부에 크리스마스까지 딜리버리를 할 수 있다는 즉각적이고 확실한 헌신을 얻었다면 가장 행복했을 것이다. 하지

만 내시는 그들이 만들고자 했던 심리적 안전의 문화가 팀 구성원들이 자신에게 이 계획이 현실적이지 않다고 말할 수 있다는 의미라는 것에 기뻐했다. 워킹 스켈레톤 대안은 실현 가능해 보이지만(여러 데브옵스 문제에서 그러하듯) 증분 배포에 대한 허가를 위해 내시의 개입이 필요할 수도 있다. 이는 내시가 팀에 약속한 상호 헌신이며 헌신의 대화가 없었다면 필요성 자체를 몰랐을 것이다. 워킹 스켈레톤은 팀이 헌신하기 쉬운 점진적인 일련의 마일스톤이 작동하게 했고, 이는 내시가 다른 팀들과 시작할 충분한 기회를 줬다. 이 대화에서는 모두가 승자였다!

줄리와 에릭: 새로운 프로세스에 헌신하기

줄리Julie의 말이다. "최근에 에릭Erik과 일하기가 너무 힘들다는 것을 알았습니다. 에릭은 CEO이자 제 상사입니다. 그는 우리가 다음에 어떤 피처를 만들어야 하는지, 다른 개발자를 고용할지 말지와 같은 결정을 내리는 데 참여하길 좋아합니다. 하지만 때로는 그렇게 낮은 레벨까지 관여하는 게 에릭 자신에게는 물론 팀 건강에도 그렇게 효율적인 것 같지 않다는 생각이 듭니다. 언제 정보를 제공받고 결정에 참여해야 하는지, 그리고 언제 그렇지 않아야 하는지 에릭에게 (그리고 에릭과 일하는 다른 사람들에게도) 이야기하기가 상당히 어렵습니다. 저는 공동 의사 결정을 조직화하는 데 도움이 될만한 문서 템플릿을 만들었습니다. 결정에 있어서 에릭의 의견이 필요한 경우와 그렇지 않은 경우를 구분했고, 의견을 넣을 수 있는 공간을 만들어 각 의견에 관한 데이터 수집이 필요하다는 것을 알려줍니다. 여기에는 이를 실행하는 데 드는 비용이나 시간 등이 포함됩니다. 저는 에릭과 새로운 프로세스에 헌신하는 것에 관해 이야기하려 합니다.

줄리와 에릭의 대화

줄리의 생각과 느낌	줄리와 에릭의 대화
	줄리: 의사 결정 문서를 읽어 보셨나요?
시작이 좋은걸!	에릭: 읽어 봤어요. 좋던데요! 몇몇 부분은 수정을 좀 했어요. 문서를 만들어줘서 고마워요.
우선 우리가 기본적인 아이디어에 동의하고 있는지 확인하자.	줄리: 멋지네요! 수정하신 내용은 나중에 볼게요. 그보다 의사 결정 프로세스 관련 아이디어는 가치가 있던가요?
아, 틀린 말은 아니지만 에릭이 뭔가 놓친 것 같아.	에릭: 물론이에요. 그 아이디어는 우리가 같은 위치에 있게 해줄 거예요. 세부 사항을 전부 읽을 수도 있고 줄리의 결정에 대한 피드백을 줄 수 있고요.
휴, 심호흡하고… 이렇게 도발하는 게 걱정이 되긴 하는군.	줄리: 그렇게 말씀하시니 기쁘군요. 내가 동의할지 확실하지 않아서요.
	에릭: 그래요? 무슨 뜻이죠?
질문을 하면서 속도를 좀 늦추자. 우리가 기반 가정에 동의하고 있는 걸까?	줄리: 음, 제 생각에 이 프로세스에서 가장 큰 가치는 에릭을 특정 결정에 참여하게 할지 그렇지 않을지를 아는 것이거든요. 에릭 없이 제가 몇몇 결정을 내려도 괜찮은가요?
몇 개월 전이었다면 믿지 않았겠지만 이제 우리 이야기는 훨씬 더 정렬돼 있어. 지금은 에릭이 정말로 위임하길 원한다고 생각해.	에릭: 물론이죠. 회사가 커져서 제가 모든 걸 할 수는 없어요. 때로는 다른 분들이 저를 대신해 주셔야 해요.
이게 핵심이야.	줄리: 좋아요. 우리 둘 다 같은 의견인 것 같네요. 다음으로 합의할 부분은 이 결정 문서를 에릭이 참여하지 않았을 때 사용하는 방법에 관한 것인데요.
	에릭: 음, 이해가 안 되는데요. 제가 없을 때 그 부분은 왜 채워야 하죠?

줄리의 생각과 느낌	줄리와 에릭의 대화
	줄리:음, 맨 위 섹션은 언제 이 문서를 사용할지를 설명해요. 결정이 해당 분류를 만족하지 못하면 우리는 논의를 멈추고 문서를 사용하지 않을 거예요.
내가 명확하게 증명해서 기뻐. 이제 우리가 정렬됐다는 것에 강하게 확신할 수 있어.	에릭: 아하, 결정의 수준이 너무 낮아서 제가 개입하지 않아도 되기 때문이군요. 그 부분은 전혀 몰랐는데, 이제 이해했어요.
마지막 확인이야. 이제 우리가 헌신할 수 있을까?	줄리: 그렇다면 저와 다른 사람들이 이 분류를 필터처럼 사용해도 괜찮을까요?
내겐 그가 헌신한 것으로 들려!	에릭: 물론이에요. 다만 약간의 수정이 있었으면 해요. 예를 들어 예산 한도를 조금 더 높여도 될 것 같아요. 어쨌든 이 문서를 당장이라도 사용하고 싶네요.

가장 중요한 순간에 신뢰가 어떻게 작용하는지 확인하라. 마이크로 매니지먼트를 하던 에릭의 과거를 감안하면 몇몇 결정을 독립적으로 하기를 원한다는 에릭의 이야기를 줄리는 쉽게 무시할 수도 있었다. 그러나 두려움의 대화 과정에서 에릭의 시간이 회사 성장을 제한할 수 있는 요소로 확인됐으며, 줄리는 에릭과 자신의 이야기가 정렬돼 있다고 믿기로 선택했다. 이는 이전 대화를 기반으로 헌신의 대화가 구축된 것이다. 의미에 관한 합의 역시 매우 중요하다. 두 사람은 쉽게 프로세스에 '동의'할 수 있었다. 에릭이 의사 결정 문서에 자신이 어떤 일을 **하지 않기**로 약속해야 함을 의미하는 위임 분류가 포함됐다는 것을 완전히 이해하지 않았더라도 말이다. 이런 상황은 많은 혼란과 두려움을 야기한다. 에릭과 줄리는 결정 프레임워크를 도입했고 지금도 사용하고 있으며 꾸준히 놀라운 성과를 내고 있다.

케이스 스터디: 헌신을 위한 컨텍스트

말한 대로 행동하기

안나 시프먼Anna Shipman은 「파이낸셜 타임즈Financial Times」에서 고객 제품군의 테크니컬 디렉터로 일하고 있다. 안나는 자신의 블로그에 규정 준수 문제를 간략히 적었다.[7] 명확하게 잘못된 것은 없었다. 테크니컬 디렉터로 일한 지 7개월에 접어들었을 때 55명의 엔지니어로 구성된 안나의 팀은 성공적으로 신문의 메인 웹사이트는 물론 위성 브랜드, 안드로이드Android와 iOS 앱까지 운영하고 있었다. 전 세계 약 백만여 명의 유료 고객이 있었기에[8] 신문 웹사이트는 최신 뉴스와 함께 항상 동작해야 했다. 또한 모든 기기에서 즉시 로딩되고 매일 새로운 피처가 추가돼야 했다. 팀은 지속적인 배포와 오버드라이브overdrive에서 실행되는 A/B 테스팅을 통해 한 주에도 수백 번씩 개선 사항을 딜리버리 했다. 쉬지 않고 실험했으며 내부 고객은 물론 외부 고객의 요구를 반영했다.

하지만 안나는 여전히 뭔가가 팀의 발목을 잡고 있다는 것을 알았다. 5명의 수석 엔지니어에게 임무를 나눠주면서 그녀의 일상 업무에서 문제를 감지할 수 있었다. 주간 미팅, 슬랙Slack이나 이메일, 혹은 직접 업무를 할당할 때마다 뭔가 잘못됐음을 계속 느꼈다. "전 여전히 태스크 흐름을 통제하고 있었습니다." 안나가 말했다. "하지만 수석 엔지니어들에게 제가 도움이 필요하다는 문제를 알도록 할(그리고 제가 모르는 문제를 알도록 할) 더 나은 방법이 있다고 생각했습니다."[9] 즉, 안나는 준수가 아닌 헌신을 원했다.

많은 관리자와 다름없이 안나는 구성원들이 자신의 지시를 따르는 것을 발견했다. 애자일 프랙티스가 지원하는 창의적이고 혁신적인 팀과는 정반대였다. 그녀는 매니지먼트 팀이 자기 주도적이고 자율적으로 바뀌어 '각 수석 엔지니어가 (그녀의) 업무를 대신할 수 있는 좋은 후보가 되길' 바랐다.[10] 하지만 안나가 최고 업무 배포자의 역할에 갇혀 있는 동안에는 그런 일이 일어날 수 없었다.

필터 부수기

수석 엔지니어들에게 더 많은 자율성을 부여하는 방법에 관해 다른 동료들에게서 조언을 얻은 안나는 우리가 헌신의 대화라고 부르는 것을 수석 엔지니어들과 하기로 했다. 더 나은 상호 작용을 위한 방법을 함께 설계하는 것이 목표였다. 안나는 수석 엔지니어들이 태스크에 스스로 헌신할 수 있도록 하는 방법을 원했다.

안나는 비즈니스 부문에서 들어오는 피처 요구, 다른 팀의 상태 보고, 재무적 결과 등에서 컨텍스트 정보를 자신이 직접 제거해왔다는 것부터 설명하기 시작했다. 안나는 '(수석 엔지니어)팀이 이메일의 늪에 빠져 허우적대지 않길'[11] 바랐기 때문에 그들을 외부 입력의 파도로부터 지켰다고 말했다. 안나에게 이메일과 요청은 장애물이었으며 이것들로부터 팀을 보호해야 했다.

하지만 수석 엔지니어들의 반응은 놀라웠다. 그들은 필터링 된 정보가 아니라 필터링 되지 않은 정보를 원했다. 필터링 되지 않은 정보들은 민감한 우선순위 및 최적화와 관련된 결정을 할 수 있게 했다. 또한 누군가가 이슈를 가져왔을 때 놀라거나 당황하기보다 해당 이슈를 훨씬 친근하게 다룰 수 있었으며 충분한 정보를 담은 헌신과 딜리버리를 할 수 있었다. 외부 입력은 수석 엔지니어들에게 매우 다양한 의미를 줬으며, 이는 가치 있는 컨텍스트였다.

"근본적으로 저는 그들을 보호하고 일을 할 수 있도록 돕고 있다고 생각했습니다." 안나가 나중에 말했다. "하지만 실제로는 정보 흐름을 차단하고 있었고 팀이 하는 일을 오히려 더 어렵게 만들고 있었습니다."[12]

헌신의 대화를 통해 컨텍스트가 담긴 정보 유입에 관한 공통 의미에 합의한 후, 안나와 수석 엔지니어들은 컨텍스트를 공유하기 위한 몇 가지 단계를 밟기로 약속했다.

- 메일링 리스트를 만들어 외부 사람들에게 안나에게 요청 이메일을 직접 보내지 말고 메일링 리스트를 사용하도록 요청했다. 안나는 또한 수석 엔지니어들에게 유용하다고 생각되는 이메일을 메일링 리스트로 전달했다. 이와 같은 단계는 워킹 스켈레톤을 형성해 그룹이 다른 시도를 할 수 있는 발판이 됐다.
- 안나는 한 명 이상의 수석 엔지니어들을 관련 회의에 데려왔고 때로는 수석 엔지니어들만 회의에 보내기도 했다. 미팅을 마친 참석자들은 메일링 리스트를 통해 회의록을 나머지 사람들과 공유했다.
- 주간 미팅을 확장하고 색상이 있는 칸반 보드kanban board를 사용해서 태스크를 추적하고 관련 정보를 공유했다.
- 안나는 팀의 이유에 많은 시간을 쏟았으며 생각한 결과를 메일링 리스트, 위키, 외부 콘퍼런스 스피치를 통해 공유했다.[13]

"소식을 듣기도 전에 문제가 해결됐습니다!"

더 많은 컨텍스트 공유를 위한 헌신의 결과는 극적이었다. 요청 대부분이 그룹 메일링 리스트로 들어왔고 이를 공유한 구성원들은 더 많은 정보에 접근함으로써 적절하게 대응할 수 있었다. 수석 엔지니어들은 서로 업무를 주고받음으로써 과부하를 줄였으며 결과적으로 성공적인 딜리버리 확률을 높였다. 안나는 다음과 같이 말했다. "매우 자주 누군가가 그들이 발견한 문제에 관해 이메일을 보내거나 멘션을 하면…그 문제가 존재한다는 사실을 제가 듣기도 전에 이미 해결됐습니다."[14] 그들은 개발 조직에서 개발되지 않은 잠재력을 발견하고 사용했다. 이 모든 것은 헌신의 대화 덕분이었다.

결론: 헌신의 대화 적용하기

6장에서는 **핵심 콘셉트를 식별하고 각 의미를 명료화하는 방법**, 헌신에 관한 구조를 제공하기 위해 **워킹 스켈레톤을 사용하는 방법**, 각 기법과 이전 장에서 설명한 기법들을 사용해 **효과적으로 헌신을 만드는 방법**을 학습했다. 대화의 전환을 통해 촉진되는 생산적 모델 II의 이유 만들기는 효과적인 헌신을 위한 올바른 환경을 만든다. 그리고 그런 헌신의 딜리버리는 신뢰를 촉진하고 두려움을 줄여 전환이 한층 더 이뤄지게 한다. 헌신의 대화는 다음의 경우를 포함해 다양한 방법으로 활용할 수 있다.

- **경영진 리더**는 신뢰할 수 있고 쉽게 추적할 수 있는 헌신을 각 부문에서 예측하고, 그런 헌신의 진척을 추적함으로써 엔지니어링과 세일즈 같은 여러 부문 사이에서 업무 문화를 정렬할 수 있다.
- **팀 리드와 팀**은 확신과 열정으로 스프린트 목표나 구축-측정-학습 목표와 같은 헌신을 만들 수 있다.
- **개인 기여자**는 헌신을 정의하는 데 참여하고 이를 달성하는 데 공헌할 수 있다.

7장

책임의 대화

피처 공장에서는 딜리버리와 딜리버리의 문제에 관한 완벽한 투명함을 상상할 수 없다. 경직된 격언에 질릴 때마다 왜 신경 쓰는가? 마찬가지로 자율성의 결여는 다양한 목표와 전술 선택에 관한 호기심을 무의미하게 만든다. 아무런 변화도 가져올 수 없기 때문이다. 하지만 신뢰를 구축하고 두려움을 제거하며 이유를 정의하고 헌신을 명예롭게 여긴다면 제약에서 벗어나 더욱 자유롭게 될 것이다. 이런 투명함과 호기심의 단계에 이르면 드디어 마지막으로 책임의 대화를 할 수 있게 된다.

경영진은 부서가 잘못된 피처를 우선시하거나 클라우드 서버에 과도한 지출을 하는 것과 같은 오류를 책임감을 통해 훨씬 빠르고 효율적으로 파악하고 수정할 수 있다는 사실을 발견할 것이다. 팀 리드들은 책임의 대화를 사용해 스프린트와 팀 목표를 명확화하고, 목표를 달성하기 위한 옵션을 발견함과 동시에 피처 구현 및 아키텍처 변경에 관한 팀 의도를 퍼뜨린다. 개인들이 "오래된 브라우저 지원에 어려움을 겪고 있습니다" 혹은 "어떤 멍청이들이 테스트 케이스를 건너뛰라고 했습니다"와 같은 말을 더는 하지 않을 것이다. 그들은 자신의 업무에 어떤 제약과 자유가 있는지, 목표를 만족시키기 위해 창의력을 시도할 수 있는 부분은 어디인지 알게 된다.

7장에서 설명할 아이디어를 습득하면 다음과 같은 것을 수행할 수 있다.

- Y 이론^{Theory Y}을 사용해 건강한 책임을 조성하는 문화를 만든다.
- 브리핑^{briefing} **주고받기**로 팀이 효율적이고 정확하게 팀 행동의 중요성을 설명하게 한다.
- 책임의 대화를 사용해 **의도를 퍼뜨림**으로써 업무에 신경을 쓰는 모든 사람이 효율적이고 도움이 되는 방식으로 지원과 조언, 정정을 제공할 수 있도록 한다.

누구에게 책임이 있는가?

"더는 안 돼!" 대니^{Danny}가 소리쳤다. "피처가 지연된 게 이번 주에만 벌써 두 번째야. 이런 상태로는 금요일에 아무것도 보여줄 수 없을 거야!"

빠른 속도로 성장하는 스타트업의 CTO인 대니는 어느 때보다 많은 팀을 이끌고 있었다. 회사가 작았을 때는 모든 엔지니어 중에서 자신의 팀을 구분할 수 있었고 각자 무슨 일을 하는지 정확하게 알고 있었다. 최근에는 모든 팀 구성원과 스프린트마다 이야기할 수 있는 시간이 없었다. 그리고 매일매일의 진척을 놓치고 있었다.

방금 읽은 메일은 전형적이었다. 모바일 개발자들의 일정이 늦춰졌고 앱 변경 사항 중 하나가 스프린트 막바지까지 준비되지 않을 것이라는 내용이었다. 그뿐만이 아니었다. 최소한 매주 한 팀이 그에게 좋지 않은 소식을 전했고, 두세 팀이 목표 달성 미달 보고를 하는 경우도 잦았다.

대니는 개발이 언제나 계획대로 되는 게 아니라는 것을 잘 알고 있었다. 그리고 실제로 개발자들이 문제를 들고 자신에게 오는 것을 즐겼다. 기술적인 선택지들을 논의하고 제품 디자이너들과 비즈니스 담당자들과 창의적 해결책을 찾는 작업을 사랑했다. 오래된 팀들과 함께 이 역동은 잘 동작했고 개발자들은 문제를 들고 대니를 찾아왔다. 확실히 사소한 장애와 버그들이 있었지만 스프린트 막바지에도 그는 별로 놀라지 않았다. 몇몇 새로운 팀은 예측하기가 훨씬 어려웠다. 주요 피처들을 릴리스 하는 데 몇 주 또는 몇 개월이 걸렸다.

대니는 머리를 감싸 쥐고 계획을 세우려고 했다. 일일 진척 차트를 도입해야 할까? 딜리버리 관리자를 채용할까? 팀 리드 중 한 명을 교체해야 할까? 어떤 단계를 선택해야 할지 확신할 수 없었지만 뭔가 바뀌어야 함은 분명했다.

대니의 반응은 일반적이었다. 반복적이고 그다지 반갑지 않은 놀라움(데드라인 누락, 시스템 정지, 예산 부족 등)이라면 우린 자연스럽게 이런 놀라움을 없앨 행동을 하고 싶어 한다. 정상적인 접근 방법은 자세한 정보를 요구하고 구체적인 지침을 내리거나 더욱 세세한 통제를 하는 것이다. 세 가지를 모두 실시할 수도 있다! 안타깝지만 이런 본능적인 반응은 자주 상황을 악화시킨다. 문제의 핵심인 책임을 간과했기 때문이다.

책임을 진다는 것은 어떤 의미인가? 단순하게는 여러분이 한 일과 목적에 관해 설명할 의무가 있음을 의미한다. 개개인의 책임감은 성공의 핵심 요소 중 하나다. 책임은 소유권, 책무, 대행에 가깝다. 시간을 사용하는 방법을 통제할 수 있다면 오로지 나만이 내가 한 일의 목적에 관한 정보를 제공할 수 있다. 그럼으로써 내 행동의 기반이 된 사고와 의도를 설명한다.

책임을 일반적이지 않게 정의한 것에 주목하라. 한 관리자가 '누군 가에게 책임을 묻겠다'라고 말하면 본능적으로 몸을 사리게 될 것이다. 관리자의 말은 뭔가 잘못된 일에 대한 비난이나 처벌을 암시한다(이 두려움을 설명할 수 있는 역사적 관점은 뒤에 소개하는 쉬어 가기를 참조하라). 책임지는 사람이 후회하며 실수로부터 배우기를 기대한다. 반대로 우리가 내린 책임의 정의에서는 여러분이 성공과 실패 혹은 중립적 결과에 책임을 진다고 제안한다. 하지만 "지난달 판매량을 두 배로 늘린 책임을 누군가에게 묻자!"라는 말은 자주 듣지 못할 것이다.

우리가 말하는 책임, 즉 결과를 설명할 의무는 애자일, 린, 데브옵스 팀이 목표로 삼는 자기 주도적 조직의 핵심이다. 팀 구성원은 각각 자신의 시간과 에너지를 어떻게 할당하지 스스로 결정할 수 있도록 권한을 위임받는다. 권한 위임은 어떤 결정을 내렸는지, 왜 그런 결정을 내렸는지에 대한 공유가 전제된다. 때로 책임의 대화는 "제가 하기로 한 일과 이유를 공유합니다"와 같이 의도를 공유하는 형태를 띤다. 다른 경우에는 과거 이벤트에 관한 디브리핑 혹은 공식 보고서 형태로 나타난다. 책임이 어떤 형태를 띠든 대니가 통제 본능을 억누르고 팀 내 책임 문화를 구축한다면 자신의 노력을 더욱 성공적으로 확장할 수 있을 것이다.

이를 실행하는 데 큰 어려움이 없을 것처럼 보일 수 있다. 하지만 효과적으로 책임지는 것은 학습된 스킬이다. 일반적으로 정서적 업무, 문화의 변화, 부단한 훈련이 필요하다. 특히 효과적인 책임의 대화를 실현하려면 높은 신뢰("당신은 내가 수행한 것에 관한 이야기를 공유할 것이라고 믿어"), 낮은 두려움("당신은 내가 한 일에 과잉반응하지 않을 거야"), 합의된 이유("우리는 이 비전을 향하고 있고 얼마나 멀리 왔는지 알려줄게"), 명확한 헌신("이게 내 책임이야. 내가 A를 하기로 약속했지만 실제 일어난 일은 B야")이 필요하다. 여러분과 여러분의 팀이 이미 이런 방식의 대화를 했다면 책임의 대화도 성공적으로 할 수 있을 것이다.

쉬어 가기: 중세 시대의 책임

'책임지는'이라는 단어가 징벌적 의미를 내포한 이유는 무엇인가? 단어의 기원과 관련이 있다고 생각한다. '책임지는'이라는 말은 '청구를 제출하다'라는 뜻이다. 청구(account)라는 단어는 '계산' 또는 '열거'를 의미하는 오래된 프랑스 단어에서 왔다.[1] 중세 시대에 처음 영어로 편입됐고 12세기 보안관의 행동을 기술하는 데 사용됐다. 보안관들은 서부의 총잡이 후손들과 달리 본질적으로 멀리 떨어진 안제빈 제국(Angevin Empire)의 매출 수집가들이었다. 보안관들은 각각 '농장'을 받고 왕에게 매년 바쳐야 할 금액을 부여받았으며 자신의 영역 내에서 원하는 대로 돈을 걸을 수 있었다. 많은 보안관이 자신의 농장에서 소작하는 힘없는 시민을 착취했으며 초과 수익은 개인 재산으로 축적했다.[2]

헨리 2세(영국 왕, 1154~1189)의 정부는 매년 미카엘 축일(Michaelmas)인 9월 29일에 모든 보안관을 법정에 소환해 영수증(물론 현금이었다. 1100년대에 수표나 신용 카드가 있었겠는가!)을 확인하고 제출하도록 했다.[3] 당시 수학은 흔치 않은 기술이었다. 그래서 회계 담당자와 조수들이 일련의 카운터와 체스보드의 하나인 익스체커(Exchequer)를 사용해 보안관이 왕에게 빚진 돈과 가져온 돈의 차이를 계산했다.[4] 익스체커 보드는 모든 프로세스를 대변했고 해당 연도의 '국고'가 됐다.[5] 보안관들은 앞으로 하나씩 차례로 나와서 연간 수입을 보고하고 예외 사항이나 공제 사항을 회계 담당자들에게 알렸다. 최종 금액이 합의되면 보안관은 은화가 담긴 부대를 건네고 빚을 갚았다.[6] 최종 금액보다 적은 금액을 낸 보안관은 그 자리에서 벌금을 받거나 수감됐다.[7] 누락된 스프린트 목표에 관해 보고할 것이 걱정되는가? 그렇다면 12세기의 책임이 얼만큼의 두려움이었을지 상상해보라.

책임에 관한 니콜의 이야기

제품 디렉터로 조직의 여러 팀을 책임지고 있는 니콜Nicole이라고 합니다. 제품 관리자로 일하는 바비Bobby는 제가 요청한 것을 자주 오해하는 것 같습니다. 피처나 프로젝트 진행 도중 멈춰야 하는 일이 잦고 개발자들과의 기대를 초기화하거나 절반 이상의 코드를 바꾸기도 합니다. 제가 바비를 해고해야 할지 고민할 정도로 악화된 상황에서 제 관리 스타일과 대화 방식에 문제가 있었는지 궁금해지기 시작했습니다. 첫 번째 R에서 시작해 제가 개선할 부분을 찾을 수 있는지 알아보려고 지난 대화를 기록했습니다.

니콜과 바비의 대화

주의: 오른쪽 열을 먼저 읽고 위로 다시 돌아가 오른쪽 열에서 왼쪽 열 순서로 읽는다.

니콜의 생각과 느낌	니콜과 바비의 실제 대화
이 목업을 보면 도움이 될 거야.	니콜: 새 현금 흐름 보고서 목업(mock-up)이에요.
좋은 질문이야!	바비: 좋아요. 지금 사용하는 것과 뭐가 다르죠?
	니콜: 우선 매일 업데이트돼요. 그리고 새로운 글로벌 지역별 합산이 아니라 따로 표시해요.
	바비: 알겠어요.
그것만 알면 충분한가? 이번 목업은 충분히 스스로 설명하고 있는 건가?	니콜: 언제쯤 완료될 것 같아요?

니콜의 생각과 느낌	니콜과 바비의 실제 대화
	바비: 팀에 확인해봐야 정확히 알겠지만, 다음 스프린트까지는 완료할 수 있을 것 같네요.
와, 정말 빠른데! 회계 부서에서 정말 좋아하겠어. 저번처럼 뭔가 누락되지 않기만을 바랄 뿐이야.	니콜: 아주 좋아요!

당시에는 대화가 마음에 들었습니다. 하지만 일주일 후 팀이 새로운 보고서를 시연했을 때 만족감이 줄었습니다. 팀은 엑셀 포맷이 아닌 CSV 포맷을 사용했습니다. 지역에서 오스트레일리아가 빠져 있었고 소소한 오류가 너무 많았습니다. 바비는 왜 이런 일을 제대로 못하는 걸까요?

준비하기: 이론 X와 이론 Y

동기에 관한 이분법

팀에 책임을 기대하는 것은 합리적인가? 직원들은 사리사욕을 채우는 데만 관심이 있고 위에서 지시한 것만 행동하며 자신의 행동을 설명할 능력이 없는가? 아니면 성공에 관심이 있고 잘하는 것으로 동기를 부여받고 자신의 행동에 책임을 지는가? 경영 이론가인 더글라스 맥그레거Douglas McGregor는 『기업의 인간적 측면』(미래의창, 2006)에서 이와 같은 직원 동기 두 가지를 이론 XTheory X와 이론 YTheory Y라고 불렀다(표 7.1 참조).[8]

이론 X는 1장에서 살펴본 테일러리스트의 관점과 매우 관련이 높다. 이론 X에 따르면 노동자들은 게으르고 멍청하며 관리자의 지배 아래 있어야만 한다. 노동자가 일을 망치면 작업장 구석으로 보내져 실수로부터 배워야 한다. "노동자들에게 아무런 결과도 얻을 수 없다고? 그렇다면 더 많은 관리가 필요하지." 이론 X의 관리자는 이렇게 말한다. "내가 기대했던 진척 상황에 대한 통찰을 얻지 못하고, 이를 해결했다는 것을 제때 듣지 못한다면 관리자를 고용해서 관련 정보를 얻어내겠어." 이론 X를 따른다면 개개인의 책임은 허언에 그친다. 노동자들은 자신의 행동에 조금도 투자하지 않으므로, 그들에게 자신의 행동이나 결과에 대한 설명을 요구하는 것은 어리석은 짓이다. 대신 관련된 관리자들에게 물어봐야 한다. 그것이 관리자들의 업무이기 때문이다.

이론 Y는 인간성에 관해 근본적으로 다른 관점이다. 이론 Y에 따르면 사람들은 참여를 원하며 주인 의식을 갖고 싶어 하고 성공을 위한 추진력이 있다. 이론 Y를 신뢰한다면 이론 X의 관리 모델은 위험할 뿐만 아니라 낭비이기도 하다. 개개인에게 내재한 성공의 추진력을 사용해 낮은 비용으로 더 나은 결과를 얻을 수 있다. 이론 Y의 조직에서 책임은 핵심 요건이다. 동기 부여되고 책임감 있는 직원들은 관리자들과 동료들에게 그들의 행동과 결과를 말하고 싶어 한다. 정확한 피드백을 원하고 이를 통해 자신의 행동을 적절하게 조정한다.

1장에서 설명한 애자일, 린, 그리고 데브옵스 원칙들을 떠올려보자. 이론 Y에 대한 강력한 편향 의식을 확인할 수 있다.

- 동기 부여된 개인에게 그들이 원하는 환경과 지원을 제공하고, 그들이 업무 완수할 것을 신뢰하라.
- 팀에 권한을 위임하라.
- 모든 사람이 비즈니스를 위해 최선을 다할 것이라고 신뢰하라.

표 7.1 이론 X와 이론 Y

이론 X	이론 Y
태도(Attitude)	
사람들은 일을 싫어하고 지루해하며 가능한 한 회피하려고 한다.	사람들은 일하려고 하며 일을 통해 이익을 얻고자 한다. 올바른 조건이 갖춰지면 일을 즐긴다.
방향(Direction)	
사람들은 강요나 매수를 당해야만 올바른 노력을 한다.	사람들은 자신이 받아들인 목표를 달성하고자 스스로 방향을 조정한다.
책임(Responsibility)	
사람들은 책임(피하고자 하는 것)을 받아들이기보다 지시받기를 선호한다.	사람들은 올바른 조건이 갖춰지면 책임을 추구하고 받아들인다.
동기(Motivation)	
사람들은 주로 돈과 직업 안정성에 관한 두려움으로 동기를 부여받는다.	사람들은 올바른 조건이 갖춰지면 자신의 잠재력을 실현하는 욕구로 동기를 부여받는다.
창의성(Creativity)	
사람들 대부분은 창의성이 없다. 규칙 위반에 관해서만은 예외다.	창의성과 독창성은 널리 분포돼 있지만 아주 적게 사용되고 있다.

닐스 플래징, '왜 우리는 도요타와 셈코에서 빌어먹을 것을 배울 수 없는가?'

이는 전혀 놀랄 일이 아니다. 우리는 앞에서 소개한 네 가지 대화로 이론 Y에 일치하는 행동, 즉 신뢰를 구축하고 비전을 강요하기보다 동기를 설명하며 헌신을 추진하기 위한 컨텍스트를 제공하는 것과 같은 행동을 통해 성공하는 소프트웨어 팀의 이야기를 계속 봐왔다. 실제로 우리는 닐스 플래징이 이론 Y는 애자일, 린, 혹은 데브옵스 메소드로 성공하기 위한 사전 조건이라고 말한 것에 동의한다.[9]

드라마인가 리더십인가?

우리를 곤혹스럽게 하는 것은 이론 X가 왜 적어도 이론상으로는 인간 중심의 소프트웨어를 도입한 팀에 여전히 팽배해 있느냐다. 사람들은 왜 (우리가 보기에) 적극적으로 책임을 방해하는 문화적 스키마를 유지하는가?

사회과학자들에게 철저한 답변을 남기겠지만 리더십에 관한 첫 번째 모델을 제공하는 텔레비전과 영화에서 나타난 예시들이 이에 영향을 미치는 요인 중 하나라고 의심한다. 몇몇 영화에서는 강력하고 결단력이 있는 리더가 명령하는 모습을 보인다. 리더는 확고하지만 공정하다. 엄하기도 하다. 상황을 망치면 주저하지 않고 꾸짖는다. 또 다른 비유는 효과적인지 못한 관리자다. 만화 〈딜버트^{Dilbert}〉의 '말쑥한 머리의 상사^{pointy-haired boss}'는 언제나 상태 보고서를 요구하고 큰 그림을 보지 못하면서 세세한 것만 따진다. 두 가지 접근 방식은 모두 효과적인 리더십의 예시가 아니다. 부분적으로 이들은 진짜 책임과 대립하기 때문이다(결단력 있는 리더는 다른 사람의 의견을 듣지 않으며 결단력이 없는 관리자는 정보를 바탕으로 무엇을 해야 하는지 결정을 내리지 못한다). 두 스타일 모두 조직 내에서 비생산적인 충돌을 야기한다. 하지만 충돌은 정확하게 드라마를 만들며 영화 티켓 판매와 넷플릭스^{Netflix} 구독으로 이어지므로 이런 접근 방식은 텔레비전과 영화에서 자주 사용된다.

대조적으로 상호의존성과 자기 조직의 미디어 모델은 훨씬 제한된다. 이론 Y에서 말하는 리더를 극적으로 묘사한 것 중 유일하게 눈에 띄는 것은 패트릭 스튜어트^{Patrick Stewart}의 〈스타 트렉^{Star Trek}〉 시리즈에 등장하는 피카드 선장^{Captain Picard}이다. 피카드는 새로운 관찰이나 사건에 대응하기 전에 모든 선원의 의견을 정기적으로 모으며, 빈번하게 과감하고 위험한 개입을 다른 사람들에게 위임한다. 〈어벤져스^{The}

Avengers〉와 같은 슈퍼 영웅들이나 〈스탠드 바이 미Stand By Me〉처럼 종종 출시되는 앙상블 영화의 주인공들은 매우 다양한 스킬을 가진 그룹의 상호 의존 관계를 묘사한다. 이들은 각 캐릭터가 사용할 수 있는 힘을 사용해 어려움을 극복한다. 또한 이들은 각자의 결정과 결과에 책임을 진다. 그러나 이는 일상과는 너무나도 동떨어져 보이는 예외 상황이다.

이론 X에 관한 이와 같은 편향을 어떻게 극복할 것인가? 이런 대부분의 변화에서 여러분을 도와 조직 내 존재하는 이론 X의 신념과 습관들을 식별하고 극복할 공감을 가진 구성원들을 모집할 것을 추천한다. 예를 들어 심리적 안전에 관한 헌신을 갱신하거나(4장 참조) 안나 시프먼과 그녀의 팀이 했던 것처럼 비즈니스 컨텍스트를 공유하거나 (6장 참조) 추가적 책임이 있는 사람들을 찬양할 수도 있다. 간단히 책임의 대화를 열고 자율성과 내적 동기에 관한 강력한 문화적 메시지를 전달하라.

준비하기: 직접적 기회주의

순진한 사람에게서 벗어나기

책임의 대화를 가로막는 또 다른 장애물은 순진한 현실주의naïve realism 다.[10] 이는 세상을 객관적으로 편견 없이 바라본다는 관점, 더 나아가서 다른 사람들도 같은 관철에 대해 동일한 결론을 내릴 것이라 바라보는 관점이다. 이처럼 단순한 관점을 세상에 도입하면 점점 대화가 사라지며 결과적으로 책무를 설명할 필요가 없어진다. 결국 모든 사람이 우리와 같은 것들을 관찰할 것이 분명한데, 우리가 한 행동이나 그 결과를 설명할 필요가 있을까? 물론 이 접근 방식은 잘못된 것이다. 우리는 책임의 대화를 더욱 정확하게 해야 한다. 다른 사람들은 우리가 소유하지 못한 정보를 갖게 되고, 그 정보들로 우리가 만든 결과와 다른 결론을 끌어낼 것이기 때문이다.

순진한 현실주의에 관한 편견을 제거하는 구조화된 방법이 있다. 이는 놀랍게도 19세기 프러시안Prussian 군대 훈련에서 찾아볼 수 있다. 스티븐 분가이Stephan Bungay는 그의 저서 『The Art of Action(행동의 예술)』(Nicholas Brealey, 2011)에서 이를 '직접적 기회주의Directed Opportunism'라고 불렀다.[11]

분가이는 가장 먼저 '마찰friction'을 설명한다. 머피의 법칙Murphy's Law('잘못될 수 있는 모든 것은 잘못될 것이다')이 작동하는 모든 방법의 총합이다. 마찰의 결과는 뭔가 시도할 때 발생하는 세 가지 격차다. 달성하고자 하는 결과를 계획으로 바꾸는 과정에서의 격차, 계획을 행동으로 바꾸는 과정에서의 격차, 행동들을 우리가 원하는 결과로 바꾸는 과정에서의 격차가 그것이다(그림 7.2 참조).

- **지식 격차**knowledge gap는 알고자 하는 것과 실제로 아는 것의 차이다.
- **정렬 격차**alignment gap는 사람들에게 바라는 행동과 실제로 사람들이 한 행동의 차이다.
- **효과 격차**effects gap는 행동이 달성할 것이라고 기대한 결과와 실제로 달성된 결과의 차이다.

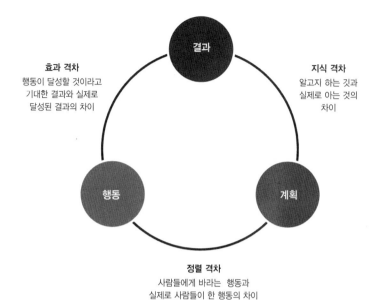

효과 격차
행동이 달성할 것이라고
기대한 결과와 실제로
달성된 결과의 차이

결과

지식 격차
알고지 하는 깃과
실제로 아는 것의
차이

행동

계획

정렬 격차
사람들에게 바라는 행동과
실제로 사람들이 한 행동의 차이

Adapted from "Executing Strategy: Some Propositions," StephenBungay.com,
accessed October 3, 2019, https://www.stephenbungay.com/ExecutingStrategy.

그림 7.2 분가이의 세 가지 격차

관리 중심 접근법을 사용할 때는 세 가지 격차를 제거하려고 시도한다. 리더들은 지식 격차를 줄이려고 구체적인 정보를 찾는다. 정렬 격차를 줄이려고 구체적인 지시를 내린다. 효과 격차를 줄이려고 구체적인 통제를 구현한다. 그러나 격차를 줄이기 위해 점점 강도가 높아지는 시도는 고통만 유발할 뿐 격차를 완전히 줄이지는 못한다. 이런 권위주의적인 마이크로 매니지먼트의 결과 '헌신은 준수로 바뀌고 에너지는 빠져나가며 도덕성은 떨어진다.'[12]

이에 대한 대안으로 분가이는 직접적 기회주의 방법론을 제안한다. 분가이는 프러시안 군의 리더들이 1800년대 프랑스, 덴마크, 오스트리아와의 전쟁 기간에 사용한 전략적, 전술적 혁신에서 영감을 받아 이를 역설계했다. 프러시안 군은 명령 체계의 상하 방향으로 계획과 의도를 명확하게 소통하는 것이 19세기 전쟁에서 늘어나는 복잡성을 정복하는 핵심으로 여겼다. 그러므로 직접적 기회주의의 핵심은 당사자 간 약속protocol이다. 한 측이 브리핑 통해 **우리가 어디로 가는지**where we are going(의도 혹은 방향) 설명하면 다른 측에서는 백 브리핑을 통해 **우리가 어떤 방법으로 그곳에 갈지**how we plan to get there(계획)를 설명한다.

브리핑을 통해 정렬하기

브리핑에서 한 사람은 그녀가 의도한 결과를 설명한다. 이때 결과물이 만족해야 할 제약 사항들을 제공하고 실행 과정에서 가능한 자유에 관해 설명한다. 예를 들어 분가이는 한 사령관의 이야기를 들려준다. 사령관은 두 명의 장군에게 그들의 군대를 북쪽으로 이동해서 프랑스군을 둘러싸되(결과) 적과 만남으로써 속도가 느려지면 안 되며(제약 사항), 그 과정에서 그들이 가장 적합하다고 생각한 어떤 경로든 사용할 수 있다(자유)고 명령한다.[13]*

원하는 결과 그리고 이와 관련된 자유와 제약 사항을 제공함으로써 결과를 제공하는 사람이 책임을 지게 된다. 그들은 자신이 제공할 수 있는 정보, 예를 들어 그들이 가치를 두는 우선순위나 트레이드 오프 등의 정보만 제공한다. 이는 이론 X의 접근 방식과 크게 다르다. 이론 X의 접근 방식에서는 계획이 위에서 아래로 전달되며 최선의 경우라 하더라도 조직이 달성하고자 하는 바가 그 일이 어떻게 이뤄져야 하는지와 뒤섞여 있다. 또한 지시받은 길을 벗어날 수 있는 자유는 거의 없다.

인적 자원의 낭비 외에도 상부에서 계획하는 이론 X의 접근 방식은 종종 지식 격차에 빠진다. 계획을 수립하는 매니저들에겐 일을 실

---

* 군대와 달리 비즈니스 환경에서는 각 부문의 관계가 리더와 부하가 아니다. 예를 들어 제품 관리자는 마케팅 팀에 다음 피처 출시를 어떻게 조율할지 브리핑할 수도 있다.

행하는 곳과 가까운 사람들의 지식과 경험이 부족하기 때문이다. 프러시안 사령관이 드론이나 라디오 같은 현대 장비의 도움 없이 자신의 부하들이 수 마일 밖에서 선택해야 할 올바른 길이 어디인지 알 방법이 있는가? 부하들을 명확한 의도로 무장시키고 그들이 지역에서 확보한 데이터의 기반이 올바른 선택을 하도록 허락하는 것이 훨씬 낫다.

명확한 브리핑의 훌륭한 예시로 보잉Boeing이 777 에어라이너777 airliner를 설계할 당시 이야기를 소개한다.[14] 설계자들은 계획된 예산 범위에서 기체의 총 중량을 낮추려고 고심했다. 전체 기체 설계에서 중량 저하와 비용 절약의 가장 적절한 트레이드 오프를 어떻게 달성할 수 있는가? 예를 들어 효율적이지만 무거운 랜딩 기어를 사용하고 무게를 줄이기 위해 더 비싼 방향타를 사용해야 할까? 수백 명의 엔지니어가 수많은 하위 시스템에서 별도 그룹으로 작업하는 상황에서 기체의 광범위하게 분리되고 관련 없는 부품에 대해 이런 무게에 관한 교환 비용이 가능한 곳이 어딘지는 도저히 알 수 없었다.

보잉이 찾아낸 해결책은 간단한 형태의 비용 가이드라인을 엔지니어들에게 제공함으로써 로컬 서브 시스템에서 어떤 트레이드 오프를 할 수 있고, 혹은 해야 하는지를 브리핑 하는 것이었다. 엔지니어는 별도 승인 없이 1파운드를 줄이는 데 300달러까지 사용할 수 있었고 로컬 관리자의 승인만 있으면 600달러까지 사용할 수 있었다. 그리고 프로그램 관리자의 승인이 있으면 2,500달러까지 사용할 수 있었다. 이런 가이드라인은 엔지니어들이 일하는 부분에 관한 제약 사항을 명확히 함으로써 비용과 무게를 최소화하기 위한 전체 목적과 정렬돼 있음을 보장한 상태로 엔지니어들이 결정을 내릴 수 있는 프레임워크를 제공했다.

백 브리핑을 사용해 합의 굳히기

명확한 브리핑 단계에서 직접적 기회주의 프로토콜을 중단하더라도, 적어도 한 측은 책임을 제공했기 때문에 훌륭한 개선을 이룬 것이다. 하지만 아무리 세부적인 브리핑이라도 크든 작은 오해가 쉽게 발생한다. 이런 불완전함을 식별하고 해결하기 위해 브리핑에 대한 응답을 계획한다. 실행 측에서 수행하는 '백 브리핑'의 경우 원하는 목표를 어떤 방법으로 달성하도록 계획했는지, 원래 달성하려던 결과 및 제약 사항 그리고 자유와 일치하는지 확인한다. 어떤 계획을 수립했는지, 이유는 무엇인지를 설명(다시 말해 이유와 의도를 공유)함으로써 모든 부문 사이에 정렬이 됐음을 보장한다.

『The Art of Action(행동의 예술)』에서 분가이는 본 몰트케^von Moltke의 편지를 소개한다. 프러시안 장군의 최고 수장으로 앞서 우리가 사령관이라 부른 몰트케는 두 부대가 프랑스군을 추격해 포위하길 원했다. 몰트케의 편지에는 현재 상황, 의도, 각 장군의 역할, 프랑스가 벨기에를 통과했을 때를 대비한 특별 지시 사항이 기술돼 있다. 그리고 장군들이 휘하의 군사들에게 내릴 지시를 자신에게 알릴 데드라인을 알리면서 마무리된다.[15] 장군들의 회신은 백 브리핑이었으며 몰트케는 이를 통해 자신의 군대 움직임을 부하의 군대와 맞춰 조율하고 잘못된 해석을 바로 잡는다.

고객 중 유아용품 소매 기업이 있었다. 우리는 백 브리핑 시스템을 구축했고 여기에서 COO는 각 팀의 리더십과 제품 계획을 리뷰했다. 세션 중 하나가 수행되기 전, 한 제품 관리자가 개선된 전자 상거래 상점에 관한 계획을 공유하기 위해 흥분한 모습을 봤다. 이 상점에서 부모들은 넓게 확장된 제품들을 구매할 수 있었다. 하지만 회의가 진행되고 제품 관리자가 새로운 페이지의 초기 프로토타입 스크린숏을 보여줄 때마다 COO는 점점 침울해졌다. 마침내 COO가 입을 열었다. "그나저나 이익은 어디에서 설명하나요?" 새로운 제품과 제품을 구매하는 흥미로운 방법에 집중한 나머지 팀은 해당 사이트가 제품을 재밌으면서 교육적인 것으로 판매해야 한다는 점을 잊은 것이었다. 그리고 이것이 바로 마케팅 그룹이 의존하는 것이었다. 계획을 수정해야 한다는 사실은 고통스러웠지만 더 많은 코드가 작성되기 전에 문제를 찾아낸 것은 다행이었다. 확실히 브리핑과 백 브리핑의 조합은 상호 책임을 만들어내는 강력한 방법이다.

브리핑과 백 브리핑 점수 매기기

대화에 **요청하기**가 포함되면 브리핑으로 점수를 매길 수 있다. 분모가 3인 분수를 사용해 점수를 매긴다. 의도한 결과, 결과물이 만족해야 할 제약 사항, 실행 과정에서의 자유에 각각 1점씩 점수를 매긴다. **일부** 제약 사항이나 **약간의** 자유를 제공했다면 부분 점수를 줄 수 있다. 예를 들어 절반을 제공했다면 0.5점을 매긴다. 의도한 결과와 모든 제약 사항을 제공했지만 자유는 전혀 제공하지 않았다면 점수는 $\frac{2}{3}$가 된다.

유사하게 여러분이 어떤 **요청에 응답**한다면 백 브리핑으로 해당 대화에 점수를 매길 수 있다. 브리핑과 같이 분모가 3인 분수를 사용해 점수를 매긴다. 여러분이 의도한 행동, 그 행동을 선택한 이유, 그리고 여러분의 계획이 상대방이 제공한 브리핑과 일치했을 때 각각 1점씩 매긴다.

대화: 의도 방출하기

가족과 휴가를 보낼 목적지까지 차를 몰고 갈 계획을 세운다고 가정해보자. 여러분은 누구에게 어떤 정보가 필요하고, 언제 정보를 공유할지 어떻게 결정하겠는가? 길 위의 여행을 위한 협업은 책임의 대화를 사용해 팀과 상호 작용하는 것과 매우 유사하다.

여행의 시작은 간단하지만 출발에 앞서 계획에 필요한 정보에 관해 공유된 이해가 있어야 한다. 이것이 브리핑이다. 여기에는 의도한 결과("새크라멘토에서^{Sacramento}에서 언니를 태우고 레이크 하우스로 갈 거야")와 제약 사항("길이 너무 막히니까 5번 고속도로는 피하자") 그리고 가능한 자유("당신이 좋아하는 레스토랑에 들를게")가 포함된다. 이런 사항이 분명해진 다음에 이와 관련된 백 브리핑으로 돌아와야 한다. 의도한 경로, 그 경로를 제안한 이유, 의도한 경로에 대한 만족 여부를 확인한다. 그렇지만 일단 출발하고 나면 어떤 일들이 벌어지는가?

직선 도로를 따라 차를 운전할 때는 차선과 차를 일치시키기 위해 쉽게 감지할 수조차 없는 많은 움직임이 필요하다. 또한 갑자기 멈추는 차나 도로로 뛰어드는 아이 등은 즉각적인 조정을 요구한다.* 승객들은 운전자가 경로 수정 관련 정보를 계속 알려줄 것으로 기대하지 않는다. 또한 운전자가 긴급 상황에서의 대응에 관해 허락을 구할 것으로도 기대하지 않는다. 하지만 운전자가 갑자기 브레이크를 밟아 나머지 탑승자를 놀라게 할 때는 설명을 기대한다! 경로나 제약 사항을 바꿔야 할 새로운 정보("호수에 비가 내린다고 하는군. 목적지를 산으로 바꾸자")가 생겼을 때도 알려주길 기대한다. 정보를 가진 사람이 운전자인지 뒷자리에 앉은 아이인지는 중요하지 않다. 프로젝트에 연관된

---

* 사람이 운전하는 자동차는 물론 자율주행차에도 그대로 적용된다. 누군가는 계속 운전대를 잡고 매 순간 대응해야 한다. 운전자가 사람이든 컴퓨터든 마찬가지다.

사람은 책임의 대화에 참여하고 공헌할 의무가 있다.

차에 타지 않은 사람들과의 커뮤니케이션은 어떤가?

성공을 위한 신호

기술자인 엘리자베스 에이어Elizabeth Ayer는 운전자들이 회전하기 전과 회전하는 동안 지속적인 신호를 보내는 것과 같이 우리가 항상 '의도를 방출해야' 한다고 제안했다.[16] 우리는 엘리자베스의 말이 예상하지 못한 이익을 얻는 훌륭한 조언이라고 생각한다. 의도가 투명하다면 다른 사람들이 정보를 제공하도록 하고 계획을 조정하며, 심지어 우리를 돕게 만들어 목적을 달성하게 할 수도 있다. 무분별하게 방출되는 의도는 우리가 전혀 예상치 못한 때에도 이익을 얻게 한다. 자동차를 회전할 때 신호를 보내는 것은 그 신호를 볼 사람이 아무도 없다고 생각할 때 가장 도움이 된다.

어떤 정보를 방출할지 결정할 때 다음 요소들을 고려하라.

- **현재 상태를 공유하라.** "우린 예산 범위 안에서 우리 모바일 앱의 크래시 보고 도구를 선정하려고 합니다. 지금까지 2개 업체를 만났지만 그들의 제품 모두 우리 표준을 만족하지 못했습니다."
- **계획과 의도한 결과를 설명하라.** "우리는 다음 주에 3개 업체를 더 만날 예정입니다. 또한 내부 솔루션도 고려하고 있습니다. 이달 말까지 쓸 만한 솔루션을 찾아야 합니다."
- **장애물을 경고하라.** "예산 재검토로 인해 프로젝트를 완전히 중단해야 할 수도 있습니다. 목요일까지 확실히 알 수 있을 겁니다."

적절한 이론 Y 마인드셋과 이전 장에서 학습한 상호 학습 도구를 사용해 책임의 대화가 여러분의 프로젝트를 올바른 길에 있도록 유지하는 데 필요한 정보를 제공하며 가치가 있다는 것을 알게 될 것이다. 하지만 주의하라. 책임의 대화는 일회성 행사가 아니다.

신뢰하기와 검증하기

"그는 믿었지만 검증하지 않았습니다." 우리 고객 중 한 기업의 엔지니어링 수장이 CEO에 대해 이처럼 말했다. ('신뢰해도 검증하라'라는 친숙한 문구는 로널드 레이건Ronald Reagan의 유명한 격언으로 소련과의 핵 조약 협상에 관한 러시아 속담에서 유래했다.[17]) 그녀가 말을 이었다. "그는 비전과 우리 팀이 집중할 것을 줬지만 정기적인 상호 작용이 없어서 정렬을 유지할 수 없었습니다. 우리는 잘못된 미션을 따라갔습니다. 본사에서 그가 우리를 만나러 왔을 때, 그는 우리가 3개월간 진행한 작업을 모두 뒤집고 새로 시작해야 한다고 말했습니다."

우린 책임의 대화에서 가장 어려운 것 중 하나는 논의 자체를 하는 것이 아니라 논의를 **지속해야** 함을 기억하는 것임을 알게 됐다. 우리 고객사의 CEO처럼 일단 프로젝트 방향에 관한 합의를 했다면 여러분은 그것으로 됐다고 생각할 수 있다. 특히 브리핑과 백 브리핑을 활용해 의도한 결과 제약 사항과 자유에 관한 정렬이 됐는지 더블 체크를 마쳤다면 말이다. 결국 우리가 끼어들면 상대가 화를 내지 않을까? 이론 Y는 우리가 상대방의 선한 의도를 믿고 그들이 태스크를 하도록 둬야 한다고 하지 않았는가?

이런 반대는 타당하다. 가능한 한 마이크로 매니지먼트는 피해야 하기 때문이다(우린 뒷자리에 앉아서 이래저래 운전을 지시하는 사람을 원치 않는다). 하지만 책임 대화 당사자 어느 쪽도 비참한 참사가 일어나게 해서는 안 된다. 브리핑을 한 측은 실행이 어떻게 진척되고 있는지

들어야 한다. 그들에겐 정렬을 확인할 의무와 자신의 행동을 조정할 책임이 있기 때문이다. 또한 브리핑을 받은 측은 자신의 진척은 물론 외부 환경이 어떻게 달라지는지에 관한 업데이트가 필요하다. 특히 그 변화가 자신이 하는 일에 영향을 미칠 때는 더욱 그렇다. 프로젝트의 중요성이나 리스크 수준에 따라 체크인의 빈도는 다르겠지만 책임의 대화에서 '실행하고 잊어버린다'라는 철학은 우리가 제안한 것과는 완전히 다르다.

애자일 방열기 사용하기

다행히 근대 소프트웨어 개발 방법들은 초기 책임의 대화를 촉발하고 의도와 진척을 정기적으로 방출할 기회를 제공하는 세러머니와 프로세스를 제공한다.

> **계획**Planning. 스크럼, XP 및 이와 유사한 방법론들은 책임을 논의할 수 있는 자연스러운 시간, 다시 말해 스프린트 계획 세션을 제공한다. 린 혹은 칸반 팀은 빈번하게 당김 방식의 계획 활동을 하지만 여전히 태스크를 작은 단위로 자르고 인수 조건acceptance criteria에 합의해야 한다. 이는 주로 일간 스탠드업 중간 또는 그 이후에 이뤄진다. 팀의 계획 활동을 하는 동안 여러분은 책임의 대화의 세 가지 요소인 현재 상태, 의도한 결과, 잠재적 장애물에 관해 논할 수 있는 시간을 보장해야 한다. 일반적인 로드맵 작성 및 평가 활동을 넘어 더 많은 컨텍스트를 포함함으로써 팀의 다른 구성원들로부터 즉각적인 아이디어와 도움을 받을 수 있다. 계획 세션의 결과를 이메일, 기업 채팅 등으로 게시함으로써 여러분의 업무와 직접적 관련이 없는 사람들에게 더욱 많은 논의와 책임에 동참할 수 있도록 독려할 수 있다.

정보 방열기 Information Radiator.18 공통적인 데브옵스 프랙티스 중 하나는 시스템 지표(사이트 방문자 수, 메모리 사용량, 응답 시간 등)를 팀이 함께 사용하는 공간의 대형 모니터에 표시하는 것이다. 애자일 및 린 팀은 종종 번다운 차트나 칸반 보드 등을 전자 디스플레이, 화이트보드 혹은 이젤 등에 표시하고 업데이트 한다. 우리 고객 중 한 회사는 모든 잠재 고객들과 상업용 파이프라인에서의 현재 단계를 보여주는 보드를 운영한다. 이를 통해 기술팀은 인입되는 세일즈 요청에 관한 정보를 습득한다.* 가시적 지표는 표시하는 정보에 기반한 책임의 대화를 완벽하게 촉발한다. 팀 구성원은 다른 사람들을 초대해 정보 방열기를 보며 논의할 수 있고 팀 외부 구성원들이 들어와 표시된 내용에 기반해 대화를 시작할 수도 있다.

회고Retrospective. 스프린트나 프로젝트 막바지에 최근 진척에 관해 성찰함으로써 자연스럽게 진행되는 현재 프로젝트가 어떻게 진행되는지 탐구할 수 있으며, 이는 특히 제거 가능한 장애물을 찾을 때 유용하다. 회고를 상태 보고회로 만들지 말라. 본래 목적에서 벗어난다. 대신 이론 Y를 기억하며 팀이 현재 상태, 계획, 성공 가능성을 높이기 위해 할 수 있는 것들을 성찰하면서 팀이 집단으로 대화를 주도함을 확인하라.

시연Demonstrations. 의도를 방출하는 방법 중 우리가 선호하는 한 가지는 동작하는 소프트웨어를 시연하는 것이다. 시연은 스프린트 막바지, 고객 전달 시점에 할 수 있으며 특정 피처가 막 완료

---

* https://www.leadingagile.com/2017/11/information-radiators-information-vaults/에서 보드 예시를 확인할 수 있다.

됐을 때 하면 더욱 좋다. 사용자의 눈에 보이지 않는 데이터베이스와 같은 변경은 시연을 피하도록 하라. 대신 구조적 업무에 집중함으로써 비기술적인 관찰자들이 현재와 미래의 상태를 분명하게 알도록 하라(6장에서 설명한 워킹 스켈레톤이 큰 도움이 된다). 가능하다면 시연을 비디오로 녹화하고 많은 사람에게 공개함으로써 외지에서 근무하거나 시연에 참여할 수 없는 사람들에게 정보를 방출하라.

성공적인 책임의 대화는 연관된 모든 사람이 긍정적으로 느껴져야 한다. 놀라운 결과가 있을 때든 보고해야 할 심각한 장애물이 있을 때든 마찬가지다. 책임의 대화가 끝나면 프로젝트의 현재 상태를 공유하고, 다음 단계를 보다 명확하고 논의 가능하게 만들 것이며 장애물을 식별했을 것이다. 이런 활동들은 모든 당사자에게 의도한 결과, 자유, 완수할 업무와 관련된 제약 사항을 명확하게 하고 개선하게 할 수 있는 기회를 제공해야 한다. 경험에 비춰보면 이를 성공적으로 수행한 팀들은 올바른 소프트웨어를 만들고 그들이 다다른 목적지에서 행복했다. 비록 그곳이 처음에 상상했던 곳이 아니라 할지라도.

책임에 관한 니콜의 이야기(계속)

성찰하기와 수정하기

좋습니다. 그럼 대화에 점수를 매겨보도록 하겠습니다. 물론 당시에는 좋게 들렸지만 말이죠. 성찰하다가 개선할 점을 찾을지도 모르니까요. 전 아무런 질문도 하지 않았음을 알아챘습니다. 그러니 점수는

0/0입니다. 왼쪽 열에서 저는 바비가 제대로 이해한 것인지 의심했지만 공유하지는 않았습니다. 단지 제 의도를 알아채길 바랐습니다. 제가 깨달은 스위치는 실제로는 더 많은 질문을 하는 것이 현명한 순간임에도 불구하고 제가 기본적으로 자신감에 차서 '알았다'라고 받아들이는 경향이 있다는 점입니다.

브리핑에 관한 점수를 보면 세 가지 요소 중 어떤 것도 완전히 포함한 것 같지 않습니다. 정말로 자비심이 강한 것인지, 현재 보고서와의 차이점에 관한 제 설명으로 원하는 결과 절반만 소통했는지도 모르겠습니다. 하지만 저는 자유(예를 들어 개발자들이 열을 정렬할 때 편안한 방법이면 무엇을 사용해도 괜찮다는 점 등)나 제약 사항(보고서는 탭이나 열로 구분되는 것이 아니라 순수한 엑셀 형식이어야 한다는 점 등)은 전혀 언급하지 않았습니다. 그래서 가장 높은 점수를 준다 해도 3점 중 0.5점을 주겠습니다.

모든 것이 괜찮다는 결론으로 뛰어넘기보다 더 많은 질문을 던짐으로써 훨씬 나아지고 싶습니다. 브리핑과 백 브리핑 방식을 사용하면 제가 접근하는 방식을 좀 더 구조화할 수 있을 것 같습니다. 제가 말하고 듣는 것에 호기심을 갖게 해주기 때문입니다. 마지막으로 항상 자신 있는 듯 보이려고 노력하는 것보다 제 반응을 더 많이 공유하려고 합니다. 이를 통해 바비는 물론 다른 구성원들과도 더욱 효과적으로 일하고, 달갑지 않은 놀라움을 피할 수 있길 기대합니다.

개선된 대화

지난주 바비에게 그가 함께 일하는 개발팀의 진행 상황을 확인했습니다. 저는 백 브리핑을 잘 처리하고 싶었으며, 이는 제가 이전 대화에서 배운 것과 일치합니다. 실제 대화에 앞서 믿을 만한 친구에게 이번 논의의 역할극을 부탁했는데, 제가 대화에 들어갔을 때 더 많은 호기심을 갖도록 하는 데 도움이 됐습니다.

니콜과 바비의 개선된 대화

니콜의 생각과 느낌	니콜과 바비의 실제 대화
바비가 어떻게 우선순위를 정했는지 궁금해.	니콜: 진행하고 있는 프로젝트가 정말 많은 것 같던데 이번 주에는 어느 쪽에 집중할 예정인가요?
내가 알고 있던 것보다 빨리 진행되고 있군. 음, 잠깐…. 트위치가 발동한 것 같아. 조금 더 확인해봐야 해.	바비: 단순화된 환경 설정 부분은 거의 끝난 것 같아요. 금요일까지는 끝낼 수 있을 겁니다.
우린 아직 그가 조사한 결과를 어떻게 공유할지 논의하지 않았어.	니콜: 좋아요! 그럼 결과는 어떤 형태로 공유할 계획인가요?
뭐? 이미 구현을 시작했다는 말 같은데 난 아직 제안 내용도 보지 못했어.	바비: 지난주에 현재 환경 설정 옵션을 모두 리뷰했고 팀이 옵션 대부분을 제거했어요. 아마도 대여섯 개 옵션을 포함한 새 페이지를 시연할 수 있을 거예요.
바비가 분석 내용을 공유했는데 내가 보지 못한 걸까?	니콜: 잠깐, 지금 좀 혼란스럽네요. 전 그저 바비가 각 옵션의 필요성을 검토하고 설명해 주길 기대했어요. 바비가 보내준 검토 문서를 본 기억이 없는데 이미 분석을 마치고 구현 단계로 넘어갔다고요?
이런, 내가 분명했다고 생각했는데….	바비: 네? 제 생각에 니콜은 제가 가능한 한 많은 옵션을 삭제하길 바란다고 생각했어요. 월요일에 우리 설정을 단순화하기로 했을 때 결정하지 않았던가요.
난 임의로 결정하고 싶지 않아.	니콜: 아니, 그렇지 않아요. 제가 원한 건 각 옵션에 관한 바비의 의견이었어요. 어떤 옵션을 고객들이 정말 필요로 하고 사용할까요?

니콜의 생각과 느낌	니콜과 바비의 실제 대화
내가 좀 더 듣고 싶었던 말처럼 들리네.	바비: 아! 알겠어요. 그럼 이번 주의 제 계획을 변경해야겠어요. 페이지 변경을 중단하고 더 많은 고객과 이야기하는 데 집중할게요. 하지만 이번 주에 새로운 페이지를 준비하진 못할 거예요.
이 대화를 해서 기뻐. 여기서 총알을 피했네. 여기서 확인하지 않았다면 새로운 페이지가 일찍 공개됐을 거야.	니콜: 그건 문제가 아니에요. 우리 결정을 좀 더 강하게 확신하는 게 좋을 것 같아요. 옵션을 유지하든 삭제하든 변경하든, 무엇을 선택하든지 말이에요.

이 대화는 저와 바비에게 정말 큰 도움이 됐습니다. 행동 계획을 공유함으로 정렬에서의 간극이 드러났습니다. 둘은 '단순화된 환경 설정'의 의미에 관해 공동의 이해를 하고 있다고 생각하면서 대화를 시작했지만 실제로는 동떨어져 있었습니다.

예전 같았으면 우리가 이에 동의했다고 가정하고 금요일에 작업이 완료될 것이라는 바비의 말을 받아들였을 것입니다. 그러나 전 바비에게 그가 전달하기로 계획한 것이 무엇인지 설명을 요청했고, 그가 제 생각과 완전히 다른 것을 계획하고 있다는 것을 들었을 때 제 감정을 공유했습니다.

이로써 우리가 정렬되지 않았음을 알게 됐고 충격이 더 커지기 전에 바로잡을 수 있었습니다. 여전히 바비의 경청 스킬을 의심하고 있지만, 저 역시 그 문제에 한몫했다는 것을 알았습니다. 앞으로는 책임의 대화를 사용해 바비와 더 잘 협업할 수 있으리라 생각합니다.

책임의 대화 예시

그레이스와 리사: 더 나은 해결책 찾기

그레이스[Grace]의 말이다. "고객들과 나눈 이야기에서 우린 최종 사용자 참여가 고객에게 매우 중요함을 알았습니다. 우리는 좋은 해결책을 생각해 냈습니다. 주초에 비활동적인 사용자에게 알림 메일을 보내는 것이었습니다. 주간 알림을 보낼 준비를 거의 마쳤고, 주요 거래처와 브리핑 콜 일정을 잡아서 어떤 일이 일어날 것인지 알렸습니다. 대부분 고객이 우리의 제안을 반겼지만 리사[Lisa]는 완전히 다른 반응을 보였습니다."

그레이스와 리사의 대화

그레이스의 생각과 느낌	그레이스와 리사의 실제 대화
리사가 사용자 참여 때문에 한동안 걱정했던 걸 잘 알고 있어. 리사는 분명 이걸 좋아할 거야. 우리가 무엇을 할 것이고 이유는 무엇인지에 대해 공유해야지.	그레이스: 리사, 안녕하세요. 우리가 구현하려고 계획한 변경에 관해 시간 내들어 주셔서 감사해요. 다음 월요일에 지난 한 주 동안 로그인하지 않은 사용자에게 이메일을 보내기 시작하려고 해요. 최종 사용자들이 항상 그들의 바람대로 시스템에 참여하지 않는다는 고객의 걱정을 해소하기 위한 대응인데요.
뭐? 당신이 내게 사용자 참여 때문에 계속 불평했었잖아. 난 당신이 좋아할 거라고 예상했는데 말이야.	리사: 아, 제발 그건 하지 말아 줘요!
이상해. 고객 중 누구도 이메일 전송에 반대하지 않아서 여전히 사용자 참여가 문제일 거라고 확신하지만 확인 한번 해 보자.	그레이스: 앗, 의외네요! 다른 여러 고객과 이야기를 나눴는데, 이런 반응을 보인 건 리사가 처음이에요. 최근 사용 현황 보고서를 보면 사용자 중 40%가 비활동 상태인데 특별히 문제가 되지 않나요?

그레이스의 생각과 느낌	그레이스와 리사의 실제 대화
저런, 끔찍하게 들리는걸. 우리가 사용자에게 직접 메일을 전송하는 것을 싫어하는 것도 당연해. 그리고 리사가 자신에게 도움이 될 만한 아이디어를 알려줘서 기뻐.	리사: 물론 참여는 확실히 개선하고 싶은 부분이에요. 그렇지만 이미 내부에서 너무나 많은 이메일을 받고 있어서 계속 따라갈 수가 없어요. 더 많은 이메일을 받는다는 불평을 듣고 싶지 않아요. 대신 비활동 사용자에 관한 주간 보고서를 보내줄 수 있을까요? 우리가 내부적으로 대처하는 데 도움 될 거예요.
이것도 좋은 실험이 될 거야. 효과가 있다면 우리가 다른 고객에게도 제공할 수 있는 뭔가가 될 것 같아.	그레이스: 물론이에요. 리사는 비활동 사용자에게 이메일을 직접 보내는 대신 현황 정보를 받고 싶어 한다고 전할게요. 다음 분기 리뷰에서 그 보고서들이 어떻게 동작하는지, 우리가 시스템에서 다른 도울 것이 있는지 얘기할 수 있을 거예요.
나 역시!	리사: 훌륭해요. 우리 사용자들에게 이메일 홍수가 일어나기 전에 제게 미리 연락해줘서 고마워요.

사실 핵심 지식이 없을 때는 문제와 해결책을 모두 이해한다고 쉽게 믿을 수 있다. 그레이스는 다른 몇몇 고객의 승인을 받은 해결책이 있었고, 이 문제에는 리사도 관심이 있음을 알고 있었다. 하지만 리사의 조직에게 이메일 발송은 수용할 수 없는 접근 방식임을 알지 못했다. 책임감을 느낀다는 것은 스스로 옳다고 생각할지라도 영향을 받을 수 있는 사람들에게 우리 의도를 표시함을 의미한다. 이런 기회는 매일 함께 일하는 팀 안에서 자연스럽게 발생한다. 부서 간 심지어 기업 간에도 이런 기회를 찾아볼 만한 가치가 있다.

앤디와 웨인: 순간의 적응 이해하기

앤디의 말이다. "저는 재무 서비스 기업에서 엔지니어링 부문 수장으로 일하고 있습니다. 사건 사후 조사를 하면서 우린 어떤 일이 일어났는지 뿐만 아니라 당시 관련자에게 세계가 어떻게 보였는지 이해하고자 했습니다. 목표는 우리가 취한 행동이 옳았을 시점의 사진을 재구성하는 것이었습니다. 이후에 무엇을 학습했든 그 행동 자체가 옳았어야 한다고 생각했기 때문입니다. 그리고 시스템을 탄력적으로 만들기 위해 무엇을 하든 예상치 못한 상황을 다루는 데 도움이 되는 것은 그 순간의 판단과 행동이기 때문입니다. 최근 우리가 생산 시스템 중 하나의 데이터를 잃어버렸을 때 시스템 관리자 중 한 사람인 웨인에게 서비스 복구와 관련한 그의 행동에 대해 설명을 요청했던 것처럼 말이죠."

앤디와 웨인의 대화

앤디의 생각과 느낌	앤디와 웨인의 실제 대화
우린 데이터 복구를 위한 일반 프로세스가 있어. 그런데 왜 사용하지 않은 거지? 좋은 지적이야. 이런 부분적인 실패를 고려한 적이 없지.	앤디: 좋아요. 테이블이 삭제되고 서비스가 중단됐어요. 일반적인 문서화된 백업 절차를 사용하지 않은 이유가 있나요? 웨인: 음, 해당 프로세스는 전체 데이터베이스가 유실됐을 때나 손상됐을 때를 가정하고 있어요. 우리 경우에는 테이블 하나일 뿐이었고 결과적으로 대부분 서비스는 여전히 정상적으로 운영되고 있었어요. 우리가 일반적인 재난 복구 프로세스를 수행했다면 효과는 있었을 거예요. 하지만 그것은 모든 서비스가 하루 혹은 그 이상 중단된다는 것을 의미하기도 해요.

앤디의 생각과 느낌	앤디와 웨인의 실제 대화
우리가 연습했던 어떤 절차들도 적용할 수 없음을 알았다는 건 엄청난 스트레스였을 거야.	앤디: 알겠어요. 웨인은 문서화되지 않은 영역에 있었던 거군요.
나도 동의해. 그랬다면 문제가 더 커졌을 거야.	웨인: 맞아요! 물론 백업 절차를 따를 수 있었지만, 그렇게 하면 상황이 더 나빠졌을 거예요. 문서화된 프로세스이긴 했지만 그대로 하는 건 올바르지 않다고 생각했습니다.
	앤디: 대처 방법은 어떻게 생각해 낸 건가요?
내가 웨인의 접근 방식을 따랐을지는 모르지만, 어쨌든 이들은 우선순위를 올바르게 잡았어.	웨인: 첫 번째 목적은 다른 모든 서비스의 정상 운영이었고, 두 번째 목적은 유실된 테이블을 복구하고 해당 테이블에 의존하고 있는 서비스를 복원하는 것이었습니다. 데이터를 복구할 수 있는 여러 옵션에 관해 생각했지만 어떤 것이 가장 빠를지는 알 수 없었지요. 여러 방법을 병행해서 따라갔고 각각의 방법을 서로 다른 사람들이 검토했습니다.
웨인이 창의적으로 생각을 해서 기쁘다. 매뉴얼에 적힌 대로만 했다면 다운타임은 몇 시간이나 됐을 거고 고통도 심했을 거야.	앤디: 날카로운 사고였네요! '다양한 해결책을 강구하자'라는 내용을 실행 가이드에 추가해야겠어요.

일이 항상 계획대로 풀리지는 않는다. 문제가 생겼을 때 사람들은 어떻게 반응할까? 앤디의 조직에서 메시지는 그 순간에 여러분의 전문적 판단에 따르라는 것이다. 그리고 그 사실에 따른 이유를 설명해야 한다. 목표는 예상할 수 없는 일에 대해 사람들을 처벌하는 것이 아니다. 경험을 통해 가능한 한 많은 것을 학습하도록 하는 것이다. 이는 사람들이 즉흥적으로 행동하게 하고 책을 따르는 사고방식이 만들어내는 것보다 나은 결과물을 내도록 한다.

케이스 스터디: 거래 되살리기

예상치 못한 기회

"해냈어!" 커다란 바인더를 손에 든 마이크Mike가 소리치며 사무실 문을 박차고 들어왔다. "해냈어! 다시 제자리로 돌아왔다고!"

런던에 본사를 둔 스타트업 아라크니스Arachnys의 제품 관리자인 마커스Marcus는 시큰둥하게 고개를 들었다. 마이크는 주요 은행업 전반을 살피러 갔었다. 몇 주 전 은행들이 자금 세탁 방지 제품을 거절한 이유가 궁금해서였다. 마커스는 마이크가 경쟁사가 이긴 이유의 목록을 들고 돌아와 제품 개발 공장이 다음 입찰에서 다른 경쟁사를 이길 수 있도록 돕길 바랐다. 그런데 마이크는 대체 뭘 들고 온 건가? 마이크는 흥분해서 바인더의 내용을 전했다. "이건 은행이 다른 직원들에게 제공한 명세서야. 계약을 딴 후에 다른 회사는 모든 요건을 만족시키면서 첫 번째 시스템 버전을 완성하는 데 9개월 내로는 어떤 것도 약속하지 못한다고 했어. 너무 느려서 명세를 한번 봐도 되느냐 물었지. 그랬더니 '물론이죠!'라면서 이걸 주더라고!"

마커스와 그의 동료이자 또 다른 제품 관리자인 아네그렛Annegret은 처음 몇 페이지를 훑어봤다.

"흠, 그들이 **아무것도** 약속하지 않았다고?" 아네그렛이 물었다. 빈정거리는 기색이 역력했다. "네 가지 인증 방법, 17개 시스템과의 연동 엔드포인트, 테스트 데이터와 프로토콜 준비…. 세어보니 63페이지로군. 요구 사항 목록에는 1,000개 이상의 항목이 있어."

"마이크, 우리가 이 괴물을 하면 좋을 것 같아??" 마커스가 물었다.

"음, 사실 내가 말할 수 있는 건 그저 그들에게 우리 추정을 제시하는 것뿐이야." 마이크가 대답했다. "하지만 베니Benny, 결정을 내리는 그 거물the big cheese이 날 쫓아냈어. 그리고 현관에서 나는 조용히 우리가 곧 프로토타입을 가지고 올 거라고 말했지."

마커스와 아네그렛은 서로를 쳐다봤다. 그리고 충격에 싸여 동시에 물었다. "**얼마나 빨리?**"

마이크가 웃었다. 그리고 다소 멋쩍은 듯 말했다. "음…. 6주였던가?"

불가능이 가능이 되다

마커스와 아네그렛이 보기에 그 바인더는 최소한 그들의 작은 개발팀이 1년은 일해야 할 만큼 많은 분량임을 즉시 알 수 있었다. 6주라니, 의심할 여지조차 없었다. 하지만 아라크니스는 브리핑이나 할당에 의문을 제기하는 것이 관습이었기 때문에 포기하지 않고 페이지를 넘기며 살펴보기 시작했다.

그들은 많은 '요구 사항'이 모순된다는 것을 발견했다. 서로 다른 분야에서 서로를 개의치 않고 자신의 바람을 문서에 추가한 결과였다. 시스템이 다뤄야 할 규제와 관련 없는 사항도 있었으며 일부는 완전히 불가능하기도 했다. 이런 터무니없는 항목들을 제거하자 요구 사항의 양은 현저히 줄어들었지만 여전히 수백여 개의 상세한 항목이 해결돼야 했다.

요구 사항 목록을 다른 각도에서 검토하기 시작했다. 항목을 제거하는 대신 은행이 규제 표준을 만족시킨다는 것을 증명하기 위해 절대적으로 필요한 항목들만 선택했다. 6장에서 설명한 워킹 스켈레톤처럼 핵심 피처들은 시스템의 백본을 형성하고 해결책이 가능함을 증명하게 했다. 또한 지속적으로 더 많은 기능을 추가할 수 있도록 프레임워크를 제공했다. 엄격한 테스트를 통과한 항목에 동그라미를 치면서 수를 세 봤다.

"여섯!" 아네그렛이 외쳤다.

"믿을 수 없어. 이게 다라고?" 마커스가 말했다.

"모든 페이지를 다 살펴봤어. 여섯 개가 전부야. 더는 없어." 아네그렛이 대답했다.

"하지만 그들이 수긍할까?"

"알아볼 방법은 하나야!"

진실의 순간

며칠이 지나고 두 제품 관리자는 밤새 불을 밝히고 있었음을 증명하는 중국 포장 요리 박스에 둘러싸여 있었다. 아네그렛은 '보내기' 버튼을 클릭해 정성스럽게 적은 이메일을 은행으로 전송했다. 그들은 모든 요구 사항을 일일이 분석했고 아이템을 여섯 개로 정리한 이유를 정확하게 설명했다. 이메일은 은행의 요구 사항에 대한 응답이자 백 브리핑이었다. 그들이 정의한 훨씬 작은 범위의 제품 전달에 대해 어떻게 책임을 질 것인지 설명했고 여기에는 6주 목표로 여러 차례의 배포가 이뤄질 것을 포함했다.

마이크는 자신의 메일함에 메일이 도착하자마자 한 업계 콘퍼런스에 체크인하면서 전화를 했다. "이건 진짜 멋진데! 그들은 우리가 제안대로 만들기를 바랄 거야!"

"난 잘 모르겠어." 마커스가 지친 목소리로 대답했다. "우리는 그들의 요구 대부분을 잘라냈어. 다른 기업은 그냥 '네'라고 대답했지. 그들을 고집하지 않을 이유가 있을까?"

그때 아네그렛의 화면이 새로운 메시지와 함께 켜졌다. 거물 '베니'가 보낸 메시지였다.

'시작하세요. 6주 후에 봅시다.'

마커스와 아네그렛은 개발자들과 치열하게 일하며 프로토타입을 전달했고 약속대로 고객과 정기적으로 확인했다. 베니와 그의 팀은 결과와 그들이 전체 제품에 관해 제출한 계획으로 표현된 명확한 책임에 만족했고, 이를 수백 명의 내부 사용자에게 배포했다.

이후 마커스는 베니에게 질문할 기회를 얻었다. "어째서 우리와 함께 가기로 결정을 내렸나요?"

베니의 대답은 명확했다. "여러분이 '아니'라고 대답했기 때문이에요. 여러분은 전달할 수 있는 것과 전달할 수 없는 것을 생각했고 각이유를 우리에게 공유했어요. 그리고 여러분이 전달하기로 약속한 것을 전달했죠. 그래서 프로젝트의 나머지 부분에서도 신뢰할 수 있다고 스스로 확신한 겁니다."

책임의 대화는 아라크니스는 물론 고객에게도 최고의 패가 됐다.

결론: 책임의 대화 적용하기

7장에서는 이론 Y를 도입해 **책임을 조성하는 방법**, 브리핑과 백 브리핑을 사용해 계획한 행동의 **제약 사항과 자유를 식별하고 사용하는 방법**, 의도를 명료하고 분명하게 알림으로써 **책임을 설명하는 방법**을 학습했다. 성공은 물론 실패에 책임을 짐으로써 경험을 통해 효과적으로 학습하고 여러분의 대화 트랜스포메이션을 이끄는 생산적 사고를 촉진할 수 있다. 책임의 대화는 다음의 경우를 포함해 다양한 방법으로 활용할 수 있다.

● **경영진 리더**는 조직 구성원에게 전략적 행동을 설명함으로써 구성원들이 제품과 기업 목표에 정렬되도록 도울 수 있다.
● **팀 리드**는 브리핑을 통해 팀 구성원에게 새로운 피처에 관한 테스팅 혹은 침투 테스팅 수행과 같은 행동을 설명할 수 있으며, 백 브리핑을 통해 정확한 실행이 이뤄짐을 확신할 수 있다.

● **개인 기여자**는 동료나 관리자들이 자신을 동기 부여가 돼 있거나 역량이 있다고 여기는 것을 보면서 내적 헌신과 추진력을 발견할 수 있다. 동료나 관리자들은 어쩌면 그가 새로운 도서관이나 창의적인 재디자인을 실험한다고 믿을 수도 있다.

결론

학습을 지속하는 방법

축하한다! 이 책을 끝까지 읽었고(결론으로 뛰어넘은 것이 아니라) 다섯 가지 대화의 일부 혹은 전부를 습득하고자 노력했다면, 여러분은 어려운 대화에 관한 두려움을 극복했고 어려운 감정 업무를 수행했으며 고성과팀의 다섯 가지 핵심 속성을 개발하는 과정에 있는 것이다. 다섯 가지 핵심 속성은 높은 신뢰, 낮은 두려움, 명확한 이유, 명확한 헌신, 확고한 책임이다. 여러분은 성공적인 대화에 공헌하는 폭넓은 스킬과 기법들을 마스터했다. 여기엔 사람들을 위한 테스트 주도 개발, 일관성 부수기, 공동 설계, 워킹 스켈레톤, 직접적 기회주의가 포함된다. 정말이지 환상적인 성취다!

여러분의 도전 의식을 불러일으킬 만한 소식이 있다. 이미 먼 길을 온 여러분 앞에 아직 몇 년간의 연습이 남아있다. 다섯 가지 대화는 절대로 끝나지 않기 때문이다. 사람들을 위한 TDD를 사용해 신뢰를 쌓은 후에도, 여러분의 상황과 다른 사람을 보는 관점이 변화함에 따라 각자의 스토리를 계속해서 정렬해야 한다. 공동 설계를 통해 명확한 이유를 정의한 후에도 시장이나 기업의 움직임에 따라 또 다른 이유를 다시 구축해야 한다. 여러분과 팀은 함께 일하는 동안 책임에 대해 논의하고자 할 것이며, 여러분의 헌신을 서로에게 성취할 때마다 계속해서 의미 있는 설명을 할 것이다.

길은 끝나지 않는다

우리가 이 책에서 주장했듯 대화의 트랜스포메이션은 수많은 애자일, 린, 그리고 데브옵스 팀들이 허우적대는 피처 공장에서 빠져나가는 길이다. 이제 그 사실을 알게 됐으므로 팀과 조직에서 대화의 트랜스포메이션을 이끌 수 있을 것이다. 이는 삶의 전체 과정에서 여러분의 대화 기법을 지속적으로 개선할 기회가 있음을 의미한다. 다른 스킬들과 마찬가지로 (예를 들어 악기를 연주하거나 스포츠를 연습하는 것처럼) 지속적인 연습을 통해 멋지고 우아하게 스킬을 구사할 수 있다. 또한 한 단계 더 개선할 수 있음을 보여줌으로써 우리에게 도전장을 던진다. 우린 10년 넘게 이 기법들을 연습해 왔음에도 여전히 실수하고 오류를 발견한다. 그리고 이를 통해 새로운 스킬을 학습하고 새로운 기법을 개발한다. 아침에 대단히 멋진 관계 형성의 대화를 했더라도, 그날 오후에는 모든 사람을 좌절에 빠뜨릴 신랄한 토론 때문에 휘청거릴지도 모른다. 우린 대화 분석 같은 기법을 꾸준히 연습하면서 진정한 가치를 경험했고, 우리와 함께 연습하고 역할극을 하는 인내심을 가진 친구들을 통해 많은 가치를 경험했다. 실패한 대화는 고통스럽지만 우리의 가장 중요한 스킬을 개발할 수 있는 최고의 기회를 선사했다.

학습 그룹을 시작하라

대화를 개선하는 데 가장 유용한 자원은 같은 스킬을 개선하고 싶어 하는 다른 사람들의 도움이다. 마지막으로 여러분이 속한 조직이나 커뮤니티에서 정기적으로 이 책에서 소개한 기법들을 함께 통달하고 자 하는 사람들을 찾기를 추천한다. 대화를 사용해 조직의 성과를 조사하고 개선하는 아기리스의 전략을 함께 수행할 사람들 말이다.

다른 사람의 실수를 자신의 실수보다 쉽게 보는 것은 인간 본성의 기이함이자 인지 편향의 결과다. 학습 동료들은 여러분이 논의에서 놓친 대안들을 발견할 것이며 여러분 역시 마찬가지일 것이다. 학습 그룹은 의도적인 학습을 위한 좋은 공간을 제공한다. 이곳에서 학습한 기법을 적용해볼 수 있으며 그것들이 어떤 느낌이었는지에 관해 즉각적인 피드백을 받을 수 있다.

학습 모임을 할 때는 단순하게 시작하고 정기적인 연습을 습관화하는 것에 집중하라. 대화 분석을 읽도록 요청한 다음에 각자의 대화를 그룹과 논의하라. 미리 대화를 만들고 점수를 매겨 두면 시간을 좀 더 효율적으로 사용할 수 있다. 하지만 세션을 스킵하는 것보다 미리 준비하지 않고 만나는 것이 더 낫다. 세션에서 대화 분석을 수행하라. 아무리 적은 분량의 작업이라도 보상이 있을 것이다. 우린 2~20개 그룹에서 성공적인 연습 세션을 열었다. 동료와 친구들 그리고 처음 보는 사람과 함께 상사, 동료, 이웃, 배우자, 부모, 룸메이트 등과 나눈 대화에 관한 의견을 나눴다. 원한다면 모든 대화에서 개선의 기회를 찾을 수 있다.

학습 그룹에 더 익숙해지면 아티클이나 비디오 등을 학습하거나 실력을 개선하는 데 도움이 되는 의도적인 프랙티스들을 수행하고 싶을 수도 있다. 우리가 아는 어떤 그룹은 애자일 선언 원칙을 하나씩 따라 실천하고 있으며, 또 다른 그룹은 매달 한 번씩 만나서 비폭력 대화nonviolent communication[1]나 관계 기록relationship journaling[2]과 같은 새로운 기법들을 연습한다. 이 책 뒷부분의 '더 읽어 볼 것들'에는 다양한 아이디어와 자료를 정리해 실었다. 동반자 웹사이트와 이 책의 팟캐스트를 통해 온라인에서 우리와 연락하는 방법도 담았다.

드라이 카이트서핑

이 책에서 설명한 대화 기법을 논의하며 점심을 먹은 후, 한 고객이 이렇게 말했다. "지금 막 카이트서핑^{kitesurfing} 강의를 들은 것 같은데 젖지는 않았네요." 여러분이 원하는 모든 이론적 지식을 학습할 수는 있지만, 직접 물 안으로 들어가 보드에서 몇 번 정도 떨어지지 않는다면 아무런 도움도 되지 않을 것이다.

지금 물로 뛰어들어 우리가 공유한 대화의 기법들을 정기적으로 연습하길 바란다. 대가는 놀라울 것이다.

끊임없이 이야기하라.
제프리와 스퀴렐

대화 점수 매기기: 간편 가이드

2열 형식으로 여러분의 대화를 기록했다면 다음 단계를 따라 여러분의 호기심, 투명함, 대화 패턴을 성찰하라. 그리고 이 책에서 설명한 핵심 스킬을 사용하라.

1. **호기심**: 질문 분수를 결정한다.

   a. 오른쪽 열의 질문에 모두 동그라미를 친다.

   b. **순수한** 질문의 수를 센다.

   c. 다음 분수를 적는다. $\dfrac{순수한\ 질문의\ 수}{전체\ 질문의\ 수}$

   d. 호기심의 최댓값을 얻으려면 많은 질문(큰 분모)을 해야 한다. 질문은 대부분 순수한 질문이어야 한다(큰 분자).

2. **투명함**: 표현하지 않은 아이디어를 찾는다.

   a. 왼쪽 열에서 오른쪽 열에 표현되지 않은 생각과 감정에 밑줄을 친다.

b. 대부분의 생각과 감정을 표현했다면 매우 투명한 것이다(왼쪽 열에 밑줄 그은 문장이 거의 없는 상태다).

3. **패턴들**: 트리거, 텔, 트위치를 찾는다.

   a. 여러분이 강하게 반응하도록 하는 것에 동그라미를 치고 **트리거**라는 라벨을 붙인다. 투명함과 호기심이 부족한 신호에는 **텔**이라는 라벨을 붙인다. 기본 반응을 의미하는 신호에는 **트위치**라는 라벨을 붙인다.

   b. 아마도 여기에서 식별한 자동적인 반응을 피할 수 없을 것이다. 하지만 여러분은 이런 현상이 일어날 때 그것들을 식별하는 방법을 학습해야 한다. 실시간으로 왼쪽 열이나 다이얼로그에서 패턴을 알아챌 수 있다면 잘하고 있는 것이다.

4. **스킬들**: 개선하려는 구체적 스킬을 테스트(다음 스킬 목록에서 선택하되 한순간에 하나씩만 연습한다)한다.

   a. **사람들을 위한 TDD**: 양쪽 열에 있는 여러분의 말과 질문에 이들이 속하는 추론의 사다리 칸에 해당하는 라벨을 붙인다. 사다리의 꼭대기 단계에 가까운 항목에 대해 논쟁하기 전에 사다리의 낮은 단계에서 공유된 이해를 만들었다면 여러분은 잘하고 있는 것이다.

   b. **일관성 부수기**: 왼쪽 열에서 근거 없는 결론의 수를 센다. 낮은 점수를 노린다. 0이면 가장 이상적이다!

   c. **공동 설계**: 공동 설계의 다섯 가지 요소인 포괄성, 순수한 질문하기, 반대 관점 환영하기, 시간 제한하기, 의사 결정 규칙 사용하기를 확인하고 각각 점수를 매긴다. 5점

만점에 5점을 노린다.

d. **의미에 합의하기**: 양쪽 열에서 중요한 단어들에 동그라미를 친다. 그러고 나서 확인 및 공유된 의미를 센다. 다음 분수를 만든다. $\dfrac{\text{확인 및 공유된 의미의 단어 수}}{\text{중요한 단어 수}}$ 이상적으로 분수값은 1이 돼야 한다(즉, 분자와 분모가 같다).

e. **브리핑과 백 브리핑**: 3점을 기준으로 적절하게 점수를 매긴다. 브리핑에서는 결과, 제약 사항, 자유를 찾는다. 백 브리핑에서는 행동, 이유, 확인을 찾는다. $\dfrac{3}{3}$점을 노린다.

| 더 읽어 보기 |

대화에 관한 문헌은 매우 많다. 그중 몇 가지를 소개한다.

아티클

다음은 대화 분석 도구에 관한 아티클이다. 몇 가지는 이 책에 등장한다.

- Eight Behaviors for Smarter Teams by Roger Schwarz https://www.csu.edu.au/__data/assets/pdf_file/0008 /917018/Eight-Behaviors-for-Smarter-Teams-2.pdf
- "Putting the 'Relational' Back in Human Relationships" by Diana McLain Smith (https://thesystemsthinker.com/ putting-the-relational-back-in-human-relationships/)
- "To the Rescue" by Roger Martin from the Stanford Social Innovation Review (https://ssir.org/articles/entry/to_ the_rescue)
- "Skilled Incompetence" by Chris Argyris from the Harvard Business Review (https://hbr.org/1986/09/skilled-incompetence)

서적

브루스 패튼[Bruce Patton], 더글라스 스톤[Douglas Stone], 쉴라 힌[Sheila Heen]이 공동 저술한 『우주인들이 인간관계로 스트레스받을 때 우주정거장에서 가장 많이 읽은 대화책』(21세기북스, 2018)은 우리가 애자일 대화에서 설명한 기법들에 영감을 줬다.

로저 슈버츠[Roger Schwarz]의 『The Skilled Facilitator(뛰어난 퍼실리테이터)』(Jossey Bass, 2016)와 빌 누난[Bill Noonan]의 『Discussing the Undiscussable(논의할 수 없는 것을 논의하기)』(Jossey Bass, 2007)은 대화 분석에 관한 발전된 가이드이며 다양한 분야의 실제 사례들을 다루고 있다.

다이애나 맥클레인 스미스[Diana McLain Smith]의 『Elephant in the Room (방 안의 코끼리)』(Jossey Bass, 2011), 로저 마틴[Roger Martin]의 『The Responsibility Virus(책임 바이러스)』(Basic Books, 2002)는 복잡한 비즈니스 관계에 적용할 수 있는 대화 기법을 다룬다. 과거 오랜 기간 형편없는 관계 또는 역할과 책임에 대한 혼란으로 고통스러워하는 사람들을 대상으로 한다.

크리스 아기리스[Chris Argyris], 로버트 퍼트남[Robert Putnam], 다이애나 맥클레인 스미스[Diana McLain Smith]가 펴낸 『Action Science(행동 과학)』(Jossey Bass, 1985)는 행동 과학 방법론에 관한 중대한 작업이다. 이는 이 책을 비롯해 이 목록의 다른 리소스들에 기반이 돼줬다. 이 책은 이 목록에서 인용된 다른 어떤 자료보다 학구적이고 이론적이며 온라인에서 무료로 사용할 수 있다는 장점도 있다.

『I'm Right, You're Wrong, Now What?(나는 옳다, 당신은 틀리다, 그래서 어쩌란 말인가?)』(Hachette Books, 2008)에서 사비어 아마도 박사Dr. Xavier Amador는 일반 대중을 부정하는 사람들을 치료하면서 개발한 모델인 LEAP(경청Listen-공감Empathize-동의Agree-파트너Partner)을 소개한다. 이 접근법은 대화적이며 이 책에 설명한 다양한 방법과 유사하거나 적용할 수 있다.

마셜 로젠버그Marshall B. Rosenberg, PhD는 대화에 관한 단순한 접근 방법을 뛰어넘는 삶의 철학을 『비폭력 대화』(한국NVC센터, 2017)에 담았다. 이 철학에 냉소적인 사람들도 그들의 대화와 마인드셋을 성찰할 수 있는 매우 유용한 예제들을 찾을 수 있다.

비디오 및 오디오

우리는 매주 트러블슈팅 애자일 팟캐스트Troubleshooting Agile podcast(https://troubleshoot ingagile.com)에서 애자일, 린, 데브옵스 팀과 관련된 내용을 이야기하며 소프트웨어 팀의 딜리버리와 대화 개선에 도움이 될 아이디어와 해결책을 제공한다.

데이비드 번스 박사Dr. David Burns가 진행하는 주간 필링 굿 팟캐스트Feeling Good podcast(https://feelinggood.com/list-of-feeling-good-podcasts/)에서는 실제 삶에서 대화를 통해 관계를 변화시키는 최고의 예시를 제공한다. 특히 이 책과 관련이 높은 에피소드들은 대화와 인간관계 모델의 다섯 가지 비밀The Five Secrets of Communication and the Interpersonal Model을 다룬다.

ConversationalTransformation.com에서는 이 책과 관련한 추가 머티리얼, 비디오, 메일링 리스트 및 더 많은 자료를 확인할 수 있다.

대면

런던 오가니제이셔널 러닝 밋업The London Organisational Learning Meetup (https://www.meetup.com/London-Action-Science-Meetup) 회원들은 매월 런던에서 모임을 연다. 제프리 프레드릭이 주관하며 문화를 바꾸는 데 관심 있는 사람들과 만나 여러분의 대화를 연습하고 개선할 수 있는 최고의 기회다.

AdŽić, Gojko. Specification by Example: How Successful Teams Deliver the Right Software. Shelter Island, New York: Manning, 2011.

Allspaw, John, and Paul Hammond. "10+ Deploys per Day: Dev and Ops Cooperation at Flickr." SlideShare.net. Posted by John Allspaw, June 23, 2009. https://www.slideshare.net/jallspaw/10-deploys-per-day-dev-and-ops-cooperation-at-flickr.

Anderson, David J. Kanban: Successful Evolutionary Change for Your Technology Business. Sequim, WA: Blue Hole Press, 2010.

Appleton, Brad. "The First Thing to Build Is TRUST!" Brad Appleton's ACME Blog. February 3, 2005. http://bradapp.blogspot.com/2005/02/first-thing-to-build-is-trust.html.

Argyris, Chris. Organizational Traps: Leadership, Culture, Organizational Design. Oxford: Oxford University Press, 2010.

Argyris, Chris. "Skilled Incompetence." Harvard Business Review (September, 1986): hbr.org/1986/09/skilled-incompetence.

Argyris, Chris, Robert Putnam, and Diana McLain Smith. Action Science: Con- cepts, Methods, and Skills for Research and Intervention. San Francisco, CA: Jossey-Bass, 1985.

Argyris, Chris, and Donald Schön. Theory in Practice: Increasing Professional Effectiveness. San Francisco, CA: Jossey-Bass, 1974.

Ayer, Elizabeth. "Don't Ask Forgiveness, Radiate Intent." Medium.com. June 27, 2019. https://medium.com/@ElizAyer/dont-ask-forgiveness-radiate-intent-d36fd22393a3.

Beck, Kent. Extreme Programming Explained: Embrace Change. Reading, MA: Addison-Wesley, 2000.

Beck, Kent. Test-Driven Development: By Example. Boston, MA: Addison-Wesley, 2003.

Beck, Kent, et al. "Manifesto for Agile Software Development." Agile Manifesto .org. 2001. https://agilemanifesto.org.

Beck, Kent, et al. "Principles Behind the Agile Manifesto." AgileMani festo.org. 2001. https://agilemanifesto.org/principles.html.

Brown, Brené. Rising Strong: How the Ability to Reset Transforms the Way We Live, Love, Parent, and Lead. New York: Spiegel & Grau, 2015.

Bungay, Stephen. The Art of Action: How Leaders Close the Gaps between Plans, Actions and Results. New York: Hachette, 2011.

Burns, David. Feeling Good Together: The Secret to Making Troubled Relationships Work. New York: Random House, 2010.

Center for Nonviolent Communication. "Feelings Inventory." Accessed Septem- ber 23, 2019. https://www.cnvc.org/training/resource/feelings-inventory. Cockburn, Alistair. Agile Software Development: The Cooperative Game, 2nd ed. Boston, MA: Addison-Wesley, 2007.

Cockburn, Alistair. "Characterizing People as Non-Linear, First-Order Components in Software Development." Humans and Technology. HaT Technical Report 1999.03, October 21, 1999. http://web. archive.org/web/20140329204315/http://alistair.cockburn.us/Characterizing+people+as+non-linear,+first-order+components+i n+software+development.

Cockburn, Alastair. "Heart of Agile." HeartofAgile.com. 2016. https:// hearto fagile.com.

Coleman, Mark. "A Re-Imagining of the Term; 'Full-Stack Developer.'" Amster- dam DevOpsDays 2015 proposal. Accessed Feruary 3, 2020. https://legacy.devopsdays.org/events/2015-amsterdam/proposals/mark-robert-coleman__a-re-imagining-of-the-term-full-stack-developer/.

Cutler, John. "12 Signs You're Working in a Feature Factory," Hacker Noon (blog). Medium.com. November 16, 2016. https://medium.com/hackernoon/12-signs-youre-working-in-a-feature-factory-44a5b938d6a2.

Debois, Patrick. "Agile Operations—Xpdays France 2009." SlideShare .net. November 27, 2009. https://www.slideshare.net/jedi4ever/ agile-operations-xpdays-france-2009.

Dennett, Daniel. From Bacteria to Bach and Back: The Evolution of Minds. New York: W. W. Norton, 2017.

Derby, Esther, and Diana Larsen. Agile Retrospectives: Making Good Teams Great. Raleigh, NC: Pragmatic Bookshelf, 2006.

Duff, John D., and Louis E. Dietrich. Dehydrated flour mix and process of making the same. US Patent 2,016,320, filed June 13, 1933, and issued October 8, 1935, https://pdfpiw.uspto.gov/.piw?Docid =02016320.

Edmondson, Amy. Teaming: How Organizations Learn, Innovate, and Compete in the Knowledge Economy. Hoboken, NJ: Jossey-Bass, 2012.

Financial Times. "FT Tops One Million Paying Readers." Financial Times. April 1, 2019. https://aboutus.ft.com/en-gb/announcements /ft-tops-one-million-one-million-paying-readers/.

Fisher, Roger, William Ury, and Bruce Patton. Getting to Yes: Negotiating Agree- ment without Giving In. New York: Houghton Mifflin, 1991.

Fitz, Timothy. "Continuous Deployment at IMVU: Doing the Impossible Fifty Times a Day." Timothy Fitz (blog). February 10, 2009. http:// timothyfitz.com/2009/02/10/continuous-deployment-at-imvu- doing-the-impossible-fifty-times-a-day/.

Forsgren, Nicole, Jez Humble, and Gene Kim. Accelerate: The Science of Lean Software and DevOps: Building and Scaling High Performing Technology Organizations. Portland, OR: IT Revolution, 2018.

Fowler, Martin. "Writing the Agile Manifesto." MartinFowler.com (blog). July 9, 2006. https://martinfowler.com/articles/agileStory.html.

Goldratt, Eliyahu M. and Jeff Cox. The Goal. Aldershot, England: Gower Pub- lishing, 1984.

Griffin, Dale, and Lee Ross. "Subjective Construal, Social Inference, and Human Misunderstanding." Advances in Experimental Social Psychology 24 (1991): 319-359.

Harari, Yuval Noah. Homo Deus: A Brief History of Tomorrow. London: Harvill Secker, 2015.

Harari, Yuval Noah. Sapiens: A Brief History of Humankind. New York: Harper, 2014.

Highsmith, Jim. "History: The Agile Manifesto." AgileManifesto.org. 2001. https://agilemanifesto.org/history.html.

Hihn, Jairus, et al. "ASCoT: The Official Release; A Web-Based Flight Software Estimation Tool." Presentation. 2017 NASA Cost Symposium, NASA Headquarters, Washington, DC. https://www.nasa.gov/sites/default/files /atoms/files/19_costsymp-ascot-hihn_tagged.pdf.

Humble, Jez, Joanne Molesky, and Barry O'Reilly. Lean Enterprise: How High Performance Organizations Innovate at Scale. Boston, MA: O'Reilly, 2015.

Humphrey, Watts S. Characterizing the Software Process: A Maturity Framework. Pittsburgh, PA: Software Engineering Institute, Carnegie Mellon University, 1987. ftp://ftp.cert.org/pub/documents/87.reports/pdf/tr11.pdf.

Kahneman, Daniel. Thinking, Fast and Slow. New York: Farrar, Straus and Giroux, 2011.

King, Martin Luther, Jr. "I Have a Dream." Speech. Washington, DC, August 28, 1963. American Rhetoric, mp3 recording. Last updated February 14, 2019. http://www.americanrhetoric.com/speeches/mlkihaveadream.htm.

Kurtz, Cynthia F. and David J. Snowden. "The New Dynamics of Strategy: Sense-Making in a Complex and Complicated World." IBM Systems Journal 42, no. 3 (2003): 462-483.

Latané, Bibb, and John M. Darley. The Unresponsive Bystander: Why Doesn't He Help? Upper Saddle River, NJ: Prentice-Hall, 1970.

Lencioni, Patrick. The Five Dysfunctions of a Team: A Leadership Fable. New York: Wiley & Sons, 2010.

Martirosyan, Arthur. "Getting to 'Yes' in Iraq." Mercy Corps blog. July 1, 2009. https://www.mercycorps.org/articles/iraq/getting-yes-iraq.

McGregor, Douglas. The Human Side of Enterprise, Annotated Edition. New York: McGraw-Hill, 2006.

Mezak, Steve. "The Origins of DevOps: What's in a Name?" DevOps. com. January 25, 2018. https://devops.com/the-origins-of-devops-whats-in-a-name/.

Murphy, Gregory. The Big Book of Concepts. Boston: MIT Press, 2004.

NASA. Report to the President by the Presidential Commission on the Space Shuttle Challenger Accident. Washington, DC: NASA, 1986.

Nelson, Daniel, ed. A Mental Revolution: Scientific Management Since Taylor. Columbus, OH: Ohio State University Press, 1992.

Park, Michael Y. "A History of the Cake Mix, the Invention that Redefined Baking." Bon Appétit blog. September 26, 2013. https://www.bonappetit.com/entertaining-style/pop-culture/article/cake-mix-history.

Pflaeging, Niels. "Why We Cannot Learn a Damn Thing from Toyota, or Semco," LinkedIn, September 13, 2015. https://www.linkedin.com/pulse/why-we-cannot-learn-damn-thing-from-semco-toyota-niels-pflaeging/.

Poole, Reginald. The Exchequer in the Twelfth Century. Oxford: University of Oxford, 1911. https://socialsciences.mcmaster.ca/econ/ugcm/3ll3/poole /exchequer12c.pdf.

Poppendieck, Mary, and Tom Poppendieck. Lean Software Development: An Agile Toolkit. Boston: Addison Wesley, 2003.

Reinertsen, Donald. "An Introduction to Second Generation Lean Product Development." Presentation. Lean Kanban France 2015. https://www slideshare.net/don600/reinertsen-lk-france-2015-11-415.

Ries, Eric. The Lean Startup: How Today's Entrepreneurs Use Continuous Innova- tion to Create Radically Successful Businesses. London: Penguin, 2011.

Rogers, Bruce. "Innovation Leaders: Inc.Digital's Michael Gale On Digital Transformation." Forbes. January 16, 2018. https://www.forbes.com /sites/brucerogers/2018/01/16/innovation-leaders -inc-digitals-michael-gale-on-digital-transformation/#45d9ee 157693.

Rogers, Bruce. "Why 84% of Companies Fail at Digital Transformation." Forbes. January 7, 2016. https://www.forbes.com/sites/brucerogers /2016/01/07/why-84-of-companies-fail-at-digital-transformation /#5d0b0759397b.

Roos, Daniel, James Womack, and Daniel Jones. The Machine That Changed the World: The Story of Lean Production. New York: Harper Perennial, 1991.

Rosenberg, Marshall. Nonviolent Communication: A Language of Life, 3rd ed. Encinitas, CA: Puddledancer Press, 2015.

Schwarz, Roger. "Eight Behaviors for Smarter Teams." Roger Schwarz & Associates website. 2013. https://www.csu.edu.au/__data/assets/ pdf_file/0008/917018 /Eight-Behaviors-for-Smarter-Teams-2.pdf.

Schwarz, Roger. Smart Leaders, Smarter Teams: How You and Your Team Get Unstuck to Get Results. San Francisco, CA: Jossey-Bass, 2013.

Senge, Peter. The Fifth Discipline: The Art and Practice of the Learning Organization. New York: Currency Doubleday, 1990.

Sheridan, Richard. Joy, Inc.: How We Built a Workplace People Love. New York: Penguin Group, 2013.

Shipler, David. "Reagan and Gorbachev Sign Missile Treaty and Vow to Work for Greater Reductions." NYTimes. December 9, 1987. https://www.nytimes.com/1987/12/09/politics/reagan-and-gorbachev-sign-missile -treaty-and-vow-to-work-for.html.

Shipman, Anna. "After the Launch: The Difficult Teenage Years." Presentation. Continuous Lifecycle 2019. https://www.slideshare. net/annashipman/after-the-launch-the-difficult-teenage-years.

Shipman, Anna. "How Do You Delegate to a Group of People?" Anna Shipman (blog). June 21, 2019. https://www.annashipman.co.uk/ jfdi/delegating-to-a-team.html.

Silvers, Emma. "A New Guest at Your House Show: The Middleman." KQED website. April 28, 2017. https://www.kqed.org/arts/ 13114272/sofar-sounds-house-shows-airbnb-middleman.

Sinek, Simon. "How Great Leaders Inspire Action." Filmed September 2009 in Newcastle, WY. TED video, 17:49. https://www.ted.com/ talks/simon_sinek_how_great_leaders_inspire_action.

Sinek, Simon. Start with Why: How Great Leaders Inspire Everyone to Take Action. London: Penguin, 2011.

The Standish Group. The CHAOS Report: 1994. Boston, MA: The Standish Group, 1995. https://www.standishgroup.com/sample_research_files/chaos _report_1994.pdf.

Travaglia, Simon. "Data Centre: BOFH." The Register. 2000-19, https://www.theregister.co.uk/data_centre/bofh/.

Travaglia, Simon "The Revised, King James Prehistory of BOFH. Revision: 6f." The Bastard Operator from Hell (blog). Accessed October 23, 2019. http://bofharchive.com/BOFH-Prehistory.html.

Vaughan, Diane. The Challenger Launch Decision: Risky Technology, Culture, and Deviance at NASA. Chicago, IL: University of Chicago Press, 1996.

Weinberg, Gerard M. The Secrets of Consulting: A Guide to Giving and Getting Advice Successfully. Gerard M. Weinberg, 2011.

West, Dave. "Water-Scrum-Fall Is the Reality of Agile for Most Organiza - tions Today." Forrester. July 26, 2011. https://www.verheul consultants.nl/water-scrum-fall_Forrester.pdf.

| 노트 |

들어가기

1. Lencioni, Five Dysfunctions of a Team, "Exhibition."
2. Lencioni, Five Dysfunctions of a Team, "Understanding and Overcoming the Five Dysfunctions."
3. Coleman, "A Re-Imagining of the Term."
4. Lencioni, Five Dysfunctions of a Team.
5. Sinek, Start with Why.

1장

1. Michael Gale, as quoted in Rogers, "Why 84% of Companies Fail."
2. Michael Gale, as quoted in Rogers, "Innovation Leaders."
3. Cutler, "12 Signs You're Working in a Feature Factory."
4. Nelson, A Mental Revolution, 5-11.
5. The Standish Group, The CHAOS Report: 1994, 3.
6. Humphrey, Characterizing the Software Process, 2.
7. Cockburn, "Characterizing People as Non-Linear, First-Order Components."
8. Cockburn, "Characterizing People as Non-Linear, First-Order Components."
9. Cockburn, "Characterizing People as Non-Linear, First-Order Components."
10. Roos, Womack, and Jones, The Machine That Changed the World, 52.
11. Fitz, "Continuous Deployment at IMVU."
12. Highsmith, "History: The Agile Manifesto."
13. Highsmith, "History: The Agile Manifesto."

14. Fowler, "Writing the Agile Manifesto."

15. Beck, et al., "Manifesto for Agile Software Development."

16. Beck, et al., "Principles Behind the Agile Manifesto."

17. Poppendieck and Poppendieck, Lean Software Development, xxv.

18. Poppendieck and Poppendieck, Lean Software Development, 101.

19. Debois, "Agile Operations."

20. Mezak, "The Origins of DevOps."

21. Allspaw and Hammond, "10+ Deploys per Day."

22. Allspaw and Hammond, "10+ Deploys per Day."

23. Travaglia, "The Revised, King James Prehistory of BOFH."

24. Eric Minick, private correspondence with the authors, July 12, 2019.

25. West, "Water-Scrum-Fall Is the Reality."

26. Sheridan, Joy, Inc., 19.

27. Pflaeging, "Why We Cannot Learn a Damn Thing."

28. Kurtz and Snowden, "The New Dynamics of Strategy," 462-483.

29. Kurtz and Snowden, "The New Dynamics of Strategy," 469.

2장

1. Harari, Sapiens, 20.

2. Dennett, From Bacteria to Bach and Back, Chapter 14.

3. Harari, Sapiens, Chapter 2.

4. Harari, Homo Deus, 158.

5. Forsgren, Humble, and Kim, Accelerate, 31.

6. Argyris, Putnam, and McLain Smith, Action Science, 79.

7. Argyris and Schön, Theory in Practice.

8. Argyris and Schön, Theory in Practice, 6-7.

9. Argyris, Putnam, and McLain Smith, Action Science, 81-83.

10. Argyris, Organizational Traps, 61.

11. Argyris, Organizational Traps, 17.

12. Argyris, Putnam, and McLain Smith, Action Science, 98-102.

13. Argyris, Putnam, and McLain Smith, Action Science, 90-99.

14. Argyris, "Skilled Incompetence," 5.

15. Argyris, Putnam, and McLain Smith, Action Science, 88-98.

16. Cockburn, "Characterizing People as Non-Linear."

17. Cockburn, "Characterizing People as Non-Linear."

18. Loosely based on Schwarz, "Eight Behaviors for Smarter Teams."

19. Rosenberg, Nonviolent Communication, 115.

20. Center for Nonviolent Communication, "Feelings Inventory."

21. Rosenberg, Nonviolent Communication, 93.

22. Argyris, Putnam, and McLain Smith, Action Science, 98.

3장

1. Appleton, "The First Thing to Build Is TRUST."

2. Brown, Rising Strong, 86.

3. Kahneman, Thinking, Fast and Slow, 85.

4. Beck, Test-Driven Development, xvi.

5. Argyris, Putnam, and McLain Smith, Action Science, 57.

6. Argyris, Putnam, and McLain Smith, Action Science, 58.

4장

1. Edmondson, Teaming, Chapter 4.

2. Edmondson, Teaming, Chapter 4.

3. Beck, Extreme Programming Explained, 33.

4. Allspaw and Hammond, "10+ Deploys per Day."

5. Bibb Latané and John M. Darley, Unresponsive Bystander, 46.

6. Vaughan, The Challenger Launch Decision.

7. NASA, Report of the Presidential Commission, Appendix F.

8. Kahneman, Thinking, Fast and Slow, Chapter 1.

9. Kahneman, Thinking, Fast and Slow, 85.

5장

1. Sinek, "How Great Leaders Inspire Action."

2. Sinek, Start with Why, 94.

3. King, "I Have a Dream."

4. Martirosyan, "Getting to 'Yes' in Iraq"; Fisher, Ury, and Patton, Getting to Yes, 23.

5. Argyris, "Skilled Incompetence," 5.

6. Senge, The Fifth Discipline, 185.

7. Park, "A History of the Cake Mix."

8. Duff and Dietrich, Dehydrated flour mix.

9. Gerald M. Weinberg, The Secrets of Consulting, 177.

10. Gerald M. Weinberg, The Secrets of Consulting, 177.

11. Schwarz, "Eight Behaviors for Smarter Teams."

6장

1. Schwarz, Smart Leaders, Smarter Teams, 99.

2. Murphy, The Big Book of Concepts.

3. AdŽić, Specification by Example.

4. Silvers, "A New Guest at Your House Show."

5. Cockburn, Agile Software Development, 357.

6. Hihn, et al., "ASCoT: The Official Release."

7. Shipman, "How Do You Delegate to a Group of People?"

8. Financial Times, "FT Tops One Million Paying Readers."

9. Shipman, "How Do You Delegate to a Group of People?"

10. Shipman, "How Do You Delegate to a Group of People?"

11. Shipman, "How Do You Delegate to a Group of People?"

12. Shipman, "How Do You Delegate to a Group of People?"

13. Shipman, "After the Launch: The Difficult Teenage Years."

14. Shipman, "How Do You Delegate to a Group of People?"

7장

1. Merriam-Webster Dictionary, s.v. "account," accessed July 20, 2019, https://www .merriam-webster.com/dictionary/account.

2. Poole, The Exchequer in the Twelfth Century, 128.

3. Poole, The Exchequer in the Twelfth Century, 139.

4. Poole, The Exchequer in the Twelfth Century, 100.

5. Poole, The Exchequer in the Twelfth Century, 34.

6. Poole, The Exchequer in the Twelfth Century, 127.

7. Poole, The Exchequer in the Twelfth Century, 107.

8. McGregor, The Human Side of Enterprise, 43 and 59.

9. Pflaeging, "Why We Cannot Learn a Damn Thing."

10. Griffin and Ross, "Subjective Construal," 319-359.

11. Bungay, The Art of Action.

12. Bungay, The Art of Action, 50.

13. Bungay, The Art of Action, 123-130.

14. Reinertsen, "An Introduction to Second Generation Lean Product Development."

15. Bungay, The Art of Action, 123-130.

16. Ayer, "Don't Ask Forgiveness, Radiate Intent."

17. Shipler, "Reagan and Gorbachev Sign Missile Treaty."

18. Cockburn, Agile Software Development, 98.

결론

1. Rosenberg, Nonviolent Communication.

2. Burns, Feeling Good Together.

| 찾아보기 |

애자일 컨버세이션

조직과 문화를 바꾸는 다섯 가지 대화

발 행 | 2022년 1월 3일

지은이 | 더글라스 스퀴렐 · 제프리 프레드릭
옮긴이 | 김 모 세

펴낸이 | 권 성 준
편집장 | 황 영 주
편 집 | 이 지 은
디자인 | 윤 서 빈

에이콘출판주식회사
서울특별시 양천구 국회대로 287 (목동)
전화 02-2653-7600, 팩스 02-2653-0433
www.acornpub.co.kr / editor@acornpub.co.kr

한국어판 ⓒ 에이콘출판주식회사, 2022, Printed in Korea.
ISBN 979-11-6175-580-9
http://www.acornpub.co.kr/book/agile-conversation

책값은 뒤표지에 있습니다.